国有资本参股与民营企业行为研究
——基于"反向混改"的微观视角

朱大鹏 著

图书在版编目（CIP）数据

国有资本参股与民营企业行为研究：基于"反向混改"的微观视角 / 朱大鹏著. -- 上海：立信会计出版社，2024.12. -- （序伦财经文库）. -- ISBN 978-7-5429-7785-4

Ⅰ. F279.245

中国国家版本馆 CIP 数据核字第 20248F8H09 号

责任编辑　张翠芳
助理编辑　石瑾如
美术编辑　北京任燕飞工作室

国有资本参股与民营企业行为研究——基于"反向混改"的微观视角
GUOYOU ZIBEN CANGU YU MINYING QIYE XINGWEI YANJIU

出版发行	立信会计出版社	
地　　址	上海市中山西路 2230 号	邮政编码　200235
电　　话	(021)64411389	传　　真　(021)64411325
网　　址	www.lixinaph.com	电子邮箱　lixinaph2019@126.com
网上书店	http://lixin.jd.com	http://lxkjcbs.tmall.com
经　　销	各地新华书店	
印　　刷	苏州市古得堡数码印刷有限公司	
开　　本	710 毫米×1000 毫米　1/16	
印　　张	15.25	
字　　数	212 千字	
版　　次	2024 年 12 月第 1 版	
印　　次	2024 年 12 月第 1 次	
书　　号	ISBN 978-7-5429-7785-4/F	
定　　价	68.00 元	

如有印订差错，请与本社联系调换

前　言

　　混合所有制改革是落实2013年中共十八届三中全会《中共中央关于全面深化改革若干重大问题的决定》中关于发展混合所有制经济的具体体现,是实现中国经济改革目标的重要突破口。我国混合所有制改革主要包括两种形式:一是国有企业引入民营资本等非国有资本参股;二是民营企业引入国有资本参股,即"反向混改"。随着我国混合所有制改革的深入,民营企业作为混合所有制改革的重要参与者,引入国有资本参股进行"反向混改",这一举措引起了实务界和理论界的广泛关注。

　　中共二十大报告提出"毫不动摇巩固和发展公有制经济,毫不动摇鼓励、支持、引导非公有制经济发展",在"推动国有资本和国有企业做强做优做大"的同时"促进民营经济发展壮大"。民营企业引入国有资本参股进行"反向混改",可以充分利用国有资本的资源优势,发挥国有资本对民营企业的带动作用,并结合民营企业自身的经营活力、激励机制和职业化精神等优势,实现国有资本和民营资本取长补短、"国民共进",对推动中共二十大确定的目标任务的落实见效具有重要现实意义。

　　本书基于当前我国混合所有制改革制度背景、国内外混合所有制相关研究现状和实务案例,以民营企业引入国有资本参股为研究起点,以国有股东的"治理效应"和"资源效应"为分析路径,全面考察国有资本参股对民营企业的信息披露行为和质量,以及投资决策等行为的影响。在制度背景部分,本书主要对我国混合所有制的发展历史和当前新一轮混合所有制改革的政策演变进行梳理；在实务案例部分，本书聚焦民营上市公司引入国有资本参股进行"反向混改"的具体实践，从案例公司的"反向混改"背景、"反向混改"过程、"反向混改"成效三个维度进行分析，为后续实证研究提供直观的现实依据；在实证研究部分，本书以民营企业的信息披露及时性、信息披露文本特征、会计信息质量、金融化投资决策、资本市场定价效率为研究切入点，研究民营企业引入国有资本参股进行"反向混改"的效果，进而为提高我国混合所有制经济效率、实现"1＋1＞2"的改革效果找到突破口。

  本书在作者的博士毕业论文的基础上，进一步丰富了案例分析、实证研究等内容。感谢我的论文指导老师对外经济贸易大学钱爱民教授、陈德球教授对选题和写作的指导；感谢中国人民大学张敏教授，中央财经大学陈运森教授，对外经济贸易大学刘慧龙教授、祝继高教授、王素荣教授在我博士毕业论文答辩时提出的宝贵修改建议；感谢黄梓青、钱爱民、吴春天参与相关素材的整理以及对本书部分内容的撰写的支持。此外，本书借鉴了许多文献、学者研究观点和网络平台相关资料，在此向所涉及的专家、学者表示衷心的感谢！感谢上海立信会计金融学院和立信会计出版社在出版过程中给予的大力支持。

  本书适于关注混合所有制改革、公司治理以及经济政策的学者、相关领域学生，以及相关政府部门的研究人员阅读。对民营企业引入国有资本后的治理效应和资源效应感兴趣的企业管理人员、投资者和一般读者，也可从本书中得到有益的参考。由于作者水平有限，本书难免有不足之处，恳请各位专家、读者批评指正！

朱大鹏
2024 年 10 月

目 录

第一章 引言 ·· 1
    第一节 研究背景 ····································· 1
    第二节 研究意义 ····································· 3
    第三节 研究框架与主要内容 ··························· 4

第二章 文献综述 ··· 8
    第一节 混合所有制相关文献综述 ······················· 8
    第二节 信息披露相关文献综述 ························ 16
    第三节 研究现状述评 ································ 32

第三章 理论基础与制度背景 ······························ 34
    第一节 关键概念定义 ································ 34
    第二节 理论基础 ···································· 36
    第三节 制度背景 ···································· 40

第四章 民营企业"反向混改"案例 ························· 43
    第一节 南国置业"反向混改"案例 ····················· 43
    第二节 楚天科技"反向混改"案例 ····················· 51

第五章 国有资本参股与民营企业信息披露及时性 ············ 65
    第一节 问题的提出 ·································· 65

第二节 理论分析与研究假设 …………………………………… 66
第三节 研究设计 …………………………………………………… 68
第四节 实证结果分析 ……………………………………………… 71
第五节 进一步分析 ………………………………………………… 82
第六节 本章小结 …………………………………………………… 85

第六章 国有资本参股与民营企业信息披露文本特征:基于文本相似度的视角 …………………………………………………… 87
第一节 问题的提出 ………………………………………………… 87
第二节 理论分析与研究假设 …………………………………… 89
第三节 研究设计 …………………………………………………… 91
第四节 实证结果分析 ……………………………………………… 94
第五节 进一步分析 ………………………………………………… 103
第六节 本章小结 …………………………………………………… 109

第七章 国有资本参股与民营企业会计信息质量:基于盈余管理的视角 …………………………………………………………… 111
第一节 问题的提出 ………………………………………………… 111
第二节 理论分析与研究假设 …………………………………… 113
第三节 研究设计 …………………………………………………… 115
第四节 实证结果分析 ……………………………………………… 118
第五节 进一步分析 ………………………………………………… 127
第六节 本章小结 …………………………………………………… 137

第八章 国有资本参股与民营企业金融化投资决策 …………… 139
第一节 问题的提出 ………………………………………………… 139
第二节 理论分析与研究假设 …………………………………… 141
第三节 研究设计 …………………………………………………… 145
第四节 实证结果分析 ……………………………………………… 148

第五节 进一步分析……………………………………………… 168
第六节 本章小结……………………………………………… 184

第九章 国有资本参股与民营企业资本市场定价效率……… 186
第一节 问题的提出…………………………………………… 186
第二节 理论分析与研究假设………………………………… 187
第三节 研究设计……………………………………………… 189
第四节 实证结果分析………………………………………… 191
第五节 进一步分析…………………………………………… 197
第六节 本章小结……………………………………………… 205

第十章 研究结论与政策建议，创新、不足与展望…………… 206
第一节 研究结论与政策建议………………………………… 206
第二节 研究创新与不足……………………………………… 210
第三节 后续研究展望………………………………………… 211

主要参考文献………………………………………………………… 213

第一章 引 言

第一节 研究背景

2013年，中共十八届三中全会通过的《中共中央关于全面深化改革若干重大问题的决定》明确提出"积极发展混合所有制经济"，并指出"国有资本、集体资本、非公有资本等交叉持股、相互融合的混合所有制经济，是基本经济制度的重要实现形式"。这种公有资本与非公有资本的融合被认为是社会主义制度与市场经济体制在企业内部的结合，对于完善法人治理结构、提升企业创新活力和市场竞争力具有积极推动作用。在当前全面深化改革的新形势下，混合所有制改革成为发展混合所有制经济在微观企业层面的具体体现和关键突破口，对中国宏观经济持续增长和微观企业做大做强具有深远影响。

民营经济是社会主义市场经济的重要组成部分，改革开放以来为中国经济高速增长贡献了重要力量。四十多年来，我国涌现出华为、京东、吉利等一批世界知名的民营企业。民营经济贡献了50%以上的税收、60%以上的国内生产总值、70%以上的技术创新成果、80%以上的城镇劳动就业、90%以上的企业数量[1]。民营经济已成为我国创业、就业的主要领域、技术创新的重要主体、国家税收的重要来源，在发展社会主义市场经济、转变政府职能、吸收农村富余劳动力、开拓国际市场等方面发挥了重要作用。

---

[1] 曹东勃.为民营企业大显身手提供更好支撑[N].光明日报，2025-3-18(11).

2018年11月,习近平总书记在民营企业座谈会上强调"公有制经济、非公有制经济应该相辅相成、相得益彰,而不是相互排斥、相互抵消""民营经济是我国经济制度的内在要素,民营企业和民营企业家是我们自己人"。2019年12月,中共中央、国务院印发《关于营造更好发展环境支持民营企业改革发展的意见》,从优化公平竞争的市场环境、完善精准有效的政策环境、健全平等保护的法治环境等多个方面,提出了支持民营企业发展的28条措施。2023年9月,习近平总书记在新时代推动东北全面振兴座谈会上强调"全面构建亲清统一的新型政商关系,党员、干部既要关心支持民营企业发展,主动排忧解难,又要坚守廉洁底线"。可以看出,中共中央、国务院高度重视和支持民营企业改革发展工作。在此背景下,国有企业与民营企业如何以当下"双向"混合所有制改革为契机进行资源整合,共同推动经济高质量发展和现代化经济体系建设,成为了实务界重点关注的问题。

一方面,民营企业可以通过参股国有企业参与混合所有制改革。例如,中国联通(600050.SH)作为第一批混改试点国有企业,通过非公开发行股票和老股转让相结合的方式引入中国人寿、腾讯、百度、京东、阿里巴巴、苏宁云商等处于行业领先地位、与中国联通具有协同效应的战略投资者。此次混合所有制改革完成以后,联通集团持有的中国联通股份比例从62.7%降为36.7%,新引入的战略投资者持股比例为35.19%,形成了混合所有股权结构。中国联通此次混合所有制改革具有标杆意义,标志着民营资本在自然垄断行业的成功突围。

另一方面,随着混合所有制改革的深入进行,除了民营企业参股国有企业,在中国A股资本市场,逐渐涌现出国有企业参股民营企业甚至成为控股股东的案例,这些案例被视为民营企业参与混合所有制改革的另类版本,即"反向混改"。例如,2018年10月,永清环保(300187.SZ)进行"反向混改",引入湖南金阳投资集团作为公司新的国有资本战略股东。"反向混改"完成以后,永清环保不仅能得到浏阳市政府的支持,而且在同等条件下能优先参与金阳投资集团旗下的生态环保项目,公司经营业绩有所改善。实务界和理论界普遍关注民营企业参股国有企业这种混合所有制改革过程中的相关问题,而对国有企业参股民营企业这种另类混合所有制改革关注较少。因而,本书基于当前混合所有制改革背景,主要探讨民营企业引入国有资本参股对其信息披露、投资决策等行为的影响。

国有股东和民营股东分别具有不同的公司治理功能和资源优势(郝阳和龚六堂,2017;王斌,2020)。国有资本和民营资本混合所有的股权结构对公司治理结构、决策方式和治理效率等均产生较大影响(朱大鹏,2019)。同时,国有企业参股民营企业可以将国有资本及其背后的政府资源优势注入民营企业,进而影响民营企业的资源获取能力和经营业绩。信息披露是缓解公司内部与外部信息使用者之间信息不对称的有效方式,是提高资本市场资源配置效率的重要保障。公司高管出于获取信贷资源、进行盈余管理、影响公司股价及个人职业生涯等目的,往往会对信息披露的时间和内容进行选择和操纵。国有资本参股民营企业将对公司治理和资源获取产生重要影响,在这种情况下,这类民营企业将采取何种信息披露和投资决策行为?在信息披露及时性、信息披露文本特征、会计信息质量和金融化投资决策方面,这类民营企业与非国有资本参股的民营企业相比有何不同?国有资本参股最终会如何影响资本市场对这类民营企业股票的定价效率?以上是本书关注的核心问题。

第二节 研究意义

本书研究的理论意义和实践意义主要体现在以下四个方面:

第一,目前无论是实务界还是理论界都普遍关注国有企业引入非国有资本这类混合所有制改革过程中的相关问题,以民营企业引入国有资本进行"反向混改"为对象的研究相对缺乏。本书以"反向混改"为研究对象,探究国有资本参股对民营企业信息披露、投资方向和资本市场定价效率的影响及其作用机制,填补了以往混合所有制改革相关研究在民营企业方面的空白。

第二,本书从微观层面定量识别和理解混合所有制分析框架下民营企业引入国有资本参股对其治理行为、资源配置效率的影响,基于中国"新兴＋双轨"的特有制度背景,考察了动态股权结构调整导致的企业行为变化,揭开了我国经济体制改革过程中企业行为决策的"黑箱"。

第三,已有文献证实了民营企业引入国有资本参股在企业经营业绩(郝阳和龚六堂,2017)、研发创新(陈建林,2015;罗宏和秦际栋,2019)、融资便利(宋增基等,2014;何德旭等,2022)、投资效率(赵璨等,2021)等方面的积极作用。但是,现有文献对国有资本参股对民营企业的信息披露质量和投资决策等方面的影响还缺乏细致的研究,导致国有资本参股影响民营企业财务决策的作用机制尚不完整和不清晰。本书的研究内容弥补了上述研究空白,并且从微观企业股权结构视角对影响民营企业信息披露、投资决策、资本市场定价效率的因素进行了新的探讨。

第四,发展混合所有制经济、深化混合所有制改革不仅仅是民营企业单向参股国有企业,而是民营企业与国有企业双向参股、携手共进。民营企业在我国经济发展过程中发挥着不可替代的作用,在当前混合所有制改革背景下,研究民营企业如何选择合理的混合所有制改革方式、提升混合所有制改革绩效,对提高我国混合所有制经济效率、实现经济高质量发展具有重要的战略意义。本书从微观企业层面厘清国有资本参股影响民营企业决策行为的作用机制,对于从国家层面明确混合所有制发展的顶层制度设计具有一定的政策启示作用,有助于推动和深化混合所有制改革,进一步激发国有资本和民营经济活力,实现民营企业高质量发展。

第三节 研究框架与主要内容

一、研究框架

本书的主要研究框架为:国有资本参股民营企业,通过改善民营企业治理和提供资源支持等途径对民营企业信息披露及时性、信息披露文本特征、会计信息质量、金融化投资决策产生影响,进而影响民营企业资本市场定价效率。本书的研究框架如图1.1所示。

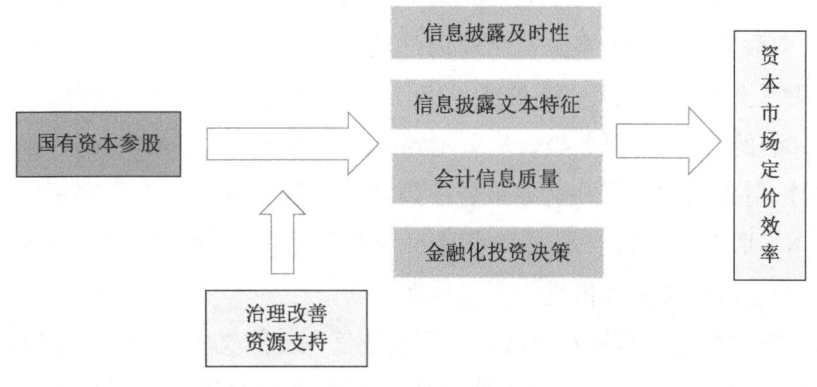

图1.1　研究框架

二、主要内容

本书共分为十章。具体内容如下:

第一章是引言,主要阐述了研究背景、研究意义、研究框架与主要内容。

第二章是文献综述,通过对国内外关于混合所有制、信息披露时间、信息披露文本特征、会计信息质量领域的相关文献进行述评,发现并总结已有文献的研究空白。

第三章是理论基础与制度背景。本章首先定义关键概念;其次介绍理论基础,主要包括企业所有权理论、代理理论和信息不对称理论;最后分析制度背景,从宏观层面梳理我国混合所有制经济的发展脉络和混合所有制改革的相关政策,为后续实证研究作理论铺垫。

第四章是民营企业"反向混改"案例。本章选取民营企业南国置业(002305.SZ)和楚天科技(300358.SZ)引入国有资本进行"反向混改"的典型案例,从微观层面进行介绍和分析,厘清国有资本参股影响民营企业行为的作用机理和具体表现,为后续实证研究提供直观依据和支撑。

第五章是国有资本参股与民营企业信息披露及时性。信息披露及时性即上市公司年度财务报告披露时滞。本章先实证检验了国有资本参股对民营上市公司年度财务报告披露时滞的影响;在此基础上,本章再进一步考察民营企业内部党组织和外部机构投资者的治理效应对上述结果的作用;在进一步分析中,本章参考陈高才和周鲜华(2008)的研究,将财务报告从编制到披露分为财务报告编制、财务报告审计、财务报告审议和财务报告披露四个阶段。本章重点考察了国有资本参股对财务报告编制和审计报告编制两个阶段完成及时性的影响,为主回归结果提供进一步支持性证据。

第六章是国有资本参股与民营企业信息披露文本特征:基于文本相似度的视角。本章主要考察了国有资本参股对民营上市公司年度财务报告纵向文本相似度的影响。在分组检验中,考察了2013年混合所有制改革政策正式推出对主回归结果的影响。在进一步分析中,本章从信贷资源和政策资源获取的双重视角检验了国有资本参股影响财务报告文本相似度的作用机理。最后,本章对上市公司年度财务报告按照章节内容进一步细分处理,分别考察国有资本参股对年报中的"公司治理""财务报表附注"和"管理层讨论与分析(MD&A)"(分为"MD&A回顾"和"MD&A展望")部分的文本相似度的影响。

第七章是国有资本参股与民营企业会计信息质量:基于盈余管理的视角。本章实证检验了国有资本参股对民营企业应计盈余管理和真实盈余管理的影响。在进一步分析中,本章分别从国有资本改善公司治理和改善公司经营业绩两个角度检验了民营企业引入国有资本参股影响盈余管理行为的作用机制。最后,本章进一步考察了外部市场化进程和2013年混合所有制改革政策的影响。

第八章是国有资本参股与民营企业金融化投资决策。本章实证检验了民营企业引入国有资本参股对其金融化投资决策的影响,并考察国有股东为地方国有企业以及经济政策不确定性对上述关系的调节作用。在进一步分析中,本章从降低代理成本、扩大银行信贷融资以及促进固定资产投资三个角度验证了国有资本参股抑制民营企业金融化投资决策的作用路径。最后,通过金融化投资决策的经济后果检验了国有资本参股抑制民营企业金融化投资决策对创新研发支出的影响。

第九章是国有资本参股与民营企业资本市场定价效率。本章实证检验了民营企业引入国有资本参股对股价同步性的影响,并考察了上市公司信息环境、融资约束程度、所在地市场化水平对上述两者关系的调节作用。在进一步分析中,本章验证了国有资本通过抑制民营上市公司关联交易(即降低代理成本)和提高民营上市公司信息披露质量(即降低信息不对称)两条作用路径降低股价同步性,提高资本市场定价效率。

第十章是研究结论与政策建议,创新、不足与展望。本章首先对全书内容进行总结,并根据研究结论为我国当前混合所有制改革提出有针对性的政策建议;其次总结研究的创新与不足;最后对后续的研究方向提出展望。

第二章 文献综述

第一节 混合所有制相关文献综述

一、国外关于混合所有制的相关文献综述

国外学者关于混合所有制的研究文献不多,主要因为混合所有制在国外不是一种普遍存在的股权结构。国外已有研究主要将经济转型国家民营化后继续保留部分国有(政府)股权的企业视为混合所有制企业。自 20 世纪 80 年代以来,民营化(privatization)浪潮在世界上很多国家相继展开,对国民经济发展和企业股权结构产生深远影响。民营化的经济后果一直是经济学和金融学领域里的研究重点(Estrin 等,2009)。

在经营绩效方面,无论是在经济转型国家还是在发达经济国家,民营化都带来了经营效率的提高(Brown 等,2016)。Boubakri 等(2013)发现外国所有者持有股权比例越高,民营化后的公司风险承担能力越强;而国有股权比例越高,民营化后的公司风险承担能力越弱。Brown 等(2016)研究发现 100% 民营化公司能比部分民营化公司创造更好的经营业绩。并且在法律制度较好的国家,民营化后的公司经营业绩更好(D'Souza 等,2005),企业生产率和创新效率显著提高(Jefferson 和 Su,2006)。

在公司治理和经营战略方面,民营化导致公司治理结构和经营战略发生重大调整(Cuervo 和 Villalonga,2000)。民营化以后,新的股东

会更换高管,聘请更称职的职业经理人(Dyck,1997),减少政府对企业投资决策的干预(Shleifer 和 Vishny,1994)。Cuervo 和 Villalonga(2000)认为公司民营化后,管理层更换是组织内部变革的重要推动力。新管理层倾向于调整公司战略以迎合新股东的目标和利益。

关于民营化后剩余国有股权,与民营公司、完全民营化的国有公司相比,保留国有股东持股的民营化公司的信息环境透明度较低(Borisova 和 Yadav,2015);权益融资成本更高,特别是在政府掠夺风险更大的公司(Ben-Nasr 等,2012);债务融资成本也更高(Borisova 和 Megginson,2011)。国家股权参股的公司盈余信息质量更低(Ben-Nasr 等,2015),公司现金持有增加(Chen 等,2018)。部分学者以中国上市公司为样本,Sun 等(2002)研究发现民营化后的上市公司国有股权与经营业绩显著正相关。但是民营化后业绩改善不等于经营效率的提升,很多公司经营业绩改善主要源于享受垄断资源形成的"掠夺式增长"。Fan 等(2007)研究发现,国有公司(部分)民营化以后依然保留与政府的重要关联,政府"扶持之手"继续为公司提供融资便利和政策支持。Tu 等(2013)研究发现在民营化过程中,具有政治关联的收购者更有机会并购到高质量公司。但是,这些收购者在民营化后的"隧道挖掘"效应也更加显著,进而损害公司经营业绩。Boubakri 等(2020)发现,民营化后国有股权持股比例与公司股票流动性高度相关,但呈现非线性关系,当国有股权比例达到44%时,公司的股票流动性最强。

除了民营化的相关研究,国外部分文献研究了国有股东(政府)参股形成混合所有股权结构对企业的影响,相关研究成果主要集中于以下几个方面:

一是企业价值。Eckel 和 Vermaelen(1986)以加拿大上市公司为样本,发现政府部分参股会损害私有股东的股票价值;Ke 和 Wang(2021)研究发现,政府控股的 VC 创业企业如果引入少数民营股权可以提高企业绩效,而民营控股的 VC 创业企业如果引入少数国有股权则对企业绩效无显著影响。在全球金融危机期间,有政府参股的企业会经历较小的公司价值损失(Beuselinck 等,2017);无独有偶,Achsanta 等(2022)使用全球金融危机期间印度尼西亚商业银行数据检验发现,有政府参股的商业银行的贷款公告对股票市场价值无显著影响,而无政府参股的商业银行的贷款公告会使银行出现市值下降。

二是治理效果。政府参股会导致公司治理质量更低(Borisova 等,2012),国有股东持股的公司发生财务错报和违规行为更多(Chen 等,2006),债务融资成本更高(Borisova 等,2015)。国有股东参股的民营企业聘用国际四大会计师事务所(安永、毕马威、德勤、普华永道)的可能性较小(Guedhami 等,2009);Liu 和 Subramaniam(2013)使用中国上市公司的数据,从政治经济学的视角分析了国有股权对降低公司经营风险的作用,发现国有股权有助于降低审计收费。Zhao 和 Mao(2023)发现,国有资本参股民营企业可以提升信息透明度。

三是投融资决策。Zhang 等(2020)发现在国有企业和民营企业中混合所有制均可以提高研发支出和专利应用,Lo 等(2022)亦得出混合所有制改革可以提高企业创新能力的结论;而 Wehrheim 等(2020)认为混合所有制下不同股东意见难以统一,会降低企业技术革新反应效率。Ghazali 等(2022)认为政府股权在企业生命周期的不同阶段对企业投资效率的影响是不同的:在企业成长期和成熟期,政府股权参股会恶化企业的投资效率;在初创期和衰退期,政府股权参股会提高企业的投资效率。Li 和 Zhang(2020)发现,民营企业引入少数国有股权可以降低融资成本,出口业务绩效也会更好,但是随着国有股权比例的增加,这种优势逐渐减退。Xu 等(2023)发现,民营企业引入国有股权进行"反向混改"可以提高民营企业的环保意识和资源获取能力,进而提高绿色创新水平。Chen 等(2023)发现,民营企业引入少数国有股权会提高短期债务用于长期投资的水平,进而降低民营企业的债务融资成本。

近年来,关于中国国有企业混合所有制改革研究的英文文献逐渐增多。国有企业引入民营资本可以优化公司治理结构(Boateng 和

Huang,2017),增加国有企业的现金持有水平(Chen 等,2018)。Guan 等(2021)发现混合所有制改革降低了董事会对公司绩效的治理作用,减轻了国有企业面临的内部治理困境。此外,国有企业混合股权结构可以产生内部和外部治理效应,降低国有企业的金融化投资水平,股权混合程度较高可以缓解融资约束、降低分析师盈余预测分歧度,进而降低企业税收规避(Wang 等,2021)。Wang 等(2022)发现,股权混合程度越高,国有上市公司的信息透明度越高,分析师跟踪越多,进而导致股票价格同步性越低。

二、国内关于混合所有制的相关文献综述

1993 年 11 月,中共十四届三中全会审议通过了《中共中央关于建立社会主义市场经济体制若干问题的决定》,第一次提出"财产混合所有的经济单位",之后我国混合所有制研究开始进行实证分析。2013 年中共十八届三中全会召开以后,国内学者基于中国特有的混合所有制改革制度背景,围绕国企混改(即国有企业引入非国有资本)和民企"反向混改"(即民营企业引入国有资本)两种情况形成了较为丰富的研究成果。

(一)国企混改

非国有股东参与国有企业公司治理主要通过股东大会投票和董事会投票两个渠道进行。非国有股东仅在混合所有国有控股企业中拥有少数股权,单纯考察非国有股东持股比例难以全面认识非国有股东在国有企业经营决策和公司治理中发挥的作用,因此,现有研究大多从股权比例和高层治理两个维度分析非国有股东参股对国有企业的影响(刘运国等,2016;蔡贵龙等,2018a)。

在内部控制和会计信息质量方面,研究发现,参股的非国有股东因缺乏话语权而难以发挥相应的治理作用,只有当非国有股东委派(超额)董事、监事、高管参与高层治理,形成监督制衡时才能提高国有企业的内部控制质量(刘运国等,2016),提高会计信息质量(冯慧群和郭娜,2021)等。关于国企混改的主要国内研究如表 2.1 所示。

表 2.1 中共十八届三中全会后国内国企混改文献归集

研究主题		代表性文献
国企引入非国有股东	内部控制和会计信息质量	刘运国等(2016)、冯慧群和郭娜(2021)
	公司治理	蔡贵龙等(2018a)、陈良银等(2021)、马新啸等(2020)、易阳等(2021)、王艺明和赵焱(2021)、马新啸等(2022)、吴秋生和独正元(2022)
	公司经营	郝阳和龚六堂(2017)、任广乾等(2020)、倪宣明等(2022)、方明月和孙鲲鹏(2019)、杨兴全等(2020)、孔祥贞等(2021)
	社会责任	庄莹和买生(2021)、马新啸等(2021a)、孙博文和张政(2021)
	财务决策	叶永卫和李增福(2021)、李增福等(2021)、杨兴全和尹兴强(2018)、马勇等(2022)
	审计和资本市场	陈良银等(2021)、汤泰劼等(2020)、窦笑晨等(2022)、马新啸(2021b)

注：根据"(一)国企混改"文献综述内容整理所得。

在公司治理方面,非国有股东参股可以显著改善国有企业高管的薪酬激励水平(蔡贵龙等,2018a),扩大企业内部薪酬差距(陈良银等,2021)。在员工层面,马新啸等(2020)发现非国有股东参股可以改善员工激励机制和工作氛围,提高高层次人力资源比重;显著减少国有企业超额雇员,减弱超额雇员对公司价值的损害作用(易阳等,2021),促进国有企业劳动生产率增长(王艺明和赵焱,2021);非国有股东委派董事参与治理提升了国有企业雇员的薪酬业绩敏感性(马新啸等,2022)。吴秋生和独正元(2022)以董事会投票行为作为切入点,发现非国有股东委派董事治理积极性越高,国有资产的保值增值效果越好。

在公司经营方面,郝阳和龚六堂(2017)发现,国企和民企混合参股可以实现优势互补、提高公司绩效。国有企业采用混合所有制可以显著抑制非效率投资,提高国有企业价值(任广乾等,2020)。倪宣明等(2022)亦发现国有企业混合所有制改革可以提高企业的资产收益率水平。非国有股东参股并参与治理有助于国有企业去"僵尸化"(方明月和孙鲲鹏,2019)。杨兴全等(2020)从减负效应与治理效应的双重视角出发,发现国有企业混合股权结构的深入度、制衡度、控制权转移,以及非国有股东委派高管参与公司治理均有助于降低多元化经营程度。另外,参与混改的国企的出口概率和出口规模显著高于未混改的国企(孔祥贞等,2021),并且"国民外混合"的股权结构产生的出口效应最强,"国外混合"股权结构的出口效应次之,"国民混合"股权结构的出口效应最弱。

在社会责任方面,庄莹和买生(2021)发现,国企混改可以充分发挥非国有资本的治理效能,降低国有企业社会责任负担,实现减负效应。马新啸等(2021a)还发现非国有股东参与高层治理可以提高国有企业的税收规避程度,同时增加其纳税贡献。孙博文和张政(2021)采用中国工业企业污染数据库检验发现,国有企业混合所有制改革可以通过技术进步、能源效率提升、能源结构清洁化三条路径减少国有企业的碳排放,提高能源利用效率。

在财务决策方面,引入非国有参股股东可以显著抑制国有企业"脱实向虚",与此同时提高国有企业出于预防性储蓄动机进行的金融资产投资(叶永卫和李增福,2021)。非国有股东参与公司治理可以提高管理层对创新失败的容忍度,增加企业的研发投入,最终提高国有企业的创新产出水平(李增福等,2021)。杨兴全和尹兴强(2018)发现,国有企业的股权融合度越高,其现金持有水平越高,非国有股东参股可以抑制国有企业的过度投资,促进研发投入。马勇等(2022)研究发现,非国有股东参与治理发挥制衡作用,可以提高并购决策效率,提升并购绩效水平。

在审计和资本市场方面,混合所有制改革在国有企业选择国内会计师事务所的情况下降低了审计收费(汤泰劼等,2020),降低了国有企业选择本地小型会计师事务所的概率,使其更倾向于聘请国际四大会计师事务所审计(陈良银等,2021),并且审计报告时滞显著降低,国有企业的审计报告披露及时性提高(窦笑晨等,2022)。非国有股东委派董事参与国有企业高层治理时,可以有效缓解代理问题和改善信息透明度,进而降低国有企业的股价崩盘风险(马新啸等,2021b)。

(二) 民企"反向混改"

相比国企混改的研究成果,目前民企"反向混改"的研究成果尚不丰富。现有研究主要关注国有资本参股对民营企业经营、融资、投资和研发决策、社会责任等方面的影响。关于民企"反向混改"的国内研究如表2.2所示。

表2.2 中共十八届三中全会后国内民企"反向混改"文献归集

研究主题		代表性文献
民企引入国有股东	公司经营	陈建林(2015)、余汉等(2017)、郝阳和龚六堂(2017)、彭飞等(2023)、董艳和刘佩忠(2021)、肖正等(2022)
	融资决策	宋增基等(2014)、何德旭等(2022)、曾敏等(2022)
	投资和研发	钱爱民等(2023)、赵璨等(2021)、刘惠好和焦文妞(2022)、陈航等(2021)、陈建林(2015)、罗宏和秦际栋(2019)、韦浪和赵劲松(2021)、高杰等(2022)
	社会责任	李青原等(2022)、汪圣国等(2022)、叶永卫和张磊(2022)
	审计和资本市场	于瑶等(2022)、于瑶和祁怀锦(2022)、唐松莲等(2021)

注:根据"(二)民企'反向混改'"文献综述内容整理所得。

在公司经营方面,陈建林(2015)发现家族企业的非控股国有股权对家族企业绩效具有互补作用;余汉等(2017)研究结果显示,国有股权依靠其与政府的天然联系为民营企业获取更多的经济资源,可以改善公司绩效;郝阳和龚六堂(2017)发现国有股东参股减轻了民营企业的税收负担和融资约束,能够显著改善公司绩效;彭飞等(2023)研究发现民营企业"反向混改"的出口效应显著,通过获得政府补助、提高投资能力可以扩大企业出口规模。而董艳和刘佩忠(2021)以中国工业企业为样本研究发现国有注资增加了民企政策性负担,降低了全要素生产率;肖正等(2022)发现,国有资本参股增加了管理层惰性和雇员成本,未能帮助民营企业降低"僵尸化"风险。

在融资方面,宋增基等(2014)从政治关联的视角研究发现,有国有股东持股的民营上市公司比没有国有股东持股的民营上市公司具有更好的融资便利性,可以获得更多的银行贷款和更长的贷款期限。何德旭等(2022)发现国有资本参股可以通过提高民营企业社会声誉和信息披露质量、减少"统计偏见"和代理问题,降低民营企业的融资成本、扩大债务融资规模,缓解融资困境。曾敏等(2022)进一步研究发现,国有资本参股可以扩大民营企业的债务融资规模,增加民营企业现金持有。

在投资和研发决策方面,钱爱民等(2023)发现国有持股有助于抑制民营企业金融化投资决策,实现"脱虚返实"。赵璨等(2021)、刘惠好和焦文妞(2022)发现国有资本参股有利于缓解民营企业的投资不足,提高投资效率。陈航等(2021)发现,非控股国有资本参股带来的资源支持有助于民营企业完成跨国并购。陈建林(2015)、罗宏和秦际栋(2019)以家族企业为样本,研究发现家族所有权和非控股国有股权对企业绩效具有互补效应,国有股权参股能够显著地促进家族企业的创新投入。韦浪和赵劲松(2021)发现民营企业引入非控股国有股权可以提升专利申请数量。并且参股国有股东委派的董事、监事、高管参与治理可以实质性提高民营企业的创新能力和创新投入(高杰等,2022)。

在社会责任方面,李青原等(2022)发现国有股权参股可以降低民营企业的税收负担,这一效应主要通过增加民营企业的税收优惠而非激进的税收规避行为实现。而且国有股东参股可以提高民营企业的社保缴费率,减少其社保缴费的不合规行为(汪圣国等,2022)。叶永卫和张磊(2022)发现,国有资本进入有利于提高民营企业的就业吸纳能力,优化员工结构,实现稳就业的社会目标。

在审计和资本市场方面,于瑶等(2022)发现国有资本参股可以降低审计师的审计风险,降低民营企业的审计收费。于瑶和祁怀锦(2022)发现,国有资本参股有助于促进民营企业健康发展,减少民营企业的违规倾向和违规处罚概率。唐松莲等(2021)发现国有资本参股可以改善公司治理和信息环境,降低民营上市公司的股价崩盘风险。

(三) 混合所有制的影响因素

现有文献侧重于考察混合所有制的经济后果,而关于混合所有制动因或影响因素的研究文献数量较少。关于国企混改或民营化文献,綦好东等(2017)理论分析了当前国企混改的动力与阻力,认为动力是提高资本效率和改善公司治理,阻力来自既得利益者、落后的激励模式,以及意识形态固化与公众担忧。政府放权意愿、地方政府政绩压力会影响国有企业混合所有制改革的进程(蔡贵龙等,2018b;易阳等,2021)。当地方政府面临较大的财政压力时,混合所有制改革对国有企业绩效的积极促进作用会被削弱。在企业层面,企业是否属于自然垄断行业领域(陈林,2018)、高管跨体制网络联结(陈仕华和卢昌崇,2017)亦会影响国有企业混合所有制改革决策。贺勇和李世辉(2022)从组织生态学的视角分析了国有企业面临的资本异质性和股东冲突,并提出国企混改实现价值共生的实现路径。

关于民企"反向混改"或国有化,李文贵和余明桂(2017)、孙亮和刘春(2021)发现寻求产权保护是民营企业国有化或引入国有股东的重要动机。国外文献研究发现国有化是西方国家解决经济危机的重要手段(Jodice,1976)。另外,印记效应和同伴效应在民营企业并购国有股权的过程中发挥了作用(Li 等,2020)。于苏等(2022)还发现,民营企业与地方政府之间的地理距离越近,国有股权参股民营企业的混合程度越高。

第二节 信息披露相关文献综述

一、信息披露时间相关文献综述

关于信息披露时间的研究主要从信息披露及时性和信息披露择时两方面展开。

(一)信息披露及时性

及时性是会计信息质量的重要特征之一,要求企业会计核算应当及时进行,包括及时收集会计数据、及时进行会计处理、及时编制财务报告并对外披露。目前,国内外关于上市公司信息披露及时性的影响因素的文献已经比较丰富。

首先,信息类型是影响信息披露及时性的重要因素之一。上市公司高管存在及时披露好消息、隐藏或延迟披露坏消息的行为(Kothari等,2009)。Trueman(1990)认为公司延迟披露信息主要有两方面原因:一方面,一些收益不佳的公司通过盈余操纵增加其财务报告收入,这种盈余管理行为推迟了披露时间;另一方面,一些公司高管想要先看一下其他公司年报的财务状况。陈汉文和邓顺永(2004)对中国股票市场进行研究,发现上市公司高管出于机会主义动机,会故意推迟披露坏消息。尽管监管机构加大了对上市公司信息披露行为的监管力度,但是上市公司财务报告披露存在整体推后的趋势。唐跃军和薛红志(2005)研究证明,上市公司上期年报和当期第一季度季报披露的消息性质共同影响当期第一季度季报的披露时间。盈利公司会比亏损公司更及时地披露年度报告,诚信度较高的亏损公司会比诚信度较低的亏损公司更及时地披露年度报告(巫升柱等,2006)。

其次,公司治理也是影响信息披露及时性的重要因素。修宗峰(2009)发现:上市公司股权集中度越高,股权制衡度越低,信息披露越及时。由于股权集中提高了公司内部的决策效率,信息处理和披露的效率也随之提高。牟涛等(2012)研究发现,第一大股东持股比例、机构投资者持股比例、债务治理对上市公司年报披露及时性具有显著影响。其中,国有上市公司主要受机构投资者持股和债务治理的影响,民营上市公司主要受第一大股东持股比例的影响。高敬忠和周晓苏(2013)发现管理层为了降低与投资者之间的信息不对称程度,提高股票流动性,其持股比例和持股价值与业绩预告披露的及时性显著正相关。刘金星和宋理升(2015)发现内部人交易的信息披露及时性与第一大股东持股比例、董事长与总经理是否两职合一显著负相关。股权越集中,高管权力越大,越有可能出现侵占公司利益谋取私利的行为,且越有可能隐藏或延迟信息披露。

此外,会计师事务所特征和审计意见显著影响财务报告披露的及时性。Schwartz(1996)研究公司审计师更换时间与信息披露及时性之间的关系,发现上市公司审计师更换时间越早,年度财务报告披露时滞越短。这是因为上市公司更换审计师越早,越有可能是基于正当理由更换审计师,说明审计师面临的审计风险较小,有利于年报披露的及时性。伍利娜和束晓晖(2006)使用中国上市公司的数据也得到同样的研究结论。Whittred(1980)研究审计师更换对信息披露及时性的影响,由于新任审计师与客户磨合期较长,为了尽可能降低审计风险,新任审计师往往扩大审计工作范围,导致审计延迟和年报披露延迟。规模较大的会计师事务所拥有先进的审计技术和高素质专业员工,提高了审计效率,减少了审计延迟和年报披露延迟(Whittred,1980;李丹和宋衍蘅,2010)。另外,徐焱军(2010)研究了中期审计对半年报披露及时性的影响,当审计师出具标准无保留审计意见时,中期审计不会影响中期财务报告披露的及时性。

（二）信息披露择时

关于信息披露择时,由于投资者的"有限关注"(Della 和 Pollet,2009),上市公司高管对信息披露的时间普遍存在相机抉择行为。"好消息早,坏消息晚"是典型的信息披露择时行为(Skinner,1994)。存在机会主义动机的高管希望减少媒体和投资者的关注度,降低坏消息带来的负面市场反应。因而,好消息总倾向于在周一至周四或交易时间披露,而坏消息在周五或休市后披露(Patell 和 Wolfson,1982)。Doyle 和 Magilke(2009)以变更信息披露时间的上市公司为样本实证检验发现,出于一种成功的传播策略考虑,公司高管倾向在非交易日或者周五披露坏消息。Louis 和 Sun(2010)研究发现,高管为了降低股权并购对资本市场交易规模的影响,会选择周五进行信息披露。DeHaan 等(2015)研究证实了高管倾向于在闭市、繁忙日、较少提前通知等投资者关注度较低的时间发布坏消息。Michaely 等(2016)进一步研究发现最差的盈余消息通常是在周五晚上发布,并伴随着大规模的内部交易和盈余公告后的股价漂移现象。高管试图通过在周五晚上更晚的时间发布信息,以减少与投资者的交流,隐藏更多与公司盈余相关的信息。Segal 和 Segal(2016)以不包含盈余信息的 8-K 文件为研究对象，证实了公司高管利用投资者的"有限关注"，在非交易时间披露负面信息或采用信息捆绑的形式集中披露负面信息。

唐跃军和薛红志(2005)、谭伟强(2008)、张馨艺等(2012)的研究证明中国资本市场也同样存在信息披露择时现象。唐跃军和薛红志(2005)发现上市公司在上年年报和当年一季度季报信息披露过程中存在披露时机组合和信息操纵行为。上市公司更倾向于分散披露好消息、集中披露坏消息，以减少坏消息对股票价格和交易量的影响。谭伟强(2008)发现我国盈余公告普遍存在"周历效应"，即在周一、周五和周六披露的盈余公告更容易被投资者忽略。因此，坏消息更有可能在周六发布。但是，从资本市场的反应来看，在休息日披露坏消息与在交易日披露坏消息没有显著差异(张馨艺等,2012)。徐高彦等(2017)发现，中国上市公司的盈余公告披露时机还取决于股票市场的行情波动态势。上市公司利用股票价格在上升行情的助推下不会出现大幅下跌的机会，在市场上升行情时披露更多坏消息；在市场行情下降时披露更多好消息，挽救下降行情下的股票价格。

公司治理是影响上市公司择时披露行为的重要因素。王艳艳和于李胜(2011)研究发现，由于双重代理问题的存在，国有上市公司股权集中度与周末信息披露的概率呈正 U 型关系；民营上市公司股权集中度与周末披露盈余公告的概率呈倒 U 型关系。张馨艺等(2012)以 A 股上市公司业绩预告为样本发现，上市公司高管持股比例越高，高管个人利益与公司股东利益绑定越紧密，择时披露的可能性越高。李常青和幸伟(2017)发现当上市公司控股股东存在股权质押时，上市公司将披露更多的好消息，而且好消息更可能在交易日披露，坏消息更可能在非交易日披露。许言等(2017)研究发现，高管职业生涯忧虑(career concerns)是影响上市公司信息披露行为的重要因素。新任 CEO 第一年会集中披露上一任 CEO 隐藏的坏消息；CEO 任职初期(前三年)和离任前一年更有动机隐藏坏消息；而在家族企业中，只有非家族成员 CEO 出于职业生涯考虑而具有隐藏坏消息的动机。

二、信息披露文本特征相关文献综述

公司信息披露内容包括定量会计信息和定性文本信息,其中定性文本信息占据了信息披露内容的绝大多数比例,对投资者理解会计报表数字信息和公司经营状况起到辅助作用。与定量会计信息相比,定性文本信息在表达方面更具有灵活性,更难被法律制度规范限制。因此,管理层根据自身利益需要,在进行文本信息披露时拥有更多的酌情裁量空间。国外现有文献已利用信息披露文本信息及其文本特征进行了大量相关会计实证研究,主要包括研究文本信息的语调、文本信息的相似度、文本信息的可读性(复杂性),以及利用文本信息对相关变量进行度量。

公司披露的定性文本信息通常包含乐观或悲观、积极或消极、正面或负面的主观感情。由于会计准则、审计师独立审计、监管机构处罚等多种力量都会抑制公司对定量信息披露的操纵,文本语调管理成为高管策略性信息披露的新手段。国外学者研究发现,公司特征会显著影响信息披露的语调。当公司处于法律诉讼期、业绩较好、盈余管理程度较低、收益波动率较低、FOG 指数①较低、公司年龄较长时,更有可能使用积极语调(Li,2010)。Angela 等(2015)还发现会计文本语调与高管早期职业经历和高管是否参与慈善组织密切相关。管理者乐观或悲观的性格特征能影响其在盈余电话会议中的语调。

文本语调能够直接影响投资者、分析师等外部信息使用者对公司披露信息的感知和判断,产生异常的股票收益和交易数量,同时对盈余公告披露后的股价漂移现象具有增量解释力(Feldman 等,2010)。Huang 等(2014)发现异常语调虽然在盈余公告日产生正的股票收益,但是在接下来一个或两个季度均会有负的市场反应,并且异常语调对公司重大事件的发生披露具有预测效应,如财务重述、增发配股(SEO)、兼并收购(M&A)。不同于以往使用哈佛词典定义词语的语

---

① FOG 指数可通过文本的词数、句子的难度、完整思维的数量和平均句长等因素来衡量一篇文章的阅读难度。

调或感情，Loughran 和 Mcdonald(2011)基于财务语境重新构造积极或消极词语库，将贬值折旧、负债、成本、税负等词语纳入消极词语库，实证检验发现10-K 报告收益下降与他们构造的消极词语库显著相关。Jegadeesh 和 Wu(2013)基于 Loughran 和 Mcdonald(2011)的词语库和资本市场对10-K 文件的反应，计算不同单词在传达积极或消极语调时的权重，利用新语调词语库进行检验，发现文本语调与资本市场股票收益及 IPO 抑价显著相关。

在关于文本相似度的研究中，Brown 和 Tucker(2011)的研究以管理层讨论与分析(MD&A)内容变化作为信息含量的度量指标，发现当公司经营和结构发生较大变化时，管理层讨论与分析(MD&A)内容变化更大、相似度更低。资本市场对 MD&A 内容变化会产生积极的市场反应。无独有偶，Hanley 和 Hoberg(2010)使用文本向量化方法度量管理层讨论与分析(MD&A)部分的信息含量，发现公司 IPO 招股说明书相似度越低，即反映公司个体特征的特有信息比例越高，信息含量越充分，越有助于提高股票定价的准确性，减少 IPO 抑价。Tetloc(2011)发现公司 IPO 招股说明书和10-K 信息披露与以往相比相似度越高，收益波动率和股票交易量越低，资本市场对重复信息的过度反应会造成日后收益反转。

Hoberg 和 Phillips(2010)将文本相似度应用于公司并购和市场竞争领域的研究，通过对公司披露的产品和行业环境语言描述进行分析，计算并购双方在并购前产品和所处行业市场环境的相似度。其实证检验发现，并购双方关于产品和产品市场的语言描述相似度越高，并购交易越有可能发生，且并购后的股票收益、现金流量和公司成长性都显著较好。Hoberg 和 Phillips(2016)根据不同公司的产品描述之间的相似度对行业进行了重新分类，以此解释产业结构如何随时间变化，以及公司如何应对这些产品市场的变化。结果发现，那些在广告宣传和研究开发中投入较多的企业，随后面临的行业竞争强度显著减弱，企业的盈利能力显著提高。Hoberg 和 Phillips(2017)进一步研究发现，多元化经营企业所涉及的行业往往具有较高的产品语言重叠，即产品描述的语言相似度高;企业会尽量避免进入具有行业专长语言的行业领域,倾向于选择进入产品描述相似度高、具有协同效应的行业。

可读性不是一个可以精确定义的概念。可读性的首选度量指标主要取决于研究人员如何对这一概念进行定义。Klare(1963)将可读性定义为因写作风格导致的阅读理解容易度。这个定义主要专注于写作风格与内容、连贯性和文章组织。从这个角度出发设计的度量指标,如FOG指数,主要集中在句子长度和多音节复杂单词上。其他作者在可读性文献中拓宽了这一概念,强调了目标受众在确认可读性方面的重要性。例如,DuBay(2004)将可读性定义为"某一类人发现某些阅读材料引人注目和可理解的程度"。Davison和Kantor(1982)强调"读者的背景知识"比"试图使文本符合公式定义的可读性水平"更重要。鉴于财务披露的目标受众情况,目前尚不清楚短句是否比长句更有效。Dale和Chall(1948)提出:从广义上讲,可读性是所有元素与给定印刷材料的总和,这些元素和材料能够影响到底哪一组读者能够成功理解这一段文本。该定义被Tekfi(1987)作为经典定义。Tekfi(1987)将可读性定义为"确保给定的一段文本以作者的意图达到并影响其受众"。在会计学、财务学研究中,可读性可以定义为投资者或分析师从财务披露中吸收价值相关信息的能力。

文本可读性(复杂性)与公司特征密切相关,特别是公司经营业绩。Li(2008)使用FOG指数和财务报告的总字数作为可读性的度量指标,并发现文本可读性与公司盈利水平显著相关。当公司盈利水平较低时,信息披露更加晦涩难懂。对于正向盈利的公司而言,信息披露可读性与盈余持续能力显著正相关。Lo等(2017)发现应计盈余管理与文本信息复杂度显著正相关。管理层试图通过操纵文本信息的复杂度来掩盖盈余管理行为,使文本信息披露成为高管攫取个人私利和财务舞弊的辅助工具。

You和Zhang(2009)发现投资者对10-K信息披露反应具有滞后性,主要体现为10-K披露后12个月内出现的股价漂移。10-K报告越复杂难懂,投资者的反应不足越严重。由于文本可读性较低,投资者难以读懂报告并从中获取充分的信息,导致季度报告披露后3日窗口期内股票价格包含的盈余信息量较少,股票交易量降低(Miller,2010)。Rennekamp(2012)以美国证券交易委员会强调语言平实易懂的政策为冲击进行准自然试验,检验发现信息披露可读性的提高加剧了资本市场对公司披露信息的反应,特别是加剧了中小投资者的反应。当公司披露利好消息时,股价反应更积极;当公司披露利空消息时,股价反应更消极。Miller(2010)和Lawrence(2013)分别考察了不同类型投资者对披露文本可读性的反应,并得出了类似的研究结论。他们发现文本可读性对个人投资者决策影响更加显著。Miller(2010)发现复杂难懂的信息披露减少股票交易量主要是个人投资者交易活动减少所致。Lawrence(2013)发现清楚简洁的财务披露增加了个人投资者的投资积极性,也增加了个人投资者的投资收益。文本可读性亦影响分析师行为,Loughran和Mcdonald(2014)以信息披露文件的大小作为文本可读性的度量指标,研究发现10-K文件越大,可读性越低,股票收益的波动性越高,分析师的预测误差和预测分歧度越大。

另外,国外许多文献运用文本分析技术对信息披露文本进行处理并构造关键变量的度量指标。例如,Kravet和Muslu(2013)、Bao和Datta(2014)对风险文本描述进行文本处理并构造了风险度量指标。Kravet和Muslu(2013)研究发现,公司披露的风险信息影响投资者的风险感知和投资决策,公司风险信息披露增加,股票收益的波动性和股票交易量随之显著增加,分析师的盈余预测分歧度也增加。Bao和Datta(2014)根据披露的风险文本信息对风险类型进行划分,系统性和流动性风险的披露能够显著影响投资者的风险感知。Hoberg和Maksimovic(2015)、Law和Mills(2015)通过文本分析构造了融资约束度量指标。其中,Hoberg和Maksimovic(2015)发现权益资本市场融资约束与公司基金成长机会密切相关,主要是因为信息不对称;债务资本市场融资约束与契约违规密切相关。Law和Mills(2015)研究了融资约束与公司税收筹划政策激进度之间的关系,发现融资约束强的公司更倾向使用消极词汇、采取激进的税收筹划政策。Hoberg 等(2014)通过对产品文本描述进行处理,构造了市场竞争度衡量指标,发现市场竞争降低了公司现金股利支付水平和股票回购的可能性,公司需要增加现金持有以应对激烈的市场竞争。Purda 和 Skillcorn(2015)、Larcker 和 Zakolyukina(2012)通过对会计文本相关词频进行统计,对公司是否存在违规行为或盈余欺诈行为进行预测。

目前,以计算机技术为基础进行会计文本分析的实证研究在国内方兴未艾。已有关于文本相似度的研究成果主要包括:郝项超和苏之翔(2014)计算得到拟上市公司招股说明书中的风险信息与已发行上市公司招股说明书中提示的重大风险信息的相似度,并研究其与 IPO 抑价之间的关系。他们研究发现,特有风险提示信息,即不与已发行公司风险提示信息重复或相似的内容,能显著降低主板上市公司的 IPO 抑价水平。孟庆斌等(2017)计算了上市公司年度财务报告管理层讨论与分析(MD&A)与上一期报告的相似度,发现管理层讨论与分析(MD&A)部分,特别是展望部分披露的信息含量越高,文本相似度越低,未来股价崩盘风险越低。赵子夜等(2019)发现,当公司财务风险较高时,年报文本纵向相似度高会引发负面的市场评价;当公司财务风险较低时,年报文本纵向相似度高会引发市场好评,而年报文本横向相似度高则引起整体的负面评价。钱爱民和朱大鹏(2020)发现管理层讨论与分析(MD&A)部分纵向文本相似度越高,上市公司当期被监管机构处罚的可能性越高,而非管理层讨论与分析(非 MD&A)部分纵向文本相似度越高,上市公司当期被监管机构处罚的可能性越低。

关于文本语调或情感的研究成果主要包括:谢德仁和林乐(2015)以我国上市公司年度业绩说明会文本作为分析对象,发现管理层净正面语调越多,公司下一期经营业绩越好。这说明上市公司披露的文本具有一定的信息含量。管理层基于现有结果和未来结果的私有信息,利用语言表达的灵活性向外界传递公司的经营业绩预期。林乐和谢德仁(2017)还发现,管理层净正面语调会被分析师充分利用,影响分析师更新推荐股票的决策,提高分析师的荐股评级水平。但是,没有证据显示管理层负面语调对分析师荐股决策有显著影响。王华杰和王克敏(2018)发现上市公司会计信息操纵和文本操纵存在互补关系。应计盈余管理对年报文本语气操纵具有显著影响,应计操纵方向与文本语气操纵方向一致,并且公司进行盈余管理的约束越大,公司管理层越有可能利用文本语气操纵辅助进行盈余管理。曾庆生等(2018)发现,年报文本语调越积极,年报披露后的一段时期内股票卖出规模越大,并且上述检验结果在年报披露后中期市场表现差、信息透明度低、非国有控股的上市公司样本中更加显著。底璐璐等(2020)计算了客户公司的年报文本语调,从供应链的角度研究发现客户的年报语调越消极,供应商企业会持有更多的现金以应对未来的不确定性。张宗新和吴钊颖(2021)对媒体新闻报道进行文本处理并计算媒体情绪,发现媒体报道情绪越乐观,分析师盈利预测的乐观倾向越显著。

关于文本可读性的研究成果主要包括:彭红枫等(2016)对网络借贷陈述进行文本分析,发现借贷陈述的可读性和文本长度与借款成功率呈倒 U 型关系、与实际借款利率显著正相关。丘心颖等(2016)发现年报复杂性与分析师跟进度显著正相关,复杂的年报更吸引分析师跟进关注。但是年报复杂性与分析师预测的信息含量和预测准确度不存在显著正相关关系,这说明我国分析师未能充分发挥专业信息解读作用。王克敏等(2018)研究发现,管理层出于自利动机操纵年报可读性,当公司业绩较差时,年报可读性较低,复杂性较高。进一步研究发现,高管通过操纵文本信息的复杂性可以获得更多超额报酬;业绩较差的公司通过操纵文本信息可读性,可以获得更加积极的短期和长期资本市场反应。逯东等(2019)发现,公司财务报告文本可读性差会使投资者进行实地调研的频率和可能性显著增加。阮睿等(2021)发现"沪港通"实施以后,标的公司的财务报告文本可读性和信息披露质量显著提高。

关于可读性的度量方法和指标,由于英文文本和中文文本在构词、语义等方面存在显著的语言特征差异,英文文本可读性的度量方法是否完全适用中文文本分析尚待进一步验证讨论。本章对目前国内外文献比较通用的可读性(复杂性)度量方法和指标进行整理归纳，见表2.3。早期研究中，国内文献对中文文本可读性度量主要是简单模仿，Li(2008)的研究计算中文文本的FOG指数。后期随着文本分析技术的普及，国内学者为中文文本可读性提供的度量方法和指标更加丰富，度量时能够充分考虑中文语境和语言特征，研究结果更加稳健可靠。

表2.3 可读性度量方法和指标总结

语言	度量方法和指标	文献出处
英文	FOG指数和文本总字数	Li(2008)
英文	FOG指数	Miller(2010)
英文	文本文件的大小	Loughran和Mcdonald(2014)
英文	文本总字数	You和Zhang(2009)
中文	按照FOG指数的计算公式计算每个中文句子的词汇数量以及每一份年报中所包含的复杂词汇的数量	丘心颖等(2016)
中文	FOG指数和文本总词数	彭红枫等(2016)
中文	使用财报的页数、句子的平均长度、平均每页连词的个数、平均每页的文件大小和平均每页代词的个数五个特征	逯东等(2019)
中文	财务报告TXT文件大小	逯东等(2019)
中文	从文本逻辑和字词复杂性两个角度进行刻画度量	王克敏等(2018)；阮睿等(2021)

注：根据文献综述内容整理所得。

关于利用文本分析技术构造关键变量的度量指标的研究成果主要有：王雄元等(2017)运用文本分析技术进行关键词提取并度量年报风险信息披露。实证研究发现，风险信息披露频率有助于提高分析师的预测精确度，且在非国有公司、盈余质量较高的公司和治理较好的公司尤其显著。姜付秀等(2017)在研究多个大股东与融资约束关系时，使用文本分析法构建了融资约束度量指标。与使用定量数据间接度量融资约束(如 KZ 指数①、WW 指数②)相比,该方法更加直接、准确和全面。研究结果证实了多个大股东可以有效制衡控股股东掏空行为,缓解公司面临的融资约束。彭红枫和林川(2018)基于人人贷的借款描述,发现不同类词语所占比重对贷款人的决策具有显著影响。金融类词语所占比重向投资者发出的信号能够被正确识别,而强语气类词语所占比重发出的信号未被投资者正确识别。任宏达和王琨(2019)利用文本分析技术构造产品市场竞争程度的度量指标,并发现产品市场竞争越激烈,上市公司的信息披露质量越好。伊志宏等(2019)运用机器学习构造分析师研究报告中的公司特质信息含量指标,发现分析师研究报告中的公司特质信息含量越高,分析师所关注公司的股价同步性越低。李晓溪等(2019)利用文本分析技术度量并购重组问询函中的历史信息和前瞻信息,验证了交易所问询函对于改善信息披露的积极监管作用。潘健平等(2019)通过对上市公司网站上的企业文化文本信息和年报董事会报告进行文本分析,构造度量企业合作文化强弱的指标,并发现企业合作文化越强,其创新产出越多,创新效率越高。李岩琼和姚颐(2020)用年报中 R&D 类相关词数占年报全文字数的比例度量研发文本信息含量,发现 R&D 文本信息披露越多,未来三年公司的创新产出以及获得的政府研发补助越多。张叶青等(2021)利用文本分析技术衡量公司层面的"大数据"应用程度,检验了公司大数据应用的影响因素和影响市场价值的作用机制。胡楠等(2021)利用文本分析和机器学习构造管理者短视主义的度量指标,研究发现年报 MD&A 中披露的短期视域语言越多,管理者短视主义特质越明显,企业资本支出和研发支出越少。王化成等(2022)利用文本分析技术进一步总结了我国上市公司核心竞争力文本信息披露的现状、问题,并提出改进建议。温素彬等(2022)采用文本分析法构造度量上市公司智能制造水平的指标,发现上市公司智能制造水平越高,企业运营效率越高。

---

① KZ 指数,即 Kaplan-Zingales 指数,是一种利用多个企业财务指标加权加总评估企业融资约束程度的方法。

② WW 指数,由 Whited 和 Wu 提出,是一种考虑多个企业财务指标,利用广义矩估计评估企业融资约束程度的方法。

三、会计信息质量相关文献综述

上市公司公开披露的会计盈余信息是投资者进行投资决策的重要信息来源和依据。会计盈余信息质量一直是学术界和实务界关注的热点问题。盈余管理是反映上市公司会计盈余信息质量的重要指标,也是会计学领域研究的经典问题之一。盈余管理早期被定义为经营者运用会计方法或者真实交易来改变财务报告,以误导利益相关者对公司业绩的理解或者影响以报告盈余为基础的契约(Healy 和 Wahlen,1999),具体包括应计盈余管理(accrual earnings management)和真实盈余管理(real earnings management)。

应计盈余管理是指公司管理层利用会计政策选择、会计估计变更等会计手段进行盈余操纵的行为;真实盈余管理是指公司管理层通过构造经济业务交易事项或者调整交易业务的发生时间来调节盈余的行为。随着会计准则日益完善、监管力度逐渐加大,公司进行应计盈余管理的操作空间越来越小,公司倾向从应计盈余管理转向真实盈利管理(Roychowdhury,2006)。Cohen 和 Zarowin(2010)发现应计盈余管理与真实盈余管理之间存在替代关系。与应计盈余管理相比,真实盈余管理使公司面临更小的法律风险和审计风险,但同时对企业经营活动和财务业绩具有长期、负面的影响。最新的研究发现,由于投资者对公司价值判断经常受到同伴公司信息的影响,公司高管为了干预投资者对公司价值信息的判断,将公司内部盈余管理行为转移到同行业竞争对手公司(Einhorn 等,2018)成为当前盈余管理的新趋势。

国内外关于盈余管理的行为动机和影响因素的研究成果有很多。研究主要从以下几个方面展开。

第一,股权结构。Haw 等(2011)以东亚国家上市公司为样本研究发现,样本公司普遍存在通过操纵费用分类来增加当期核心营业利润的盈余操纵行为,特别是在家族大股东控制的企业,而法律制度背景和由国际四大会计师事务所审计可以发挥外部治理效应。Gopalan 和 Jayaraman(2012)发现内部人控制的公司由于现金流权和控制权分离,更有可能发生盈余管理,特别是在弱投资者保护的国家。他们还发现股权集中有利于抑制盈余管理,但当控制权达到一定比例之后,股东开始转而通过盈余管理攫取公司利益来谋取个人利益。Hou 等(2015)以中国 2005 年股权分置改革为背景,研究非流通股大股东对流通股中小股东的业绩承诺与盈余管理之间的关系。他们发现,盈利能力较低的公司更有可能选择签订业绩承诺,基于实现业绩承诺目标而进行盈余管理的动机增加,尤其当公司面临较高违约成本时,盈余管理行为更加激进。雷光勇和刘慧龙(2006)研究发现上市公司控股股东的持股比例越高,正向盈余管理程度越高,负向盈余管理程度越低。当控股股东是国家或国有企业时,盈余管理程度减低。薄仙慧和吴联生(2009)发现国有企业会计信息质量高于非国有企业。出于政治因素而非经济因素考虑,国有企业享受的政府资源优势降低了盈余管理的动机。朱星文等(2010)发现若控股股东是中央和地方政府部门所属的国企,在公司高级管理人员出现变更时,制衡程度有利于抑制高管变更产生的盈余管理行为。上述国内研究都证实了国有股东对抑制盈余管理的积极作用。

第二,公司高管的职业考虑和个人特征。出于职业生涯考虑,非常规离任 CEO 的继任者倾向于在继任当期通过应计项目进行负向盈余管理,即"大洗澡",继任后一年会进行正向盈余管理(Pourciau,1993)。Ali 和 Zhang(2015)研究发现,由于职业经理人市场对 CEO 任职前期的能力持不确定态度,CEO 倾向于通过正向盈余管理夸大公司盈利,意图改变职场对其个人能力的感知。而且面对职业经理人市场的压力,在 CEO 任职的最后一年,公司的盈余管理幅度同样较大。Ham 等(2017)考察了高管个人特征对公司会计信息质量的影响,他们以 CFO 签字字体大小度量 CFO 的自恋程度,实证检验发现 CFO 自恋导致公司盈余管理程度上升,信息披露及时性下降,财务重述可能性提高。在中国,朱星文等(2010)和林永坚等(2013)也研究了高管职业生涯与盈余管理之间的关系。朱星文等(2010)发现高管变更当期存在向下调减利润的盈余管理行为,为了未来展现出较好的业绩指标,新任高管会在上任当期进行"大洗澡"。林永坚等(2013)发现 CEO 会在上任当期进行负向盈余管理,但未发现存在真实盈余管理行为。在 CEO 任职期的前两年,普遍存在正向应计盈余管理和真实盈余管理活动。另外,王克敏和王志超(2007)研究发现,当 CEO 控制权缺乏有效监督和制衡时,即 CEO 来自控股股东单位或兼任董事长时,高管薪酬水平提高,寻租空间增大,高风险高成本的盈余管理行为反而减少。

第三,薪酬契约和股权激励。Watts 和 Zimmerman(1978)最早发现 CEO 基于货币薪酬和股权激励契约动机而进行盈余管理以最大化个人收益。随后,Bergstresser 和 Philippon(2006)等也发现,高管股权激励诱发更多的盈余管理行为。Geiger 和 North(2006)研究后发现,CFO 亦具有盈余管理动机并且对盈余管理产生影响,这种影响甚至大于 CEO。杨志强和王华(2014)发现,在股东和高管的共同作用下,上市公司内部薪酬差距导致盈余管理程度增加,在股权集中度高、缺乏股权制衡的情况下更加显著,公司不同层级之间的薪酬差距只能在短期内产生正向的激励效应。肖淑芳等(2013)从高管股权激励的行权业绩考核指标设置的角度展开研究后发现,高管为了降低行权实现难度,通过真实盈余管理活动降低基期业绩,进而降低行权业绩考核指标。谢德仁等(2018)从业绩型股权激励计划实施的角度展开研究,发现上市公司高管为了使财务报告业绩达到行权条件,真实盈余管理显著高于其他公司。上述研究结果说明,真实盈余管理是高管应对公司股权激励和行权过程设置的关键手段。

第四,融资需求。Aharony 等(1993)证实了公司在 IPO 过程中存在盈余管理行为,特别是那些规模小、负债比例高、聘用低质量承销商和会计师事务所的公司。Rangan(1998)进一步证明当公司具有增发配股融资需求时,会通过正向操纵盈余以提高公司股票价格,达到降低融资成本的目的。章卫东(2010)以中国证券市场数据检验发现,当中国上市公司准备定向增发新股时,其前一年盈余管理显著增加。并且盈余管理方向与定向增发对象密切相关,当定向增发对象是控股股东及其子公司时,进行负向盈余管理;当定向增发对象是外部机构投资者时,进行正向盈余管理。陈晖丽和刘峰(2014)发现上市公司成为融资融券标的公司之后,应计盈余管理和真实盈余管理程度显著降低。融资融券交易制度具有治理效应,但这种治理效应受公司所在地区市场化程度和公司股权结构的影响。

第五,监管和制度因素。Barth等(2008)选取了21个采用国际会计准则的国家的公司作为研究样本,发现采用国际会计准则降低了盈余管理程度、提高了会计确认的及时性,增强了会计信息的价值相关性。分析师能够预测到公司为了规避小规模亏损或利润下降而进行的盈余管理行为,分析师预测的零盈余公司的数量多于实际报告零盈余的公司数量(Burgstahler和Eames,2010)。Godsell等(2017)以欧洲遭受反倾销调查的公司为研究对象,发现当会计数据直接涉及反倾销调查的关税额度时,公司盈余管理行为显著增加,特别是向下调减收益的盈余管理行为。Ralf和Alfred(2019)发现在弱执行力的制度环境下,执行力与审计师审计对于监督公司盈余管理行为互为补充;在强执行力的制度环境下,执行力与审计师审计对于监督公司盈余管理行为互为替代。在强执行力的制度环境下,公司盈余管理行为还与会计系统特征、生产风险等因素密切相关。

谢德仁(2011)以债务重组上市公司作为研究对象,通过梳理债务重组会计准则和资本市场监管政策变迁,发现资本市场监管有助于遏制上市公司盈余管理行为,而会计准则自身的不完备性导致其没有责任和能力制约公司的盈余管理行为。税收监管作为一种政府公共权力,税收征管力度越强,公司进行过度向上的盈余管理的意愿越低(叶康涛和刘行,2011)。李延喜等(2012)发现地区层面制度因素显著影响公司盈余管理行为,地区市场化程度越高、政府干预程度越低、法治水平越高,该地区上市公司盈余管理程度越低。另外,公司内部审计委员会、独立董事均发挥了重要的监督作用,有助于抑制公司盈余管理行为(张兆国等,2009)。外部媒体关注、分析师跟踪、机构投资者持股也会对公司盈余管理行为产生影响。于忠泊等(2011)研究发现,迫于媒体关注带来的外部市场压力,公司为了达到市场预期进行应计盈余管理活动,但不会进行对公司未来长期利益危害更大的真实盈余管理活动,支持了"市场压力假说",而非"有效监督假说"。

第三节 研究现状述评

通过对以往文献的梳理可以发现,国内外学者对混合所有制改革、信息披露的研究取得了丰富的研究成果。但仍然存在以下值得深入研究和探讨的问题。

首先,"混合所有制"是国有资本和非国有资本交叉持股、相互融合的股权结构(郝阳和龚六堂,2017),既允许民营资本参股国有企业,也允许国有资本参股民营企业。上述国有资本与民营资本形成的混合股权结构将分别对国有企业和民营企业的决策行为产生影响。但是现有文献主要关注民营资本参股国有企业这类混合所有制改革对国有企业产生的经济后果,关于国有资本参股民营企业进行"反向"混合所有制改革的研究成果尚不丰富。目前,关于民营企业引入国有资本参股进行"反向混改"经济后果的研究成果主要集中在投资和研发创新(陈建林,2015;罗宏和秦际栋,2019;韦浪和赵劲松,2021;钱爱民等,2023)、融资便利(宋增基等,2014;何德旭等,2022)、社会责任履行(李青原等,2022;叶永卫和张磊,2022)、资本市场表现(唐松莲等,2021;于瑶和祁怀锦,2022)等方面。作为混合所有制改革的重要组成部分,民营企业引入国有资本亦是实现国有资本与民营资本混合发展的重要途径,对激发国有资本活力、促进民营经济发展具有重要的现实意义,学术界应充分、全面关注民营企业"反向混改"的经济后果。

其次,以往关于股权结构的研究主要关注股权集中度、股权制衡度、终极控制权以及不同类型股东的治理效应,但是鲜有文献从动态的角度研究不同性质股权混合所有的公司治理效果。与其他国家上市公司所有权结构相比,我国上市公司的所有权结构随时间变化显著,这为采用公司固定效应解决内生性问题以及使用双重差分法验证变量之间的因果关系提供了研究可行性。

最后，以往关于信息披露的研究主要关注定量会计信息披露以及信息披露及时性，即会计信息披露质量、信息披露择时等。伴随着"大智移云"（大数据、智能化、移动互联网、云计算）时代的到来，以计算机和人工智能为工具阅读公司财务报告等会计文本，并对会计文本中的定性信息进行特征识别和量化处理成为当前会计研究的发展趋势。目前鲜有文献从混合所有制改革视角研究对公司信息披露行为的影响，特别是对文本信息特征的影响。

第三章 理论基础与制度背景

第一节 关键概念定义

2013年,中共十八届三中全会通过的《中共中央关于全面深化改革若干重大问题的决定》提出"积极发展混合所有制经济"。混合所有制经济是指各种不同所有制资本通过多元投资、相互融合而形成的产权配置结构和经济形式(臧跃茹等,2018)。从宏观层面来看,混合所有制经济主要是指国家或地区层面同时存在国有、集体、个体、私营、外资、合资、合作等各类公有制经济和非公有制经济(黄群慧,2014)。从微观层面来看,混合所有制经济主要指不同所有制资本的产权配置结构,即国有资本、民营资本、外资资本等相互交融。

中共十八届三中全会以来,新一轮混合所有制改革成为中国经济体制改革的关键内容之一,也成为深化国有企业改革的重要路径(杨兴全和尹兴强,2018)。混合所有制改革意味着不同性质股东在公司股权结构中持股地位的变化。目前,民营企业参与混合所有制改革主要有两条途径,即所谓"混改双通道":一是民营企业投资参股国有企业,即国有企业引入民营资本,我们一般称之为国有企业混合所有制改革,简称国企混改;二是民营企业引入国有资本参股,即国有企业投资参股民营企业,一般简称民企"反向混改"。上述两条途径最终均实现国有资本与非国有资本交叉融合,发展混合所有制经济。国企混改和民企"反向混改"已成为落实国家顶层制度设计的重要微观突破口。

本书以民营企业为研究对象,研究国有资本参股即"反向混改"对民营企业行为的影响。在新一轮混合所有制改革背景下,民企"反向混改"与"国有化""国进民退"存在显著不同,主要区别在于以下两点。

第一,背景不同。纵观 20 世纪全球范围内几次国有化浪潮,国有化(nationalization)是西方资本主义国家解决经济危机的重要手段,常发生在战争、经济危机、政府换届前后。政府把国有化作为一种经济调控手段,通过将关键领域的私营企业收归国有达到干预经济、稳定局势的效果。例如,第二次世界大战结束以后至 20 世纪 70 年代,英国工党在执政期间先后推动了三次国有化浪潮,对于英国战后恢复经济、推动新兴知识密集型产业升级发挥了关键作用。

"国进民退"的概念以及"国进民退"和"国退民进"的争论主要源于国企产权改革的"郎顾之争"。20 世纪 90 年代,为解决我国国有企业普遍面临的资不抵债、效率低下的经营困境,政府采取"抓大放小"的改革模式。许多国有中小企业被"一卖了之",造成国有资本流失、"国退民进"。2003 年国务院国有资产监督管理委员会的成立和 2005 年以后国有企业股份制改革的推进,使国有企业经营状况和财务状况的颓势得以扭转,国有企业凭借其政策和资源优势在各个经济领域和行业"攻城略地"(罗进辉,2013),"国进民退"形势逐步确立。

不同于西方国家的国有化浪潮,当前民营企业发展混合所有制经济是在社会主义市场经济制度背景下,为适应市场经济发展和国际市场竞争的新形势而进行的。而且与之前"国进民退"的背景相比,当前混合所有制改革不存在国有企业扭亏脱困的压力。与改革相配套的法律法规、市场机制更加完善,来自政府和社会各界的外部监督更加严格,相关中介机构的专业化能力更强。发展混合所有制经济是社会主义市场经济制度下国有企业改革的独特模式和重大创新,旨在通过股权混合实现"国民共进"的发展前景。

第二,股权比例的界定不同。已有文献在实证研究中对民营企业国有化、"国进民退"的股权比例界定尚不统一。罗进辉(2013)将"国进民退"定义为民营企业控制权转移给国有企业。而李文贵和余明桂(2017)将民营企业国有化定义为民营企业转让部分或全部股份给政府或政府控制的企业。民营企业国有化是国有企业民营化的相反路径。大多数文献将国有企业民营化定义为国家股或国有法人股转让给民营企业或个人,不再持有或少量持有目标公司的股份,或者是股东之间通过转让股份而使国家或国有法人失去控股地位。参考上述定义,可以将民营企业国有化定义为民营企业将绝大部分股权转让给国家或国有法人,使民营股东不再持有或少量持有公司股份。当前混合所有制改革主要强调国有资本和民营资本,以及其他社会资本形成交叉持股、相互融合的混合股权结构,并没有特别强调改革过程中股东控制权和持股比例的问题。具体混改对象、混合深度和方案实施根据实际情况和改革目标需要而定(张伟和于良春,2017)。

第二节　理 论 基 础

一、企业所有权理论

企业所有权由科斯的企业契约理论延伸而来,是对企业的剩余索取权和剩余控制权(张维迎,1995)。享有对企业扣除固定的合同支付后剩余收益的索取权,意味着也要承担企业面临的经营损失风险;而剩余控制权源于契约的不完备性(Grossman 和 Hart,1980),是契约中没有明确规定的活动的决策权。企业治理结构本质上就是一个关于企业所有权安排的契约。

第二次世界大战以后,国家积极干预企业经营活动,如通过提供相关商品或服务、为关键行业领域提供补助支持、管制公用事业市场,在关键行业领域掀起国有化浪潮,即国家或国家控股的国有企业成为控股股东,享受企业剩余索取权和剩余控制权。目前,理论界对国有产权有两种截然相反的观点:一种是新自由主义,另一种是反新自由主义。

新自由主义认为,市场应该受最少的公共干预,通过个人选择实现经济和社会福祉。国有企业之所以民营化,是因为它们是公有制的受害者,与民营所有的竞争对手企业相比,国有企业股东没有积极发挥作用,致使国有企业日常经营缺乏严格的监督和职业经理人制度。新自由主义经济学将大多数政府干预视为不同党派之间对自愿契约的干预(Sager,2011)。独立于国家机构和治理架构,私营企业将始终拥有卓越的管理以及更好的资源分配。经济自由化和私有化将提升私有领域的生产力和效率。去行政化改革将带来更强的民主制度、更好的国家治理和更有效率的公共领域投资(Dent,1991)。

反新自由主义观点认为,国家需要扭转大公司的经营方向,以低成本为公众生产。国有企业担负着实现社会福利和企业自身利润最大化的双重目标,特别是当市场垄断地位或外部性造成私有和社会目标分歧时(Shleifer 和 Vishny,1994)。虽然国有企业业绩低下被认为加剧了发展中国家的债务问题和国际收支问题,并成为随后第一波私有化的主要目标(Tan,2012),但是在许多国家(地区),特别是东南亚的许多国家(地区),国有企业在带头发展工业化道路方面发挥了重要作用。从 20 世纪 60 年代到 80 年代,日本、韩国和中国台湾地区通过一系列政府干预传统产业运作的政策实现了重大经济转型。Bjorvatn 和 Coniglio(2012)的研究表明,在经济初始发展水平较低时,政府更广泛的干预更有可能取得成功。

二、代理理论

代理理论(agency theory)认为,代理关系是一个或多个委托人委托代理人代表其利益提供相关服务、作出决策的契约。现代企业所有权与经营权的分离使得公司股东和高管的关系符合代理关系的定义。Alchian 和 Armen(1972)提出的团队生产理论认为,企业分工将更加细化,所有者(委托人)直接经营并不能达到经济效益最大化,企业应该由专业人士(代理人)进行管理经营。委托人追求自身投资收益最大化,承担企业破产风险;而代理人热衷于追求超额薪酬、在职消费、构建商业帝国以最大化自身利益,承担有限的经营风险。委托人与代理人双方目标函数不一致、收益风险不对称,容易出现道德风险和逆向选择。

委托人和代理人之间的代理冲突主要有三类：第一类代理冲突是公司所有者与管理者之间的冲突，主要发生在股权高度分散的公司、欧美资本主义制度发达的国家；第二类代理冲突是公司大股东与中小股东之间的冲突，主要发生在股权相对集中的公司和东南亚国家等新兴市场经济国家；第三类代理冲突是公司股东、管理者与外部债权人之间的冲突(Jensen 和 Meckling,1976;Shleifer 和 Vishny,1994)。我国民营上市公司很多由家族控制和经营，股东和管理者身份重合，股权高度集中，这样虽然可以避免所有权与经营权分离带来的第一类代理冲突，但是所有者与管理者合二为一形成"一种声音、一种意志、一个目标"，容易造成决策监督的缺失，损害中小股东利益，形成第二类代理冲突(朱大鹏,2019)。民营企业引入国有股东能否缓解第二类代理冲突、提高公司治理水平，是当前混合所有制改革关注的重要内容之一。

为了降低代理冲突的负面效应，委托人必须通过建立恰当的激励机制和监督机制防止代理人行为偏离委托人自身的利益最大化，使得代理人按照委托人的意志进行经营决策。对于委托人和代理人而言，在零成本下使代理人按照委托人的意志作出最优决策是不可能的。代理成本主要由委托人激励和监督代理人产生的监督成本、代理人因为偏离委托人的利益予以补偿的保证支出和剩余损失三部分组成(Jensen 和 Meckling,1976)。

关于如何使代理成本最小化，以往研究主要从内部激励约束机制和外部市场机制两个层面展开。内部激励约束机制包括设立独立董事、监事会等内部治理机制，设置以业绩为基础的薪酬政策，给管理层股权激励等。因此，国有股东参股民营企业不能仅仅停留在股权结构层面。为了降低代理成本，国有股东需要委派代表其自身利益的董事、监事和高管进入公司高层治理层面参与决策和监督。外部市场机制主要包括资本市场并购、职业经理人劳动力市场竞争和产品市场竞争，通过外部市场竞争给管理层施加压力，可促使代理人以公司和股东价值最大化为己任。无论是内部激励约束机制还是外部市场机制，会计信息和信息披露在其中都扮演了不可替代的角色。信息披露不仅是委托人与代理人之间签订薪酬契约、股权激励契约等激励契约的依据,同时也是委托人对代理人行为进行监督约束的有效途径。因此,代理理论为本书的研究问题提供了重要理论支撑。

三、信息不对称理论

信息不对称(asymmetric information)是指市场交易中各方参与人员拥有的信息数量不一致、不对等。该现象最早由阿罗于1963年提出。20世纪70年代,美国三位经济学家阿克尔洛夫、斯蒂格利茨和斯宾塞分别从商品交易、金融交易和劳动力市场三个维度展开研究,提出了信息不对称理论。在商品交易市场,买卖双方是信息不对称的。卖方比买方拥有更多的信息,更了解交易产品的质量等信息,买方在交易中处于弱势地位。阿克尔洛夫(1970)以二手车市场交易为例,指出由于买卖双方信息不对称,面对二手车市场上质量参差不齐的二手车,买方只愿意出平均价格购买,导致质量好的车子退出交易市场,即劣品驱逐良品的逆向选择问题。

在劳动力市场,应聘者与用人单位之间也存在信息不对称。应聘者为了获得好的职位对自身进行包装,使得用人单位不能准确辨别应聘者的真实工作能力。斯宾塞于1973年在他的博士论文《劳动市场的信号》中提出了劳动力市场信息传递的观点,认为应聘者如果持有哈佛大学的学历,则向用人单位传递出个人才能较高的信号,即信号传递理论。信号传递理论被广泛应用于企业组织行为研究。例如,当上市公司较早地披露年度财务报告,又或者当上市公司自愿披露更多信息时,可以向外界传递出公司治理规范、业绩良好的积极信号。

在金融市场,交易双方之间存在严重信息不对称。例如,证券发行人掌握更多公司内部财务状况和经营状况信息,而外部投资者则处于信息劣势地位,从而无法对投资证券的未来收益和风险作出准确判断。同时,证券发行人还存在事后擅自改变募集资金用途,投资于高风险项目的道德风险问题。斯蒂格利茨(1976)还发现,在保险市场,被保险人与保险公司之间也存在信息不对称。由于保险公司之前对被保险人参保项目的真实情况了解不够充分,造成保险公司后期赔付压力加大。

在现代企业治理过程中,高管比股东、大股东比中小股东、企业内部人员比外部利益相关者更了解企业内部真实经营状况。处于信息优势地位的一方往往利用其信息优势为个人谋取利益,损害处于信息劣势地位的股东及其他外部利益相关者的利益。信息披露是缓解交易双方信息不对称的有效途径。公司信息披露越及时、信息含量越多、信息质量越高,越有利于缓解信息劣势一方的信息不对称,约束信息优势一方利用私有信息获取私人收益的行为,有利于提高市场资源配置效率,减少逆向选择和道德风险问题。

第三节 制 度 背 景

中国改革开放 40 多年来,所有制经济结构经历了从单一公有制经济到多种所有制经济并存,再到混合所有制经济的变迁过程。混合所有制经济和混合所有制企业对于我国经济而言不是新生事物(黄速建,2014),只不过在过去相当长的时期一直是我国公有制经济的有限补充。2013 年,中共十八届三中全会通过的《中共中央关于全面深化改革若干重大问题的决定》使混合所有制经济达到前所未有的顶层设计的高度。

1978 年,中共十一届三中全会提出"社员自留地、家庭副业和集市贸易是社会主义经济的必要补充部分",这为所有制结构的调整和所有制结构理论的突破确定了基调、指明了方向(周丽莎,2018)。我国混合所有制的实践萌芽最早可以追溯到改革开放初期的农村混合所有制经济,即共有财产和农户私有财产共同使用、共同受益的合作经济。具体表现形式为:①农户与农户联办,由农户提供资金和劳动力,实行按劳分配和按参股资金分红两种分配方式。②全民所有制企业与农户联办,由全民所有制企业与农户共同筹集资金创办企业。③集体与农户联办,集体企业与农户以现金和固定资产入股,将公司税后利润的三分之一用于分红和投股。④集体与集体联办,集体企业以原生产资料折价入股,产权归集体所有,按劳分配,资金不参与分红。⑤国家、集体、个人联办,这些合作经济体可以将农户拥有的土地、劳动力资源与国有企业的资金和技术优势结合,取长补短,实现双赢。

20世纪80年代后期至90年代,股份合作制乡镇企业和"三资企业"成为混合所有制经济的主要表现形式。股份合作制乡镇企业是由早期农村联办企业、乡镇企业发展壮大形成的。20世纪90年代后期,乡镇企业股份合作制改造明晰了乡村集体企业的产权,使这些企业向现代企业制度过渡(张晓山,2018)。随着我国改革开放程度不断加深,外国资本越来越多进入,涌现出一批"三资"企业,即外商独资企业、中外合资企业、中外合作企业。这种混合所有制企业的优势是将外国资本带来的先进技术设备和管理经验与国内廉价劳动力资源充分结合,提高产品出口率。

从20世纪90年代后期至21世纪初期,"国退民进"和"国进民退"的争论一直存在。20世纪90年代后期,国有企业经营一片萧条。中央采取"抓大放小"的方针,让处在亏损中的中小企业通过资产变卖退出市场。相关法律和制度的缺失造成国有资产流失,形成"国退民进"的趋势。2003年,国务院国有资产监督管理委员会成立,国企改革重点从中小企业、竞争领域转为大型企业、非竞争性领域。大型国企凭借垄断优势竞争力快速增强,国有经济结构布局出现显著变化,呈现出"国进民退"的趋势。1997年9月,中共十五大报告中第一次提出"混合所有制经济"的概念,强调"公有制为主体、多种所有制经济共同发展"。2002年11月,中共十六大报告中提出"毫不动摇地巩固和发展公有制经济""毫不动摇地鼓励、支持和引导非公有制经济发展",把两者"统一于社会主义整个现代化建设的进程中"。2005年2月,《国务院关于鼓励支持和引导个体私营等非公有制经济发展的若干意见》(国发〔2005〕3号),即"非公36条"出台,这被视为第一个促进非公有制经济发展的中央政策文件。该文件允许非公有制资本进入垄断行业、公共事业和基础设施、社会事业、金融服务业和国防科技工业建设领域。

2013年,中共十八届三中全会提出"大力发展国有资本、集体资本和非公有资本等交叉持股、相互融合的混合所有制经济"。从企业产权结构层面来看,混合所有制改革是指国有资本、集体资本和非公有资本交叉持股的股权结构。混合所有制改革不是"国进民退"或者"国退民进",而是一个"国民共进"、互利双赢的过程。混合所有制改革是当前进一步深化国有企业改革的关键环节,中共十八届三中全会以后,中央先后出台《中共中央、国务院关于深化国有企业改革的指导意见》(中发〔2015〕22号)、《关于国有企业发展混合所有制经济的意见》(国发〔2015〕54号)等多个配套文件来推动混合所有制改革顺利进行。2016年11月、2017年3月、2017年11月,国务院分别公布第一批、第二批、第三批混合所有制改革试点企业名单。2018年11月,习近平总书记在民营企业座谈会上指出"民营经济是中国经济制度的内在要素,民营企业和民营企业家是我们自己人""所有民营企业和民营企业家完全可以吃下定心丸、安心谋发展"。2022年10月,中共二十大报告提出"深化国资国企改革""优化民营企业发展环境,依法保护民营企业产权和企业家权益,促进民营经济发展壮大"。由此可见,混合所有制经济的发展是历史发展的必然趋势。

第四章 民营企业"反向混改"案例

第一节 南国置业"反向混改"案例

一、案例背景介绍

自2013年中共十八届三中全会以来,国有资本和民营资本相互融合、交叉持股的混合所有制改革在中央和地方逐步推进实施。混合所有制改革成为当前国有企业改革的重要突破口,使国有企业向民营资本敞开大门,将民营资本的经营活力、激励机制和职业化精神引入国有企业。2014年7月,国务院国有资产监督管理委员会率先选取国开公司、中粮集团、中国医药集团、中国建筑材料集团、新兴际华集团、中国节能环保公司开展混合所有制经济改革试点,鼓励民营资本参股国有企业。在混合所有制改革的具体实践中,除了国有企业引入民营资本进行混合所有制改革,也有很多国有企业参股民营企业进行"反向混改",实现混合所有制经济发展。本节介绍南国置业股份有限公司(以下简称"南国置业",股票代码:002305.SZ)引入国有资本进行"反向混改"的案例。

南国置业的前身是1998年7月创立的武汉南湖花园置业有限公司,2003年更名为武汉南国置业有限公司,2007年采取整体变更方式,设立武汉南国置业股份有限公司。2009年11月6日,公司在深圳证券交易所挂牌交易,简称南国置业,股票代码为002305。随着南国置业的业务在全国范围内不断发展,2016年7月4日,公司名称由"武汉南国置业股份有限公司"变更为"南国置业股份有限公司"。南国置业主要从事房地产开发与运营,以商业地产为引导,经营范围包含多种物业类型开发。目前,南国置业经营区域范围以武汉为核心,并向周边城市延伸,在成都、南京、荆州、襄阳等多个主要区域形成一定市场知名度和竞争力。

二、"反向混改"过程

2013年之前,南国置业的实际控制人和控股股东是许晓明先生,许晓明先生担任公司董事长。许晓明先生作为第一大股东持有49.52%的股份。第二大股东是国有法人武汉新天地投资有限公司,持有21.75%的股份。2012年年底,南国置业基于优化股权结构及长远发展战略的考虑,成功引入央企中国电力建设集团有限公司的直属企业——中国水电建设集团房地产有限公司(以下简称"水电地产")作为公司第三大股东,持有7.95%的股份。由于水电地产100%控股武汉新天地投资有限公司,武汉新天地投资有限公司与水电地产是一致行动人。2013年5月10日,南国置业的实际控制人变更为中国电力建设集团有限公司。控股股东依然是许晓明先生。南国置业"反向混改"前后股权结构如图4.1和图4.2所示。

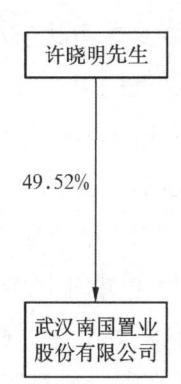

图 4.1 "反向混改"前股权结构

注:股权结构图来源于南国置业(002305.SZ)年度财务报告。

2014年,水电地产更名为电建地产。中国电力建设集团有限公司持有电建地产84.90%的股份。2014年,电建地产直接持有的南国置业股份比例从7.95%提高到19.28%。第一大股东许晓明先生持有的股份比例从41.27%减少到32.20%。由于武汉新天地投资有限公司和电建地产属于一致行动人,经过此次持股比例调整,双方合计持有南国置业股份比例达到40.82%,超过第一大股东许晓明先生持有的

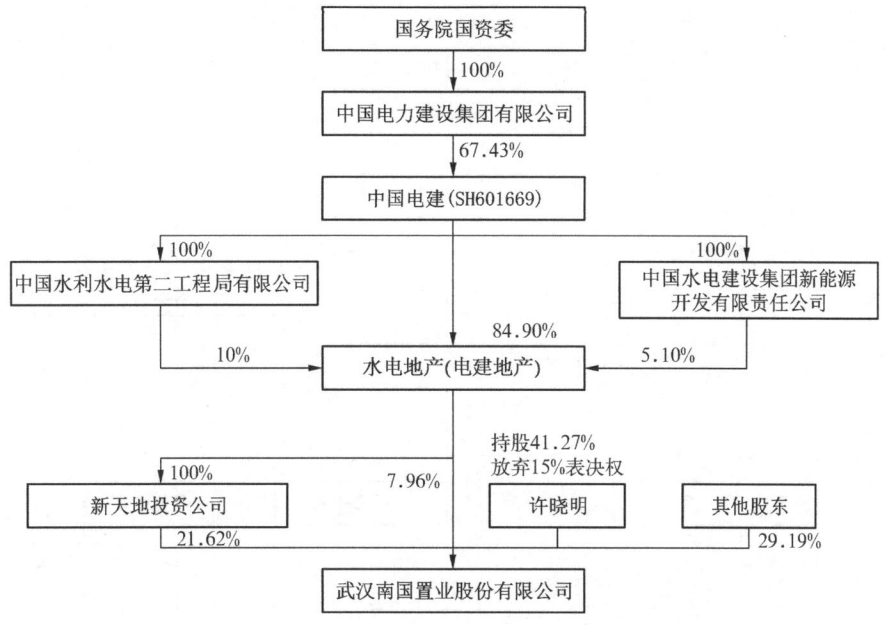

图4.2 "反向混改"后股权结构

注：股权结构图来源于南国置业(002305.SZ)年度财务报告。

32.20%的股份。2014年6月,南国置业控股股东变更为电建地产,实际控制人为中国电力建设集团有限公司。南国置业2014年进一步"反向混改"后股权结构见图4.3。

刘运国等(2016)以国有企业为研究对象,发现民营股东参股国有企业仅靠其持有的股份不能改善国有企业内部控制,只有当民营股东委派人员进入董事会、监事会或担任公司高管,才能对内部控制质量产生实质影响。无独有偶,蔡贵龙等(2018a)和逯东等(2019)发现,民营股东派出董事、监事和高管进入国有企业可以提高投资效率和高管薪酬业绩敏感性。同样,国有股东参股民营企业,只有从股权结构和高层治理两个层面双层介入,才能在民营企业经营决策、治理机制改善等企业行为方面更好地发挥治理作用。在本案例中,南国置业在股权结构层面持续引入国有股权,国有股东通过前十大股东中的一致行动人取得了公司控制权,民营股东持股比例显著降低。在高层治理层面,

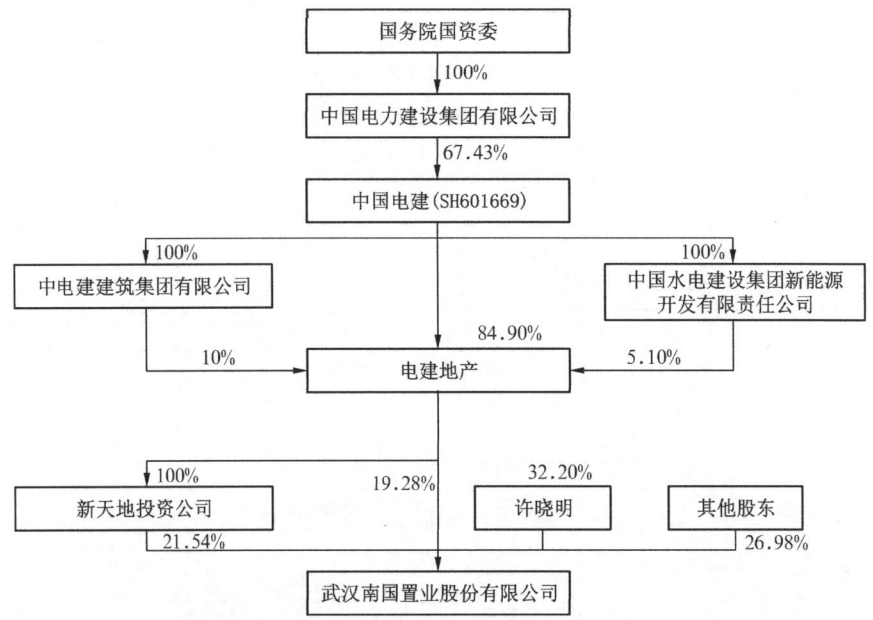

图 4.3　2014 年进一步"反向混改"后股权结构

注：股权结构图来源于南国置业(002305.SZ)年度财务报告。

国有股东派出 2 名代表进入南国置业的董事会,参与公司日常经营决策和治理监督,南国置业"反向混改"前后董事会特征的变化如表 4.1 所示。从股权结构和高层治理两个角度介入有助于国有股东发挥治理监督作用,对南国置业经营决策拥有充分的话语权。

表 4.1　南国置业"反向混改"前后董事会特征　　　　单位：名

项目	"反向混改"前(2012 年)	"反向混改"后(2013 年)
董事会规模	9	11
独立董事规模	3	4
国资派入董事	0	4

注：根据南国置业(002305.SZ)年度财务报告整理所得。

三、"反向混改"成效

(一)资源配置效率提高

资源依赖理论(resource dependence theory)认为,组织的生存与

发展依赖于其获得并保持资源的能力,与关键资源的提供者保持良好的关系是组织存在的关键。因而,企业为了以较低成本获得信贷资源等市场稀缺资源,需要通过信息披露消除与资源提供者之间的信息不对称。由于不同产权性质股东的资源具有异质性,民营企业引入国有股东发展混合所有制经济为民营企业解决行业限制壁垒、市场准入歧视、"融资难、融资贵"等固有问题提供了新途径。引入国有资本参股成为民营企业通过信息披露获取资源的一种补充机制。

国有资本参股可以将国有股东的资源优势注入民营企业,增加了民营企业的核心竞争力。这种资源获取的优势主要体现在信贷融资方面。从图4.4和表4.2可以看出,南国置业在2013—2014年进行"反向混改"以后,商业信贷总额显著增加。商业信贷总额从2009年的7 428万元增加到2014年的94 052万元,且商业信贷总额后续年份持续增长,2018年达到顶峰793 813万元。2020年和2021年受国家房地产调控政策等因素的影响,南国置业的商业信贷总额有所降低,但依然高于"反向混改"前的商业信贷规模。中国水电建设集团房地产有限公司参股南国置业无疑增加了南国置业与供应商之间的谈判空间,也增加了供应商对南国置业未来还款能力的信任,愿意授予南国置业更多的商业信用。

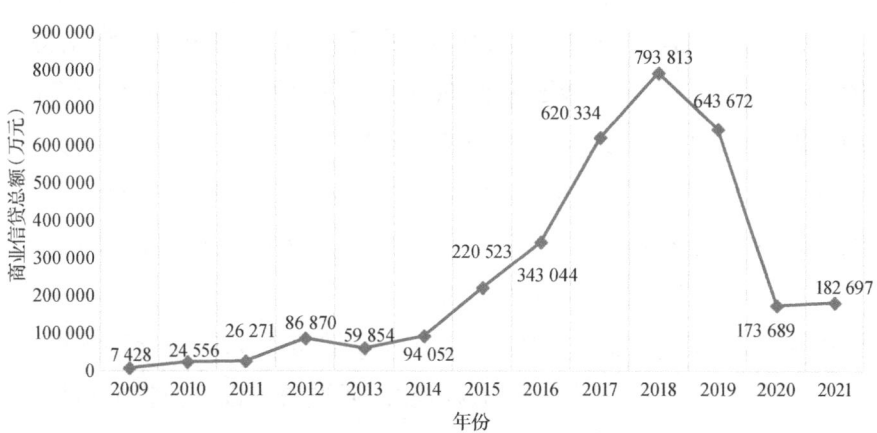

图 4.4　南国置业 2009—2021 年商业信贷总额变化趋势图

注:根据南国置业(002305.SZ)年度财务报告数据整理所得。

表 4.2　南国置业 2009—2021 年商业信贷总额及构成　　单位：万元

年份	应付票据	应付账款	预收款项	商业信贷总额
2009	0	6 473	956	7 428
2010	0	23 730	826	24 556
2011	0	23 537	2 734	26 271
2012	0	37 500	49 370	86 870
2013	0	31 493	28 361	59 854
2014	0	76 729	17 323	94 052
2015	357	147 771	72 395	220 523
2016	0	164 999	178 044	343 044
2017	0	134 581	485 753	620 334
2018	2 500	135 381	655 933	793 813
2019	3 118	222 044	418 510	643 672
2020	0	168 757	4 931	173 689
2021	2 457	173 593	6 647	182 697

注：商业信贷总额＝应付票据＋应付账款＋预收款项，数据来源南国置业（002305.SZ）年度财务报告。

另外，南国置业在"反向混改"以后，获得更多的银行信贷支持。图 4.5 和表 4.3 展示了南国置业"反向混改"前后获得的银行信贷总额的变化趋势。可以看到，南国置业在 2013—2014 年进行"反向混改"以后，从 2015 年开始银行信贷总额显著增加，2017 年和 2019 年分别达到 1 065 829 万元和 1 084 525 万元。随着公司实际控制人中国电力建设集团参与相关重点城市轨道交通、基础设施建设及对房地产板块的资源倾斜，南国置业获取重要交通节点特别是沿城市轨道交通站点区域大型综合体开发用地的能力大幅提升，通过增加银行信贷金额积极跟踪和参与电建地产在城市 BT 项目建设所取得的资源和机会，实现营业收入的大幅跃升。

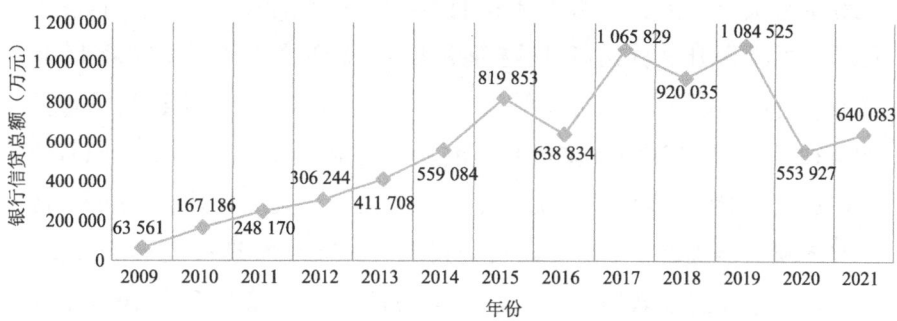

图 4.5　南国置业 2009—2021 年银行信贷总额变化趋势图

注：根据南国置业(002305.SZ)年度财务报告数据整理所得。

表 4.3　南国置业 2009—2021 年银行信贷总额及构成　　单位：万元

年份	短期借款	一年内到期负债	长期借款	银行信贷总额
2009	33 737	10 000	19 824	63 561
2010	63 350	0	103 836	167 186
2011	65 490	82 711	99 969	248 170
2012	73 700	39 344	193 200	306 244
2013	95 950	24 900	290 858	411 708
2014	188 026	186 508	184 550	559 084
2015	83 503	93 750	642 600	819 853
2016	79 914	58 000	500 920	638 834
2017	80 500	354 065	631 264	1 065 829
2018	52 500	102 650	764 885	920 035
2019	139 000	220 560	724 965	1 084 525
2020	0	179 445	374 482	553 927
2021	1 500	262 069	376 513	640 083

注：银行信贷总额＝短期借款＋一年内到期负债＋长期借款，数据来源南国置业(002305.SZ)年度财务报告。

(二) 信息披露质量提高

公司治理结构调整、信贷资源支持影响了民营企业信息披露的动机和信息披露行为。表4.4显示,南国置业引入国有资本以后,信息披露质量显著提升。首先,年度财务报告MD&A文本相似度在2014年完成"反向混改"前后有所降低,公司治理结构和经营战略进行了重要调整;2016年后MD&A文本相似度趋于稳定,这说明公司引入国有资本以后,公司经营发展战略的稳定性有所提高。其次,南国置业的会计信息质量显著提高,2015年以后公司的应计盈余管理程度显著降低;公司的盈余激进度较"反向混改"前亦有所降低。综上所述,民营企业引入国有资本对信息披露文本特征(相似度)和会计信息质量(应计盈余管理程度和盈余激进度)产生了显著的影响。

表4.4 公司信息披露相关数据

年份	MD&A文本相似度	应计盈余管理程度	盈余激进度
2011	0.707	0.324	0.367
2012	0.252	0.052	0.101
2013	0.361	0.292	0.191
2014	0.261	0.166	0.069
2015	0.153	0.488	0.614
2016	0.322	−0.053	−0.034
2017	0.367	−0.073	0.017

注:MD&A文本相似度使用Python对年度财务报告处理计算所得,应计盈余管理程度通过修正的Jones模型计算得出。

四、经验启示

通过对本案例的分析,我们发现:第一,民营企业引入国有资本进行反向混合所有制改革会影响企业的信息披露行为。具体而言,引入国有资本可能影响年报文本信息相似度,提高会计信息披露质量。第二,民营企业引入国有资本进行"反向混改"主要通过提高公司治理质量和资源获取能力两条路径影响信息披露行为。国有股东通过委派董事、监事参与高层治理,以及注入民营企业发展所需的稀缺资源,提升公司治理质量和核心竞争力,进而影响信息披露动机和行为。

针对上述结论得到以下两点经验启示:

第一,建立相互制衡的股权结构,相机抉择控制权归属。当前新一轮混合所有制改革强调国有资本与民营资本的交叉融合而非控制权争夺,实现国有资本和民营资本取长补短、互利共赢是最终改革目标。民营企业"反向混改"的实现路径有很多,如股权转让、增资扩股、员工持股计划等。民营股东是继续拥有还是放弃绝对控股地位,没有绝对的标准和要求。

第二,完善董事会、监事会治理机制。混合所有制改革不是简单地改变股权结构,而是要引入异质股东参与高层治理、提供资源支持,以提高参与混合所有制改革的双方企业的核心竞争力。民营企业"反向混改"以后,不管是国有股东还是民营股东,均应积极委派董事、监事和高管参与公司治理和决策,通过规范董事会治理,与股东大会治理相互配合,形成异质资本相互制衡的高效监督机制。

第二节 楚天科技"反向混改"案例

一、案例背景介绍

楚天科技股份有限公司(以下简称"楚天科技",股票代码:300358.SZ)成立于2000年,注册资本为5.75亿元。楚天科技于2012年6月在深交所成功上市,股票代码为300358。楚天科技的主要业务包含制药设备从研发到销售乃至服务的完整产业线。楚天科技分别在中国长沙和德国设有两个运营点,并在上市前后创立了三家研发机构。楚天科技建立了国家认可的公司技术中心,截至2021年年底已获得2 395项有效专利。

楚天科技自上市之后以出资创立或股权收购方式拥有了多家全资或控股子公司。楚天华通医药设备有限公司(以下简称"楚天华通")作为楚天科技收购的第一家全资子公司,主要业务为产品的研发和生产,主营产品包括蒸汽发生器、多效蒸馏水机等。随后楚天科技又并购了四川省医药设计院有限公司,主要从事医药工程设计服务,是一家专业的技术服务企业。作为中国领先的制药设备制造商,楚天科技为我国制造了许多替代进口制药装备的产品。楚天科技主营业务如表4.5所示。2020年10月,楚天科技入选"2020中国医疗器械行业100强"名单。

楚天科技2022年年度财务报告显示,公司总营业收入为64.46亿元,其中制药装备行业收入占公司总收入的98.91%,是公司的主要收入来源。按地区分类,楚天科技出口国外的产品收入占总收入的25.23%,国际市场占有率正逐年快速增长。

表4.5 楚天科技主营业务构成分析

项目分类	主营业务构成	主营业务收入（亿元）	收入比例
按行业分类	制药装备	63.754	98.91%
	工程设计服务	0.701	1.09%
按产品分类	无菌制剂解决方案及单机	18.917	29.35%
	检测包装解决方案及单机	17.763	27.56%
	生物工程解决方案及单机	6.630	10.29%
	固体制剂解决方案及单机	4.735	7.35%
	制药用水装备及工程系统集成	8.543	13.25%
	EPC工程设计服务	0.701	1.09%
	配件及售后服务	6.648	10.31%
	其他产品	0.357	0.55%
	其他业务	0.160	0.25%
按地区分类	中国大陆	48.195	74.77%
	欧洲地区	6.271	9.73%
	亚洲地区(不含中国)	4.949	7.68%
	美洲地区	3.723	5.78%
	其他地区	1.318	2.04%

注:根据楚天科技(300358.SZ)2022年年度财务报告整理所得。

二、"反向混改"动因

(一) 国家政策驱动

中共十八届三中全会提出"积极发展混合所有制经济",中共十九大报告提到要"推动国有资本做强做优做大",这也就意味着混合所有制改革不再拘泥于单一的原始路径,国有资本改革正迎来里程碑式的跃进。在具体实践过程中,一方面,引入非国有资本投资的国有企业数量日益增长;另一方面,越来越多的民营企业通过增资扩股、股权转让等方式吸引国有资本入股,进行反向混合所有制改革。楚天科技引入湖南省财信资产管理公司作为公司股东,符合当前中国经济体制改革的政策导向。

(二) 缓解企业资金压力

2018年,受到中美贸易摩擦的影响,中国经济发展受到了很大冲击。在此背景下,许多上市公司几乎质押了公司的全部股份,存在较高的质押风险。为了能够成功收购德国ROMACO公司,引进德国的制造工艺,实现产品链条延伸,楚天科技联合其控股股东长沙楚天投资集团有限公司成立子公司对ROMACO实施收购计划,导致公司资金链出现问题。巨潮资讯网数据显示,楚天科技2017年发生8次股权质押,2018年发生14次股权质押,楚天科技的股权质押比例在2018年达到其总股本的44.36%。2018年年报披露楚天科技第一大股东楚天投资的股权质押数量达到1.78亿股,占其持股总数的79.65%。此时获得国有资本资金驰援对楚天科技无疑是雪中送炭。

(三) 提升企业竞争力

楚天科技自成立之初,就致力于提高市场份额和市场竞争力,在5年内就建成两期工业园,产品出口至印度尼西亚等国家。随后其又开始进军国际高端市场,动工建设第三期工业园,并成立博士后科研工作站和上海技术研究院。但是,在互联网和数字经济的影响下,各大企业对产品的更新频率逐渐加快,产品淘汰的速度也随着互联网信息发展速度的加快而加快。产品信息透明化使得顾客对不同企业产品之间的比较变得更加便利,顾客对产品性能要求提高,同时对产品的价格也表现得更加敏感。

图 4.6 显示,楚天科技 2016 年销售毛利率高达 44.73%,但是在随后的几年时间里公司产品毛利率出现大幅下降,在引入国有资本前的 2018 年,公司毛利率只有 32.83%。产品的毛利率能够真实反映产品的增值情况。毛利率高,则反映该产品具有差异化优势,在市场中具有竞争力。因此,楚天科技的产品缺乏增值空间,企业在经营管理和市场竞争方面亟待提高。

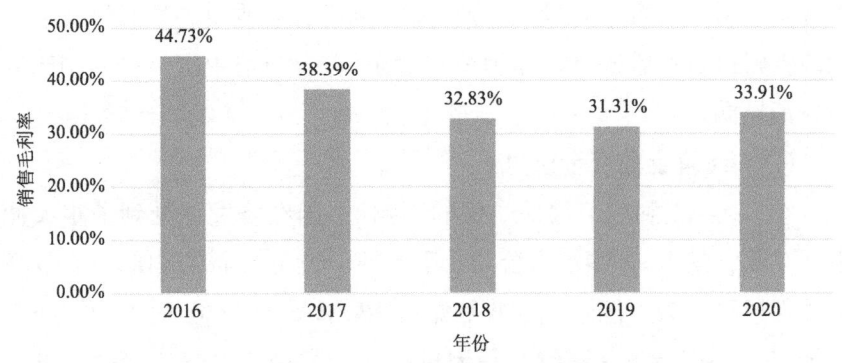

图 4.6　2016—2020 年楚天科技销售毛利率情况
注:根据楚天科技(300358.SZ)年度财务报告整理所得。

三、"反向混改"过程

楚天科技的控股股东为长沙楚天投资集团有限公司(以下简称"楚天投资"),实际控制人为楚天投资的法定代表人唐岳。湖南省财信资产管理公司(以下简称"湖南资管")是由湖南财信金融控股集团有限公司出资成立的全资子公司,湖南财信金融控股集团有限公司隶属于湖南省人民政府。因此,湖南省人民政府是湖南资管的最终实际控制人,且持股比例为 100%。

2019 年 1 月 22 日,湖南资管与楚天投资正式达成协议,并签署了股权转让协议。经双方协商,湖南资管以总价 40 000 万元人民币,获得楚天投资持有的楚天科技的 5 000 万股无限售流通股,每股转让价格为8元。在转让股权以前,楚天科技的控股股东楚天投资共持有公司22 298万股股份,占公司总股本的47.08%。图4.7和图4.8显示,本次引入国有资本参股进行反向混改未导致楚天科技的实际控制人发生变更,最终实际控制人依然是唐岳,楚天投资持有楚天科技的股份比例从47.08%降低为37.48%,仍为公司的控股股东。

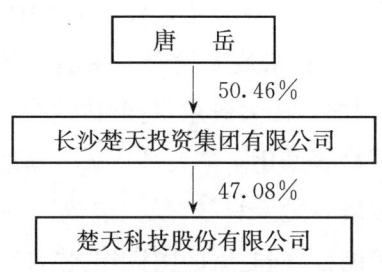

图4.7 "反向混改"前股权结构

注:根据楚天科技(300358.SZ)2018年和2019年年度财务报告整理所得。

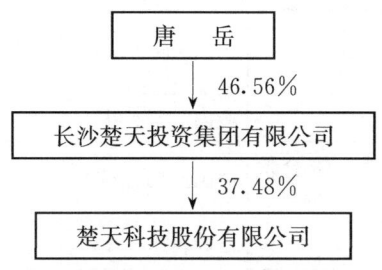

图4.8 "反向混改"后股权结构

注:根据楚天科技(300358.SZ)2018年和2019年年度财务报告整理所得。

四、"反向混改"成效

(一) 公司治理改善

公司经营决策不是个人行为,而是需要通过股东大会投票表决的。股东可以根据股权份额在股东大会中获得相应的表决权。但是,在我国绝大多数企业,尤其是民营企业中,普遍存在"一股独大"的现象。楚天科技在引入国有资本以前,控股股东楚天投资的持股比例为47.08%,远高于第二大股东的持股比例4.64%,在公司经营决策中拥有绝对的话语权。在公司成立初期,这样的股权结构能够提高公司决策效率,但随着公司发展规模日益壮大,"一股独大"的治理结构暴露出诸多问题。

表 4.6 为楚天科技引入国有资本前(2018 年)前十名股东持股情况,其中公司控股股东楚天投资持股比例为 47.08%。其余单一股东持股比例均不超过 5%。2019 年,楚天科技引入湖南资管后,如表 4.7 所示,楚天科技的第一大股东楚天投资的持股比例降至 37.48%。同时,湖南资管成为公司的第二大股东,持股比例为 10.69%。其他股东的持股比例较之前无显著变化。楚天科技从"一股独大"的股权结构向"双头型"股权结构发展。楚天科技"反向混改"以后,原第一大股东没有失去公司的实际控制权,同时借助国资建立"政治关联",为公司经营发展争取更多资源。

表 4.6 楚天科技前十名股东持股情况表(2018 年)

股东名称	股东性质	持股数(万股)	占总股本持股比例
长沙楚天投资集团有限公司	境内非国有法人	22 297.73	47.08%
新疆汉森股权投资管理有限合伙企业	境内非国有法人	2 196.34	4.64%
马庆华	境内自然人	1 938.48	4.09%
西藏自治区投资有限公司	国有法人	971.43	2.05%
中投天琪期货—浙商金汇信托股份有限公司—浙金·浦发—津杉—国泰定增 1 号集合资金信托计划	其他	971.43	2.05%
北京森森润信投资管理中心(有限合伙)	境内非国有法人	651.39	1.38%
上海国鑫投资发展有限公司	国有法人	571.43	1.21%
中央汇金资产管理有限责任公司	国有法人	541.81	1.14%
北信瑞丰基金—中信银行—长安国际信托股份有限公司	其他	430.98	0.91%
唐岳	境内自然人	337.92	0.71%

注:根据楚天科技(300358.SZ)2018 年年度财务报告整理所得。

表 4.7 楚天科技前十名股东持股情况表(2019 年)

股东名称	股东性质	持股数（万股）	占总股本持股比例
长沙楚天投资集团有限公司	境内非国有法人	17 534.73	37.48%
湖南省财信资产管理有限公司	国有法人	5 000.00	10.69%
新疆汉森股权投资管理有限合伙企业	境内非国有法人	2 196.34	4.69%
马庆华	境内自然人	1 534.66	3.28%
中投天琪期货—浙商金汇信托股份有限公司—浙金·浦发—津杉—国泰定增1号集合资金信托计划	其他	971.43	2.08%
上海国鑫投资发展有限公司	国有法人	571.43	1.22%
中央汇金资产管理有限责任公司	国有法人	541.81	1.16%
北京森森润信投资管理中心（有限合伙）	境内非国有法人	439.28	0.94%
北信瑞丰基金—中信银行—长安国际信托股份有限公司	其他	353.26	0.76%
唐岳	境内自然人	337.92	0.72%

注：根据楚天科技(300358.SZ)2019 年年度财务报告整理所得。

楚天科技引入国有资本参股以后，董事会及高管团队亦发生了变化。如表 4.8 所示，楚天科技引入湖南资管以后，董事会成员规模由 5 名增加为 7 名，其中曾任湖南省信托有限责任公司副总裁的周江军为湖南资管提名的执行董事，同时出任湖南资管总经理一职。另外，原公司副总裁、财务总监肖云红在此次股权结构调整以后同时出任公司董事。此次董事会调整增加了 1 名国有资本背景的董事，说明国有资本投资不仅停留在股权层面，而且实际参与到公司高层治理层面，在企业经营决策方面拥有了较大的话语权。

表 4.8　楚天科技"反向混改"前后董事变动情况

"反向混改"前		"反向混改"后	
姓名	职务	姓名	职务
唐岳	董事长、总裁	唐岳	董事长、总裁
刘令安	董事	刘令安	董事
曾凡云	董事、执行总裁	曾凡云	董事、执行总裁
阳文录	董事	阳文录	董事
周飞跃	董事、副总裁、董事会秘书	周飞跃	董事、副总裁、董事会秘书
——	——	周江军	董事
		肖云红	董事、副总裁、财务总监

注：根据楚天科技（300358.SZ）2018 年和 2019 年年度财务报告整理所得。

(二) 财务风险降低

我国经济发展正处于由数量型向质量型转变的关键时期，国家鼓励技术研发创新，扶持高新技术公司。楚天科技作为一家高新技术企业，在发展过程中也面临着和许多高新技术企业相似的困境，包括无形资产占比大、缺乏实质抵押品、研发投资风险高等。而这些困境导致楚天科技融资困难，阻碍了企业的进一步发展。楚天科技通过协议转让股权的方式引入国有资本，相较于直接进行债权融资，更有利于优化企业资本结构，从而解决融资约束带来的发展困境。

具有湖南省人民政府背景的湖南资管成为公司第二大股东使得楚天科技间接与政府建立了政治关联，贷款融资更易得到银行支持，大大提高了企业的融资能力，缓解了资金周转压力。表 4.9 通过对比楚天科技 2018 年和 2019 年现金流量情况发现，楚天科技在引入湖南资管以前，筹资活动产生的现金流量净额为 －2 664.14 万元；在引入湖南资管以后，筹资活动产生的现金流量净额为 10 515 万元，这说明 2019 年楚天科技获得大量融资现金流入，借入资金规模远大于偿还资金规模。楚天科技在引入国有资本以后，国资背景股东为公司提供融资便利，缓解了公司资金链紧张困境。根据楚天科技 2019 年年报，楚天科技 2019 年取得的借款金额为 6.60 亿元，同比增长 32.53%。另外,值得注意的是,楚天科技投资活动产生的现金流量净额由国有资本参股之前的-564.16万元变为国有资本参股之后的-28 201.68万元。这说明公司有了更充裕的资金用于投资活动,有助于其未来实现高质量发展的战略目标。

表4.9 楚天科技"反向混改"前后现金流量情况对比　　　单位:万元

项目	"反向混改"前	"反向混改"后
经营活动产生的现金流量净额	20 437.93	27 421.88
投资活动产生的现金流量净额	-564.16	-28 201.68
筹资活动产生的现金流量净额	-2 664.14	10 515.00

注:根据楚天科技(300358.SZ)年度财务报告整理所得。

图4.9展示了楚天科技2013—2020年长期借款和短期借款总额变化情况。楚天科技的短期借款从2015年开始基本保持逐年快速上升的趋势;长期借款金额一直为0,直到2020年首次取得长期借款3亿元。根据上市公司公告披露的信息,楚天科技在引入国有资本参股以后,根据公司业务发展需要,2019年、2020年、2021年向银行等金融机构申请的综合授信额度分别为23.5亿元、28.5亿元、35亿元。公司申请授信额度的增长情况侧面反映出楚天科技"反向混改"以后,其融资能力正在稳步提升,公司"融资难"的问题得到了解决。

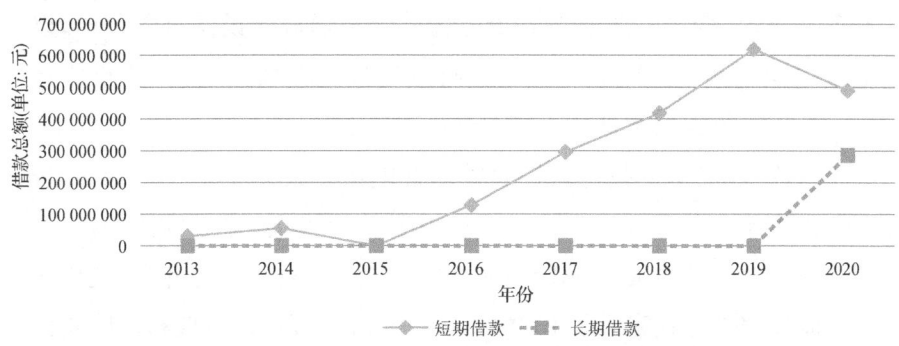

图4.9 2013—2020年楚天科技长短期借款总额情况

注:根据楚天科技(300358.SZ)年度财务报告整理所得。

湖南省国资委通过湖南资管对楚天科技的资金支持无疑是雪中送炭,不仅帮助楚天科技顶住了中国股市全面下跌的压力,而且解除了其面临的高比例质押风险。如表4.10所示,国有资本入股后,楚天投资持有的部分股份已成功解除质押。"反向混改"前,楚天投资持股比例为47.08%,其中处于质押状态的股份占所持公司股份的79.65%。"反向混改"后,这一指标下降为59.44%。公司总股权质押比例由44.36%下降至34.84%,楚天科技的财务风险显著降低。

表4.10 控股股东股份解除质押的基本情况

股东名称	是否为第一大股东或一致行动人	解除质押股数(万股)	质押开始日期	解除质押日期	质权人	本次解除质押占其股份比例
长沙楚天投资集团有限公司	是	1 124.77	2018-12-3	2019-1-29	湖南省信托有限责任公司	5.04%
		3 251.08	2018-12-3	2019-1-29		14.58%
		131.15	2018-12-3	2019-1-29		0.59%
合计	——	4 507.00				20.21%

注:根据楚天科技(300358.SZ)年度财务报告整理所得。

融资渠道的多样性能够在一定程度上降低企业的融资成本,增强企业的市场竞争力。楚天科技上市以后至引入国有资本以前,在资本市场共增发股票两次,第一次通过增发股份并购了长春新华通制药设备有限公司(变更控股股东后更名为楚天华通医药设备有限公司,以下简称"楚天华通");第二次通过向特定投资者增发股份,募集资金54 574.87万元,用于进一步扩大企业业务规模。

2017年,楚天科技与其控股股东共同出资设立了楚天资管,并进一步在境外成立Truking Europe GmbH(以下简称"楚天欧洲"),以楚天欧洲出面收购德国ROMACO公司75.10%的股份。2年后,楚天科技又通过增资方式完成了ROMACO公司剩余24.90%股权的收购计划。并购ROMACO后,楚天科技于2020年7月9日向深圳证券交易所递交了重大资产重组方案,并以多种形式从楚天资管的其他股东手中取得了楚天资管的剩余股份,将对ROMACO公司的总持股比例提升至97.37%。自此,楚天科技花费近3年的时间,获得了对目标公司ROMACO的实际控制权,并将其纳入合并财务报表编制范围。

在此次重大资产重组过程中,楚天科技借助国有股东资源上市以来第一次获批发行可转换公司债券。通过对比楚天科技引入国有资本前后的融资模式能够发现,楚天科技在资本市场的融资能力有了显著提升,不仅在银行信贷融资方面获得了更高的举债能力,而且利用国有股东资源开辟了新的融资模式,上市以来首次成功公开发行公司可转换债券,改变了上市以来没有长期债券融资的现状。综上所述,引入国有资本参股对提升民营企业融资能力产生了积极作用,能够为民营企业高质量发展提供更坚实的财务支撑。

(三)研发创新效率提高

引入湖南资管国有股东缓解了楚天科技的融资约束,有助于楚天科技增加研发投入,扩大研发人员队伍规模,促进实业投资发展,避免"脱实向虚"。楚天科技年度财务报告数据显示,楚天科技的研发人员数量从2016年的506人增加到2021年的1 595人,增长率达到215%。从图4.10可以看出,2019年1月楚天科技引入湖南资管以后,公司研发队伍规模迅速扩大。截至2021年,已形成超过1 500人的研发技术团队,技术骨干人才引进计划取得了明显成效。

图4.10　楚天科技2016—2021年研发队伍规模

注:根据楚天科技(300358.SZ)年度财务报告整理所得。

楚天科技完成"反向混改"以后,公司技术研发队伍人才结构得到优化。同时,楚天科技增加研发投入金额,凭借研发队伍不断提高科技创新实力。从图4.11可以看到,楚天科技最近几年的研发投入金额逐年上升,特别是2019年完成"反向混改"以后,每年的研发投入金额快速上升,2021年研发投入金额达到48 820.72万元,比"反向混改"前2018年的18 864.01万元增长了近30 000万元。以上数据可以说明,楚天科技通过引入国有资本参股获得了更多资源支持,为公司进行高风险、高投入的研发活动提供了必要的财务保障。

图4.11 楚天科技2016—2021年研发投入金额

注:根据楚天科技(300358.SZ)年度财务报告整理所得。

伴随着楚天科技研发投入的增加,其研发产出效率显著提高,加快了专利申请速度。楚天科技凭借其强劲的研发实力、领先的制造加工水平以及完善的产品链条,全面提升自身核心竞争力。截至2021年年底,楚天科技已拥有2 395项有效专利。从表4.11可以看出,楚天科技的专利数量逐年增加,从2016年的1 282项增加到2020年的2 009项。进一步细看专利类别,楚天科技增加的专利主要体现为发明专利和实用新型两类,说明公司主要关注重点技术与重点产品的研发成效。

表4.11 楚天科技2016—2020年专利数量

年份	发明专利	实用新型	外观设计	合计
2016	211	970	101	1 282
2017	286	1 102	112	1 500

(续表)

年份	发明专利	实用新型	外观设计	合计
2018	304	1 235	70	1 609
2019	342	1 408	81	1 831
2020	385	1 521	103	2 009

注：根据楚天科技（300358.SZ）年度财务报告整理所得。

（四）公司价值提升

已有文献证实了混合所有制改革可以提高公司价值，实现"1+1＞2"的效果（郝阳和龚六堂，2017）。楚天科技 2019 年引入湖南资管进行"反向混改"之后，着眼于公司重点技术与重点产品的研发，特别是无菌分装制剂、高端灯检机、高端后包线等产品；公司具有较好的产品性能以及较强的议价能力，市场占有率和核心竞争力显著提升。从图 4.12 可以看出，由于楚天科技面临资金约束和产品市场竞争力不足的困境，2017 年以后股票价格一路走低，从 2017 年 1 月的 15.83 元降到 2019 年 11 月的最低点 6.30 元。楚天科技 2019 年引入湖南资管以后，经营状况和财务状况均逐步改善。从 2019 年年底开始，公司股票价格逐步走高，截至 2021 年 12 月底，公司的股票收盘价达到 26.07 元。可以说楚天科技"反向混改"的成效得到了资本市场投资者的肯定，产生了积极的市场反应，公司的市场价值显著提高。

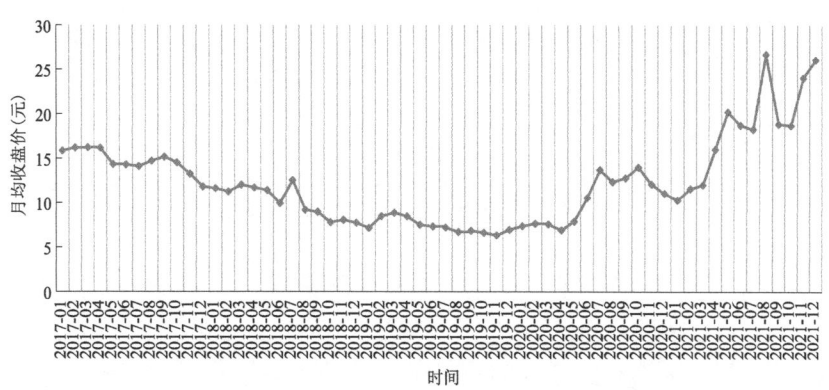

图 4.12　楚天科技 2017—2021 年股票月均收盘价

注：根据楚天科技（300358.SZ）年度财务报告整理所得。

五、经验启示

通过上述分析可以得到以下结论:第一,作为一家民营上市公司,楚天科技引入国有资本参股可以改变公司治理结构,且国有股东能够为民营企业发展提供更多的资源支持,缓解股权质押风险和资金链断裂风险。第二,国有资本参股可以促进民营企业增加研发投入,扩大研发人员规模,提高创新产出效率,实现高质量发展。第三,国有资本参股可以提高民营企业的核心竞争力,并得到资本市场的积极反馈,增加公司的市场价值。

根据本案例的结论,可得到以下经验启示:

第一,民营企业在引入国有资本进行"反向混改"的过程中,不能只考虑国有股东的投资规模,需要在综合考虑双方各自资源优势和劣势的基础上,选择合适的国有股东,以充分发挥协同作用,实现互惠互利。

第二,合理利用国有资本提供的优质资源,实现民营企业高质量发展。国有资本连带投入的稀缺资源不仅可以解决民营企业面临的"融资难,融资贵"难题,而且为民营企业实现转型升级创造了机会。民营企业应充分合理地使用国有资本注入的各种稀缺资源,致力于研发创新和核心竞争力提升。

第五章　国有资本参股与民营企业信息披露及时性

第一节　问题的提出

自中共十八届三中全会提出"积极发展混合所有制经济"以来,混合所有制改革成为当前中国经济体制改革在微观企业层面的关键内容和具体体现。新一轮混合所有制改革不是国有企业单向地向民营资本敞开大门,而是国有企业与民营企业双向参股,实现多元混合股权结构。民营企业参与混合所有制改革主要有两条途径,即"混改双通道":一是民营企业参股国有企业,即国有企业引入民营资本;二是国有企业参股民营企业,即民营企业引入国有资本。两条途径最终均实现国有资本与非国有资本交叉融合,即"国民共进"。但是目前无论是实务界还是理论界,主要关注国有企业引入民营资本这类混合所有制改革过程中的相关问题,而对民营企业引入国有资本进行反向混合所有制改革的关注较少。

2018年,IASB发布的新财务报告概念框架(conceptual framework for financial reporting)将财务报告质量特征分为两个层次:第一层次是基本的质量特征(fundamental qualitative characteristics),包括相关性和如实反映;第二层次是提高有用性的质量特征(enhancing qualitative characteristics),包括可比性、可验证性、及时性和可理解性。及时性一直是会计信息质量的重要特征之一。由于大多数信息不对称来源于交易双方信息获取时间的不对等,即交易中的一方比另一方能更早地获得信息,上市公司信息披露及时性与资本市场资源配置效率与公平密切相关。上市公司信息披露越及时,决策相关性越高(Kross 和 Schroeder,1984)。随着混合所有制改革的深入进行,国有资本和非国有资本相互融合、交叉持股成为当前我国上市公司股权结构的"新常态"。那么,民营上市公司引入国有资本参股能否改善信息披露及时性?具体的作用机理是什么?这是本章研究的主要内容。

与以往文献相比,本章主要的研究创新点如下:

第一,现有研究主要关注混合所有制改革对公司经营业绩、创新研发、投资效率、现金持有的影响(Sun 等,2002;张祥建等,2015;刘晔等,2016;郝阳和龚六堂,2017;杨兴全和尹兴强,2018)。本章考察混合所有制改革对信息披露及时性的影响,丰富了混合所有制改革经济后果的研究成果。

第二,过去已有研究主要考察股权集中度、股权制衡度、机构投资者或高管等不同类型投资者持股对信息披露及时性的影响(修宗峰,2009;牟涛等,2012;高敬忠和周晓苏,2013),但是这些研究都假定公司的股权结构处于相对静止、稳定的状态。作为新兴加转轨的市场经济国家,与国外上市公司相比,我国上市公司的股权结构一直处于动态变化过程中。本章考察中国上市公司动态股权结构调整对信息披露及时性的影响,为信息披露及时性的相关研究提供了来自新兴市场经济国家动态股权结构下的新的经验证据。

第三,本章从财务报告披露过程中各准备阶段的特征入手,进一步考察民营上市公司引入国有资本参股对财务报告编制和审计报告编制时滞的影响,细化了民营上市公司引入国有资本参股对信息披露及时性的影响路径分析,对信息披露及时性领域已有文献具有一定的增量贡献。

第二节 理论分析与研究假设

已有研究主要用财务报告时滞(reporting lag)度量公司信息披露

的及时性。Chambers 和 Penman(1984)将财务报告时滞定义为从财务报告会计期间结束日到报告披露日之间的时间间隔。根据《公开发行证券的公司信息披露内容与格式准则第 2 号——年度报告的内容与格式》的规定,上市公司年度财务报告时滞的起点为上年度的资产负债表日(12 月 31 日),终点为本年度的 4 月 30 日。年度财务报告准备过程主要包括年度财务报告编制阶段、年度财务报告审计阶段、年度财务报告审议阶段和年度财务报告披露阶段(陈高才和周鲜华,2008)。民营企业引入国有资本进行反向混合所有制改革将对治理结构和经营决策产生显著影响,进而对年度财务报告从编制到披露的各个阶段的完成效率产生影响,最终影响年度财务报告披露的及时性。

国有资本参股民营企业形成混合股权结构,甚至控制权转移,不是一种"国进民退",而是一个逐步完善"国民共进"的过程。混合所有的股权结构能够显著提高公司绩效(郝阳和龚六堂,2017)。国有资本参股为民营企业注入了国有资本的资源优势、人才技术、品牌价值和管理优势。与此同时,民营企业凭借其经营灵活性、市场灵敏度、企业家精神和高效的激励机制,可以实现优势互补、互利共赢的融合效应。国有资本参股民营企业以后,伴随着经营业绩和市场竞争实力的上升(郝阳和龚六堂,2017),民营企业高管的信息操纵动机和信息披露择时动机显著降低(张馨艺等,2012),进而减少了因操纵行为而额外付出的时间成本,缩短财务报告编制阶段的时滞。

国有资本参股对民营企业而言是一种非常重要的政治关联渠道(宋增基等,2014),为民营企业提供了一种隐形担保。国有股东凭借其天生的政治关联优势帮助民营企业获取市场资源和政策支持(Fan 等,2007;Li 等,2008),有利于保证民营企业的经营业绩,降低了因业绩不佳而进行财务舞弊的动机。而且"承诺信号假说"认为国有资本参股民营企业向外界传递出了积极信号,即政府愿意与民营企业一起承担经营过程中面临的风险(陈建林,2015)。因而,民营企业通过引入国有资本进行"反向混改"不仅降低了经营风险,而且降低了审计师面临的审计风险。在风险导向审计模型下,如果被审计单位经营风险和舞弊风险较小,审计师在执行财务报表审计业务时,可以减少实施相应的审计程序,投入较少的时间成本和人力成本,缩短出具审计报告的时间。

公司治理是影响上市公司信息披露行为的重要因素之一,而股权结构又是公司治理研究的核心问题。国有资本参股民营企业是一个公司治理结构不断完善、真正建立现代企业制度的过程。国内外已有文献表明,当公司的股权结构中存在多个大股东时,参股股东能够有效监督控股股东,减少控股股东关联交易、资金占用等攫取私有收益的行为(Maury 和 Pajuste,2005;Attig 等,2009),缓解公司融资约束(姜付秀等,2017),降低股价崩盘风险(姜付秀等,2018),提高公司经营业绩(Lehmann 和 Weigand,2000;Attig 等,2009)。国有资本参股能够对民营控股股东起到监督和制衡作用,规范民营上市公司的信息披露行为。尤其是在财务报告审议阶段和财务报告披露阶段,国有股东的监督和制衡作用有利于减少财务报告的违规操纵和披露择时行为,缩短年度财务报告披露时滞(Ashto 等,1989)。

基于以上理论分析,本章提出如下假设。

假设 5-1:国有资本参股提升了民营企业财务报告信息披露的及时性。

第三节 研究设计

一、数据来源和样本选择

本章以 2008—2016 年中国沪深两市 A 股民营上市公司为研究对象。为了对比国有资本参股民营上市公司前后对信息披露及时性的影响,国有资本参股的样本区间为 2008—2015 年,这样可以保证国有资本参股后至少有 1 年的观测值。样本之所以选择从 2008 年开始,是因为财政部规定上市公司从 2007 年起执行新《企业会计准则》,参照以往文献(Barth 等,2012;汪祥耀和叶正虹,2011)的做法,剔除第一年执行新会计准则(IFRS,2005;CAS,2007)的样本。而且2007年及以前年份,上市公司披露的财务报告格式差异较大,造成 Python 文本处理转化过程中数据缺失严重(缺失率为50%左右)。综合上述原因,本章选取2008年作为样本起始年份。

本章对初始样本数据进行了如下处理:①考虑到金融类企业所适用的会计准则的特殊性,本章剔除了所有金融行业的样本;②删除年报披露时间、文本特征、财务数据和公司治理数据缺失的样本;③删除存在不合理数据的样本,如资不抵债公司样本。在经处理的初始样本的基础上,本章以2007年前十大股东中不存在国有股东的民营上市公司为样本基础,将2008—2015年民营上市公司前十大股东中开始出现国有股东参股且期间未出现国有股东反复退出或进入情况的民营上市公司定义为国有资本参股的民营上市公司作为处理组;将样本期间内一直未发生国有股东参股的民营上市公司作为控制组。经过上述处理本章最终得到4 969个样本。

上市公司年度财务报告来源于巨潮资讯网。上市公司财务数据和公司治理数据主要来自国泰安数据库(CSMAR)和锐思数据库(RESSET),财务报告披露时间数据来自万得数据库(Wind)。文本特征数据通过机器学习法对上市公司年度财务报告进行处理后得到。本章使用的计量分析软件为Stata14.0。

二、关键变量定义

国有资本参股:设置国有资本参股的虚拟变量(State),若公司从 t 年开始在前十大股东中出现国有股东持股,则该虚拟变量在 t 年及以后年度取值为1, $t-1$ 年及以前年度取值为0;设置国有资本参股持股比例的连续型变量(State2),即公司前十大股东中国有股东的持股比例之和。

信息披露及时性:上市公司年度财务报告披露的及时性(Timeliness),即年报实际公布日期距离所属会计年度结束日的天数的自然对数(李丹和宋衍蘅,2010)。

为了减少公司财务特征、公司治理等因素对上市公司信息披露决策的影响,本章参照王艳艳和于李胜(2011)、张馨艺等(2012)的研究,对公司规模($Size$)、资产负债率(Lev)、盈利能力(ROA)、是否由国际四大会计师事务所审计($Big4$)、审计意见(AO)、第一大股东持股比例($Topshare$)、董事会规模($Board$)、独立董事人数比例($Indep$)加以控制。具体变量定义如表5.1所示。

表5.1 变量定义

变量类型	变量符号	变量定义
被解释变量	$Timeliness$	年报实际披露日距离所属会计年度结束日的天数的自然对数
解释变量	$State$	民营上市公司前十大股东中开始出现国有股东持股的虚拟变量,国有股东开始持股当期及以后取值为1,否则为0
	$State2$	连续型变量,民营上市公司前十大股东中国有股东的持股比例
控制变量	$Size$	公司总资产的自然对数
	Lev	负债总额除以资产总额
	ROA	总资产收益率,净利润除以总资产
	$Big4$	虚拟变量,由国际四大国际会计师事务所审计取值为1,否则为0
	AO	虚拟变量,当公司收到标准无保留审计意见取值为1,否则为0
	$Topshare$	第一大股东持股比例
	$Board$	董事会规模,即董事会人数的自然对数
	$Indep$	独立董事占比,即独立董事人数占董事会总人数的比例

三、回归模型

首先,参考Atanassov(2013)、钟昀珈等(2016)的研究,构造模型

(5-1),即多重处理组、多重时间期间的双重差分模型(Difference-in-Difference Method)检验民营上市公司前十大股东中出现国有资本参股对信息披露及时性的影响。模型中包含年份固定效应和公司固定效应,一定程度上可以缓解内生性问题。其次,构造模型(5-2),通过OLS回归检验民营上市公司前十大股东中国有股东的持股比例对信息披露及时性的影响。如果假设5-1成立,那么模型(5-1)和模型(5-2)中β_1的回归系数应该显著为负。

$$Timeliness_{i,t} = \beta_0 + \beta_1 State_{i,t} + \beta_2 Size_{i,t} + \beta_3 Lev_{i,t} + \beta_4 ROA_{i,t} + \beta_5 Big4_{i,t} + \beta_6 AO_{i,t} + \beta_7 Topshare_{i,t} + \beta_8 Board_{i,t} + \beta_9 Indep_{i,t} + Year\ FE + Firm\ FE + \varepsilon_{i,t} \tag{5-1}$$

$$Timeliness_{i,t} = \beta_0 + \beta_1 State2_{i,t} + \beta_2 Size_{i,t} + \beta_3 Lev_{i,t} + \beta_4 ROA_{i,t} + \beta_5 Big4_{i,t} + \beta_6 AO_{i,t} + \beta_7 Topshare_{i,t} + \beta_8 Board_{i,t} + \beta_9 Indep_{i,t} + Year\ FE + Industry\ FE + \varepsilon_{i,t} \tag{5-2}$$

第四节 实证结果分析

一、描述性统计分析

为了消除极端值的影响,本章在1%的水平上对所有连续型变量进行了缩尾处理。表5.2变量描述性统计结果显示,财务报告披露时滞的均值、最小值、最大值分别是4.527、3.401和4.796,这说明不同上市公司的年度财务报告披露时间存在显著差异。其他控制变量的统计结果与以往文献基本一致。其中,资产负债率的均值是33.9%,ROA的均值是5.2%,有97.7%的上市公司收到标准审计意见,第一大股东持股比例的均值是33.7%。

表 5.2 变量描述性统计

variables	mean	min	p25	p50	p75	max	sd
Timeliness	4.527	3.401	4.431	4.595	4.727	4.796	0.261
State	0.170	0.000	0.000	0.000	0.000	1.000	0.375
State2	0.016	0.000	0.000	0.000	0.000	0.820	0.067
Size	21.411	19.303	20.706	21.280	22.001	24.518	1.008
Lev	33.9%	0.031	0.173	0.311	0.483	0.848	0.199
ROA	5.2%	−0.131	0.024	0.051	0.078	0.220	0.051
Big4	0.022	0.000	0.000	0.000	0.000	1.000	0.147
AO	97.7%	0.000	1.000	1.000	1.000	1.000	0.149
Topshare	33.705%	8.770	22.650	31.880	42.540	73.670	14.185
Board	2.215	1.792	2.079	2.303	2.303	2.565	0.165
Indep	0.376	0.333	0.333	0.333	0.429	0.571	0.053

2008—2016 年上市公司年度财务报告披露时滞分布如表 5.3 所示。总体来看,在(80,90]和(110,120]这两个时间区间,即每年三月底和四月底,披露年报的上市公司所占比例最高,分别是 22.51% 和 28.81%。只有大约 21% 的上市公司财务报告披露时滞小于 80 天,呈现出"前松后紧"扎堆披露的现象(唐松华,2004)。从时间趋势变化来看,延迟披露的上市公司所占比例越来越大,尽早披露的上市公司所占比例越来越小。例如,在(0,60]区间内披露年报的上市公司所占比例从 2008 年 8.79% 下降为 2016 年的 5.45%;相反,在(110,120]区间内披露年报的上市公司所占比例从 2008 年 23.63% 上升为 2016 年的 36.88%。上市公司年度财务报告披露及时性呈现出逐渐恶化的趋势。

二、实证检验结果

根据设定的模型(5-1)和模型(5-2)进行回归检验。表 5.4 回归结果显示,State 的回归系数在 10% 水平上显著负相关,回归系数等于 −0.018($t=-1.78$);State2 的回归系数在 10% 水平上显著负相关,回归系数等于 −0.102($t=-1.86$)。这说明,当民营上市公司出现国

表 5.3 财务报告披露时滞年度分布

年份	披露情况	财务报告披露时滞（天）							总计
		(0, 60]	(60, 70]	(70, 80]	(80, 90]	(90, 100]	(100, 110]	(110, 120]	
2008	公司数(家)	16	10	28	34	28	23	43	182
	占比	8.79%	5.49%	15.38%	18.68%	15.38%	12.64%	23.63%	100.00%
2009	公司数(家)	34	15	27	65	37	35	47	260
	占比	13.08%	5.77%	10.38%	25.00%	14.23%	13.46%	18.08%	100.00%
2010	公司数(家)	40	33	45	123	31	80	77	429
	占比	9.32%	7.69%	10.49%	28.67%	7.23%	18.65%	17.95%	100.00%
2011	公司数(家)	48	13	57	142	39	107	135	541
	占比	8.87%	2.40%	10.54%	26.25%	7.21%	19.78%	24.95%	100.00%
2012	公司数(家)	46	19	57	150	62	153	130	617
	占比	7.46%	3.08%	9.24%	24.31%	10.05%	24.80%	21.07%	100.00%
2013	公司数(家)	54	32	60	149	69	98	188	650
	占比	8.31%	4.92%	9.23%	22.92%	10.62%	15.08%	28.92%	100.00%
2014	公司数(家)	60	35	74	150	82	95	206	702
	占比	8.55%	4.99%	10.54%	21.37%	11.68%	13.53%	29.34%	100.00%
2015	公司数(家)	56	30	50	134	106	108	312	796
	占比	7.04%	3.77%	6.28%	16.83%	13.32%	13.57%	39.20%	100.00%
2016	公司数(家)	44	35	68	175	45	143	298	808
	占比	5.45%	4.33%	8.42%	21.66%	5.57%	17.70%	36.88%	100.00%
总计	公司数(家)	398	222	466	1 122	499	842	1 436	4 985
	占比	7.98%	4.45%	9.35%	22.51%	10.01%	16.89%	28.81%	100.00%

有资本参股时,上市公司财务报告总体披露时滞缩短。总体来看,民营企业引入国有资本有利于改善信息披露及时性。从表5.4模型(5-1)列和模型(5-2)列控制变量回归结果来看,$Size$的回归系数在1%水平上显著为正,说明公司规模越大,财务报告完成时间越长,披露时滞越严重。ROA的回归系数在1%水平上显著为负,说明公司经营业绩越好,财务报告完成时间越短、信息披露越及时。AO的回归系数在1%水平上显著为负,说明当上市公司收到标准无保留意见时,财务报告披露时间较早。$Topshare$的回归系数分别在10%和5%水平上显著为正,说明上市公司第一大股东持股比例越高,股权集中度越高,财务报告披露及时性越差。$Board$的回归系数在1%和5%水平上显著为正,说明董事会规模越大,决策效率越低,财务报告时滞越长。

表 5.4 国有资本参股与民营企业信息披露及时性

variables	模型(5-1) Timeliness	模型(5-2) Timeliness
$State$	−0.018* (−1.78)	——
$State2$	——	−0.102* (−1.86)
$Size$	0.015*** (3.15)	0.018*** (3.80)
Lev	−0.003 (−0.12)	−0.002 (−0.06)
ROA	−0.498*** (−6.39)	−0.503*** (−5.75)
$Big4$	−0.027 (−1.05)	−0.026 (−1.43)
AO	−0.091*** (−3.61)	−0.093*** (−3.08)
$Topshare$	0.001* (1.79)	0.001** (1.97)

(续表)

variables	模型(5-1) Timeliness	模型(5-2) Timeliness
Board	0.075*** (2.66)	0.072** (2.47)
Indep	0.050 (0.59)	0.036 (0.40)
Constant	4.136*** (34.65)	4.123*** (30.54)
Year FE	Yes	Yes
Firm FE	Yes	No
Industry FE	No	Yes
N	4 969	4 969
Adj_R^2	0.015	0.042

注：① ***、**、*分别表示在1％、5％、10％水平上显著；②下方括号内提供的 t 值经过异方差稳健修正。

三、分组回归检验结果

(一) 党组织的治理效应

国有资本参股对民营企业信息披露及时性的影响是否因党组织参与治理以及机构投资者持股而存在差异呢？

2002年，中共十六大对党章进行了修订，首次提出"非公有制经济组织中党的基层组织，贯彻党的方针政策，引导和监督企业遵守国家的法律法规，领导工会、共青团等群众组织，团结凝聚职工群众，维护各方合法权益，促进企业健康发展"，肯定了党组织在民营企业中发挥的领导核心作用。党组织的治理效应主要通过"双向进入、交叉任职"方式实现，即符合条件的党委会成员和公司董事、监事、高管可以通过法定程序进入公司管理层或党委会；一人可同时担任党委会和公司管理层领导职务，如党委书记兼任董事长、党委书记兼任总经理等(马连福等，2012)。已有文献证实了党组织的监督职能，党组织能够弥补公司治理结构的缺陷以及外部监督机制的不足,减少高管超额薪酬,缩小高管与普通员工之间的薪酬差距(马连福等,2013),防止并购过程中出现国有资产流失问题(陈仕华和卢昌崇,2014),提高公益类国有企业绩效(郝云宏和马帅,2018)。民营企业党组织参与公司治理将对会计信息造假、信息披露择时行为起到约束作用,使国有资本参股对民营企业信息披露及时性的影响更加显著。

关于党组织参与治理的度量,本章采用两种度量方法:第一种,参考程博等(2017)的研究,按照上市公司董事长或总经理是否兼任党委书记或党委副书记将样本分为两组;第二种,使用 Python 文本分析技术进行关键词"党"以及与之有关词汇的提取,如"党代表""党员""党委书记""党风""党建"等,并计算年报中与"党"相关词汇出现的频率,以此度量公司对党组织治理的重视程度以及党组织在公司治理中发挥的领导核心作用。与以往文献采用的党组织参与治理的度量方法相比,该文本度量方法可以解决因上市公司未披露董事、监事、高管是否在党委会任职而造成的样本缺失问题。本章根据上市公司年报是否包含"党"的相关词汇对样本进行分组。

表 5.5 中第(1)列和第(3)列的回归结果显示,当党组织参与公司治理时,国有股东持股的虚拟变量 $State$ 的回归系数分别在5%和1%水平上显著为负($\beta_1 = -0.074$, $t = -2.07$; $\beta_1 = -0.037$, $t = -2.95$);表 5.5 中第(2)列和第(4)列的回归结果显示,当党组织未参与治理时,$State$ 的回归系数不显著($\beta_1 = -0.013$, $t = -1.16$; $\beta_1 = 0.016$, $t = 0.92$)。表 5.6 中第(1)列和第(3)列的回归结果显示,当党组织参与公司治理时,国有股东持股比例 $State2$ 的回归系数在1%水平上显著为负($\beta_1 = -0.156$, $t = -2.70$; $\beta_1 = -0.490$, $t = -2.84$);表 5.6 中第(2)列和第(4)列的回归结果显示,当党组织未参与治理时,$State2$ 的回归系数分别是显著为正($\beta_1 = 0.368$, $t = 2.65$)和为负但不显著($\beta_1 = -0.064$, $t = -1.11$)。综上所述,在民营上市公司中,党组织发挥了一定的领导和治理约束作用,有助于参股的国有资本发挥对民营上市公司信息披露及时性的促进作用。

表 5.5 党组织的治理效应($State$)

variables	党组织参与治理 (1)	党组织未参与治理 (2)	党组织参与治理 (3)	党组织未参与治理 (4)
$State$	−0.074**	−0.013	−0.037***	0.016
	(−2.07)	(−1.16)	(−2.95)	(0.92)
$Size$	0.056***	0.011**	0.018***	0.008
	(3.53)	(2.30)	(3.05)	(1.04)
Lev	−0.139	0.005	0.014	−0.018
	(−1.47)	(0.22)	(0.49)	(−0.48)
ROA	−0.136	−0.523***	−0.332***	−0.706***
	(−0.38)	(−6.53)	(−3.20)	(−5.95)
$Big4$	−0.030	−0.026	−0.015	−0.041
	(−0.52)	(−0.91)	(−0.46)	(−0.96)
AO	−0.304***	−0.080***	−0.093***	−0.074*
	(−2.75)	(−3.06)	(−2.92)	(−1.79)
$Topshare$	−0.001	0.001**	0.001	0.001
	(−0.63)	(1.98)	(1.19)	(1.19)
$Board$	−0.003	0.075**	0.090**	0.054
	(−0.03)	(2.57)	(2.42)	(1.26)
$Indep$	−0.308	0.061	0.089	0.006
	(−0.84)	(0.69)	(0.75)	(0.05)
$Constant$	3.822***	4.189***	4.005***	4.337***
	(8.88)	(33.62)	(25.54)	(23.22)
Year FE	Yes	Yes	Yes	Yes
Firm FE	Yes	Yes	Yes	Yes
N	317	4 652	2 832	2 137
Adj_R^2	0.015	0.015	0.014	0.015

注：① ***、**、* 分别表示在1%、5%、10%水平上显著；② 下方括号内提供的 t 值经过异方差稳健修正。

表 5.6 党组织的治理效应($State2$)

variables	党组织 参与治理 (1)	党组织未 参与治理 (2)	党组织 参与治理 (3)	党组织未 参与治理 (4)
$State2$	−0.156*** (−2.70)	0.368*** (2.65)	−0.490*** (−2.84)	−0.064 (−1.11)
$Size$	0.024*** (3.86)	0.011 (1.41)	0.068*** (3.19)	0.015*** (2.95)
Lev	0.007 (0.20)	−0.031 (−0.78)	−0.130 (−1.37)	0.008 (0.29)
ROA	−0.327*** (−2.93)	−0.713*** (−5.09)	−0.234 (−0.59)	−0.527*** (−5.86)
$Big4$	−0.023 (−1.00)	−0.027 (−0.86)	−0.019 (−0.31)	−0.025 (−1.18)
AO	−0.099*** (−2.63)	−0.084* (−1.65)	−0.323*** (−3.44)	−0.080** (−2.54)
$Topshare$	0.001* (1.74)	0.001 (0.96)	0.001 (0.01)	0.001** (2.05)
$Board$	0.081** (2.17)	0.048 (1.04)	−0.045 (−0.41)	0.075** (2.44)
$Indep$	0.075 (0.66)	−0.000 (−0.00)	−0.284 (−0.62)	0.040 (0.44)
$Constant$	3.997*** (23.46)	4.311*** (19.32)	3.709*** (6.74)	4.172*** (29.50)
Year FE	Yes	Yes	Yes	Yes
Industry FE	Yes	Yes	Yes	Yes
N	317	4 652	2 832	2 137
Adj_R^2	0.054	0.041	0.028	0.044

注：①***、**、*分别表示在1%、5%、10%水平上显著；②下方括号内提供的 t 值经过异方差稳健修正。

(二) 机构投资者的治理效应

作为资本市场重要的参与者,机构投资者在规范公司治理、缓解信息不对称方面发挥着重要作用。首先,与个人投资者相比,机构投资者具有规模效应,当公司内部发生侵害股东利益的行为时,机构投资者通过征集投票代理权、股东提案甚至抛售股票等行为进行有效制约(Grossman 和 Hart,1980;蔡宏标和饶品贵,2015);其次,机构投资者比个人投资者拥有更多的资源优势和专业知识(Utama 和 Cready,1997),具有更强的信息解读能力和盈余操纵识别能力(高雷和张杰,2008)。因而,机构投资者对上市公司信息披露行为起到监督作用,一定程度上抑制了上市公司信息披露过程中的操纵行为,提高了信息披露的及时性。而且已有文献研究发现,在中国制度背景下,机构投资者在民营企业中更能发挥其治理作用,抑制盈余管理行为,显著降低民营企业的信息不对称程度和融资约束(薄仙慧和吴联生,2009;张敏和姜付秀,2010)。综上所述,外部机构投资者可以增强国有资本参股对民营企业信息披露及时性的影响。

本章根据机构投资者持股比例的中位数将样本分为机构投资者持股较高组和机构投资者持股较低组,并分别进行回归检验。表 5.7 的回归结果显示,当机构投资者持股比例较高时[第(1)列与第(3)列],$State$ 和 $State2$ 的回归系数分别在 10% 和 5% 水平上显著为负($\beta_1 = -0.022$, $t = -1.74$; $\beta_1 = -0.139$, $t = -2.14$);当机构投资者持股比例较低时[第(2)列与第(4)列],$State$ 和 $State2$ 的回归系数均不显著($\beta_1 = -0.012$, $t = -0.69$; $\beta_1 = 0.015$, $t = 0.17$)。这说明,在民营上市公司,机构投资者能够发挥外部治理作用,提高国有资本参股对信息披露及时性的提升作用,缓解公司内部与外部投资者之间的信息不对称。

表 5.7 机构投资者的治理效应

variables	持股较高 [模型(5-1)] (1)	持股较低 [模型(5-1)] (2)	持股较高 [模型(5-2)] (3)	持股较低 [模型(5-2)] (4)
$State$	−0.022* (−1.74)	−0.012 (−0.69)	——	——
$State2$	——	——	−0.139** (−2.14)	0.015 (0.17)

(续表)

variables	持股较高 [模型(5-1)] (1)	持股较低 [模型(5-1)] (2)	持股较高 [模型(5-2)] (3)	持股较低 [模型(5-2)] (4)
Size	0.018*** (2.99)	0.012* (1.72)	0.023*** (3.54)	0.014* (1.93)
Lev	−0.039 (−1.20)	0.027 (0.84)	−0.039 (−1.03)	0.025 (0.71)
ROA	−0.641*** (−5.75)	−0.368*** (−3.31)	−0.641*** (−4.93)	−0.403*** (−3.41)
*Big*4	−0.017 (−0.52)	−0.039 (−0.92)	−0.014 (−0.58)	−0.032 (−1.08)
AO	−0.122*** (−3.72)	−0.053 (−1.34)	−0.131*** (−3.80)	−0.048 (−0.92)
Topshare	0.001 (1.25)	0.002 (1.07)	0.001 (0.69)	0.001* (1.70)
Board	0.094** (2.37)	0.057 (1.42)	0.078* (1.92)	0.069* (1.66)
Indep	0.132 (1.11)	−0.017 (−0.14)	0.113 (0.93)	−0.035 (−0.27)
Constant	4.031*** (24.27)	4.194*** (23.76)	4.041*** (22.15)	4.179*** (20.53)
Year FE	Yes	Yes	Yes	Yes
Firm FE	Yes	Yes	No	No
IndustryFE	No	No	Yes	Yes
N	2 485	2 484	2 495	2 474
Adj_R^2	0.020	0.006	0.051	0.036

注:①***、**、*分别表示在1%、5%、10%水平上显著;②下方括号内提供的 *t* 值经过异方差稳健修正。

四、稳健性检验结果

出于研究结果的稳健性考虑,本章进一步做了如下稳健性检验。

第一,财务报告披露及时性变量替代。借鉴以往的研究,在稳健性检验中,使用财务报告实际公布日期距离所属会计年度结束的天数除以360作为代理变量。表5.8(1)列和(2)列回归结果显示,$State$的回归系数在5%水平上显著为负($\beta_1=-0.005, t=-2.08$),$State2$的回归系数在5%水平上显著为负($\beta_1=-0.030, t=-2.43$)。

第二,关键变量替代。将民营上市公司前十大股东中国有股东持股比例达到5%以上视为混合所有的股权结构,$State$取值为1,否则为0。表5.8(3)列回归结果显示,$State$的回归系数在10%水平上显著为负($\beta_1=-0.018, t=-1.78$),与主回归检验结果一致。

第三,考虑控制权发生转移。当民营上市公司最终控制人由民营转为国有时,$State$取值为1,否则为0。表5.8(4)列回归结果显示,$State$的回归系数在5%水平上显著为负($\beta_1=-0.063, t=-2.22$)。

综合上述结果,本章的结论是比较稳健和可靠的。

表5.8 稳健性检验

variables	(1)	(2)	(3)	(4)
$State$	−0.005** (−2.08)	——	−0.018* (−1.78)	−0.063** (−2.22)
$State2$	——	−0.030** (−2.43)	——	——
$Size$	0.003*** (2.63)	0.003*** (3.27)	0.015*** (3.15)	0.014*** (3.00)
Lev	0.002 (0.34)	0.002 (0.29)	−0.003 (−0.12)	0.003 (0.13)
ROA	−0.122*** (−7.13)	−0.122*** (−6.54)	−0.498*** (−6.39)	−0.499*** (−6.41)
$Big4$	−0.009 (−1.54)	−0.008* (−1.84)	−0.027 (−1.05)	−0.028 (−1.10)
AO	−0.028*** (−5.08)	−0.028*** (−4.43)	−0.091*** (−3.61)	−0.092*** (−3.63)

(续表)

variables	(1)	(2)	(3)	(4)
Topshare	0.001* (1.85)	0.001** (2.03)	0.000* (1.79)	0.000* (1.78)
Board	0.014** (2.30)	0.014** (2.20)	0.075*** (2.66)	0.071** (2.52)
Indep	0.013 (0.71)	0.010 (0.54)	0.050 (0.59)	0.045 (0.53)
Constant	0.199*** (7.63)	0.198*** (6.78)	4.136*** (34.65)	4.160*** (34.96)
Year FE	Yes	Yes	Yes	Yes
Firm FE	Yes	No	Yes	Yes
Industry FE	No	Yes	No	No
N	4 969	4 969	4 969	4 969
Adj_R^2	0.021	0.051	0.015	0.016

注:①***、**、*分别表示在1%、5%、10%水平上显著;②下方括号内提供的 t 值经过异方差稳健修正。

第五节 进一步分析

本节参考陈高才和周鲜华(2008)的研究,将年度财务报告涉及的时间分为编制阶段(即从开始编制年度财务报告到完成的时间)、审计阶段(会计师事务所开始审计到签署年度财务报告的时间)、审议阶段(董事会和股东大会审议相关事项的时间)和披露阶段(审议完成到实际公布的时间)。本书认为,影响年度财务报告时滞的主要是编制阶段与审议阶段,本节重点考察这两个阶段对信息披露及时性的影响。

一、财务报告编制时滞

已有文献发现,管理层有可能利用大篇幅文本解释或掩盖公司违规行为、盈余操纵、涉嫌诉讼、业绩下降等负面消息(Li,2008),或者通过操纵财务报告文本语调迷惑外部信息使用者(王华杰和王克敏，2018)，从而使外部信息使用者无法依据财务报告披露的信息作出正确的投资决策。伴随民营上市公司引入国有资本参股进行"反向混改"，公司治理结构和资源获取能力显著改善，混合所有的股权结构显著提高公司绩效(郝阳和龚六堂，2017)。以经营业绩为基础的债务契约和激励契约是公司高管进行盈余操纵和披露择时的主要动机(Bergstresser 和 Philippon，2006；卢太平和张东旭，2014)。经营业绩的提升将减少上市公司盈余操纵行为，降低通过冗余文字描述进行文本操纵的动机。在这种情况下，公司财务报告文本更加简洁，财务报告编制时间缩短。

由于无法获取上市公司编制年度财务报告花费时间的数据，本章使用财务报告文本总字数的自然对数度量财务报告编制阶段时滞($F\_Timeliness$)，本章假设财务报告文本越长，财务报告编制时间越长。根据设定的模型(5-1)和模型(5-2)进行回归检验。表5.9回归结果显示，$State$ 的回归系数均在10%水平上显著负相关，β 等于 -0.014 ($t=-1.70$)；$State2$ 的回归系数为正不显著。上述结果一定程度上说明，当民营上市公司出现国有资本参股时，上市公司财务报告文本长度缩短，内容更加简洁，进而缩短了财务报告编制时滞。

表5.9 国有资本参股与民营企业财务报告和审计报告编制时滞

variables	F_Timeliness		A_Timeliness	
	(1)	(2)	(3)	(4)
State	-0.014^* (-1.70)	——	-0.018^* (-1.70)	——
State2	——	0.049 (1.01)	——	-0.106^* (-1.88)
Size	-0.002 (-0.50)	-0.001 (-0.23)	0.016^{***} (3.29)	0.019^{**} (2.39)
Lev	0.002 (0.09)	-0.008 (-0.34)	-0.006 (-0.26)	-0.005 (-0.19)

(续表)

variables	F_Timeliness		A_Timeliness	
	(1)	(2)	(3)	(4)
ROA	0.058 (0.95)	0.037 (0.67)	−0.504*** (−6.30)	−0.507*** (−6.35)
Big4	0.002 (0.11)	0.005 (0.24)	−0.025 (−0.95)	−0.024 (−1.29)
AO	−0.021 (−1.05)	−0.022* (−1.73)	−0.103*** (−3.95)	−0.105*** (−2.61)
Topshare	−0.000 (−0.79)	−0.000 (−0.70)	0.000 (1.61)	0.000** (2.44)
Board	−0.015 (−0.70)	−0.020 (−0.80)	0.071** (2.48)	0.069*** (3.02)
Indep	−0.152** (−2.27)	−0.150** (−2.38)	0.039 (0.45)	0.026 (0.45)
Constant	10.678*** (114.14)	10.445*** (72.59)	4.114*** (33.57)	4.101*** (26.69)
Year FE	Yes	Yes	Yes	Yes
Firm FE	Yes	No	Yes	No
Industry FE	No	Yes	No	Yes
N	4 902	4 969	4 902	4 969
Adj_R^2	0.002	0.208	0.021	0.051

注：①***、**、*分别表示在1%、5%、10%水平上显著；②下方括号内提供的 t 值经过异方差稳健修正；③第(1)列回归样本量减少是财务报告文本处理过程中造成数据缺失所致。

二、审计报告编制时滞

Chambers 和 Penman(1984)首次提出审计报告披露的实际日期与约定披露日期之间的间隔是审计报告时滞。审计报告时滞越长,其及时性越差。20世纪80年代兴起的现代风险导向审计强调审计师应该先对被审计客户实施风险评估程序,了解客户的经营状况和盈利能力,对财务报表整体是否存在重大错报风险作出评估,再以此设计进一步审计程序的性质、时间安排和范围。当审计师对被审计客户公司经营业务不熟悉,被审计客户公司会计处理复杂性较高或者面临较高诉讼风险时,审计师需要投入更多的时间和精力实施相关审计程序(Schwartz 和 Soo,1996)。民营上市公司引入国有资本参股不仅可以提高经营业绩(郝阳和龚六堂,2017),而且可以凭借国有股东的政治关联优势优先获得资本支持(Leuz 和 Oberholzer-Gee,2006),在财务困境期间更有可能获得政府救助(Faccio 等,2006;Gul,2010)。当被审计客户公司拥有这种非正式隐形担保时,审计师评估被审计客户公司的审计风险和自身面临的监管风险将显著降低,可以减少实施相应的审计程序,审计工作效率大幅提高,缩短审计报告编制时滞。

本章使用年报审计完成日距离所属会计年度结束日的天数的自然对数度量财务报告审计阶段时滞($A\_Timeliness$)。根据设定的模型(5-1)和模型(5-2)进行回归检验。表 5.10 回归结果显示,$State$ 和 $State2$ 的回归系数均在 10% 水平上显著负相关,分别等于 -0.018($t=-1.70$)、-0.106($t=-1.88$)。这说明当民营上市公司出现国有资本参股时,审计师面临的审计风险和监管风险降低,可以减少实施相应的审计程序,缩短审计报告完成时间,进而提高财务报告披露的及时性。

第六节 本章小结

本章基于混合所有制改革的制度背景,考察了国有资本参股对民营企业信息披露及时性的影响。研究发现,当国有资本参股民营企业形成混合股权结构以后,财务报告披露及时性显著提高。分组回归结果显示,党组织参与公司治理和机构投资者持股比例较高对民营上市公司信息披露行为起到治理约束作用,使国有资本参股对信息披露及时性的影响更加显著。进一步分析发现,民营上市公司引入国有资本参股以后,其财务报告文本更加简洁,财务报告编制阶段及时性提高;

审计风险降低导致审计师的审计工作效率提高，审计报告编制阶段及时性提高，进而导致财务报告披露时滞缩短。

在混合所有制改革过程中，交易双方信息不对称是阻碍国有资本和非国有资本合作的重要因素。公司信息披露的及时性、信息含量、会计信息质量对推动混合所有制改革进程、实现市场资源有效配置发挥着基础作用。由于资本市场普遍存在"好消息早，坏消息晚"的披露择时行为（陈汉文和邓永顺，2004），上市公司提前披露财务报告行为是向资本市场和广大投资者传递出公司利好的信号。国有资本参股民营上市公司带来的治理效应和资源效应有助于提高公司信息披露及时性，一定程度上缓解了年报信息披露存在的"前松后紧"现象，同时向资本市场传递出积极信号，提振资本市场投资者的信心。本章的研究结论为政府机构制定下一步改革方针政策和信息披露监管政策提供了有利的参考和借鉴，对推动我国当前混合所有制改革顺利进行具有重要现实意义。

第六章　国有资本参股与民营企业信息披露文本特征：基于文本相似度的视角

第一节　问题的提出

积极发展混合所有制经济是我国当前深化国有企业改革、促进民营企业振兴的有效途径。混合所有制改革能够将国有企业的实力和民营企业的活力有效整合，实现资源有效配置，从而提升企业的整体竞争力，真正建立现代企业制度。自从中共十八届三中全会提出"国有资本、集体资本、非公有资本交叉持股、相互融合的混合所有制经济，是基本经济制度的重要实现形式"以来，混合所有制改革得到理论界越来越多的关注。已有文献研究结果表明，混合股权结构不仅有利于企业绩效改善，发挥国有资本和民营资本优势互补效应（陈建林，2015；郝阳和龚六堂，2017），提高企业全要素生产率（刘晔等，2016）；而且使公司治理作用得到充分发挥，股东之间相互制衡和监督有助于提升内部控制质量、抑制高管壕沟防御行为（刘运国等，2016；杨志强等，2016）。新一轮混合所有制改革既允许民营企业参股国有企业，即国有企业引入民营资本；也允许国有企业参股民营企业，即民营企业引入国有资本，最终实现国有资本和非国有资本交叉持股、相互融合的股权结构。但是，现有文献主要关注国有企业引入民营资本这类混合所有制改革的经济后果，而关于民营企业引入国有资本的研究成果尚不丰富。

近几年来，非财务信息披露以及财务报告文本特征成为会计学、财务学领域研究学者的关注热点。文本信息披露能够为公司财务信息提供有力补充和说明,为投资者提供决策增量信息,预测未来经营业绩(薛爽等,2010),降低公司资本成本,提高分析师预测的准确度以及审计师的审计质量(Dhaliwal 等,2012)。而财务报告文本可读性越差,意味着公司信息透明度越低,会导致外部分析师的预测分歧增大,公司在资本市场股票交易量波动增加(Li,2008)。年度财务报告文本与以往年度相比相似度越高,其信息含量越低,股票交易量越低,收益波动率越低(Brown 和 Tucker,2011;Tetloc,2011)。但是,目前鲜有文献研究上市公司混合股权结构对信息披露文本特征的影响。民营企业引入国有资本参股进行"反向混改"对年度财务报告文本特征将产生怎样的影响?年度财务报告文本相似度将提高还是下降?这是本章研究的主要问题。

本章主要的研究贡献如下:

第一,以中国新兴市场经济国家的上市公司为研究对象,在动态股权结构的背景下,考察国有资本参股民营上市公司对信息披露文本特征的影响,为全面认识和评价中国混合所有制改革的经济后果提供新的经验证据。

第二,文本分析法是以计算机和人工智能为手段阅读公司财务报告等文本信息,对文本信息进行特征识别和量化。本章在当下混合所有制改革背景下,考察混合股权结构对公司年度财务报告文本相似度的影响,丰富了财务报告文本特征影响因素的研究成果,弥补了国内财务报告文本特征在公司治理领域的研究空白(郝项超和苏之翔,2014;谢德仁和林乐,2015;孟庆斌等,2017)。

第三,本章分别从资源获取能力和公司治理机制的视角揭示了民营企业引入国有资本参股影响财务报告文本相似度的内在作用机理。并且本章根据不同章节内容对年度财务报告文本进行细分,进一步考察了民营企业引入国有资本参股对年报不同章节文本相似度的影响,细化了对年度财务报告文本特征的研究。

第二节 理论分析与研究假设

长期以来,民营企业在资源获取和政策支持方面一直面临各种限制。首先,融资平台有限、融资机制不健全使得民营企业获得的信贷支持远远不能满足企业发展的需要。民营企业特别是中小民营企业的信贷担保能力较弱,存在固定资产比重小、现金流不稳定等劣势条件,只能依靠担保公司的担保或联保。担保公司一般需要扣留一定贷款金额作为保证金,而且民间金融机构的贷款利率普遍高于银行贷款基准利率,大大提高了民营企业的融资成本。民营企业经常因为资金不足又无法通过正规渠道筹集资金或者融资成本太高而丧失进一步发展壮大的机会。其次,民营企业缺少政府政策支持和市场稀缺资源。我国电信、金融、石油、铁路等行业的优质资源大多被大型央企直接垄断。这种隐形"玻璃门"使得民营企业无法顺利进入这些行业。国有企业比民营企业享有更多的产品市场与要素市场的优势,在所在领域具有更强的垄断势力。国有企业比民营企业更容易获得信贷资源和政策支持(Shleifer 和 Vishny,1994;Brandt 和 Li,2003;Zhou 等,2015)。

一方面,在发展混合所有制经济的过程中,国有资本参股为民营企业打开了垄断行业的大门。民营企业拥有更多参与国资改造、参股国资项目的机会,获取市场稀缺资源和政府政策支持的机会增加(宋增基等,2014;陈建林,2015),经营业绩和盈余质量也将随之显著提高。Li(2008)和王克敏等(2018)研究指出当公司当期经营业绩较差或未来盈利持续性较低时,高管可能在信息披露时使用模糊晦涩的语言和格式隐藏负面信息,降低信息披露透明度,迷惑外部信息使用者。当民营企业引入国有资本参股以后,经营业绩的改善将降低高管信息披露操纵动机,提高财务报告的信息含量,降低财务报告与以前年度报告的相似度,提高公司整体的信息披露透明度,更好地发挥保护资本市场中小投资者利益的作用(Healy 和 Palepu,2001;Harjoto 和 HojeJo,

2015),使公司步入良性发展轨道。

另一方面,上市公司信息披露透明度提高有助于减少公司与资本市场投资者之间的信息不对称,进而降低公司的股权融资成本(Botosan,1997)。随着民营企业引入国有资本参股,国有股东带来的资源效应可以有效缓解民营企业面临的"融资难""融资贵"难题,减少民营企业在市场经营中面临的"玻璃门""弹簧门""旋转门"等不公平市场竞争。国有资本参股成为民营企业通过信息披露获取市场资源的一种补充机制,使民营上市公司出于资源获取目的而进行信息披露的动机显著降低(任宏达和王琨,2018),产生信息披露的惰性行为,年度财务报告文本信息重复内容增多。

以往研究发现,当公司出现政府股东时,信息环境透明度较低,财务报告的会计信息质量显著降低(Gul等,2010;Ben-Nasr等,2015)。国有企业可以凭借天然的政治关联优势获得交易的信息优势,进而基于私有信息进行交易的盈利能力显著较高(Borisova和Yadav,2015)。为了避免企业更多地暴露在社会公众视野中,掩盖利用私有信息优势进行交易赚取利润的事实,国有资本参股以后,民营上市公司可能通过降低会计盈余信息含量等方式降低信息披露质量(刘运国和刘梦宁,2015),通过披露大量与以前年度财务报告相似的内容掩盖通过国有股东资源优势赚取利润的现实,使得当期财务报告文本与上期相比相似度增加。

Bozanic和Thevenot(2015)为文本相似度高提供了另一种解释,即财务报告相似度高代表了公司经营不确定性低、经营持续性好,向外界传递出公司治理和经营业绩稳定的信号。从财务报告各章节构成内容来看,除非公司当期发生并购重组等影响治理结构和人员结构的重大事项,否则"股本变动及股东情况""董事、监事、高级管理人员和员工情况""公司治理"章节的内容与上一期相比不会发生显著变化。国有资本参股有助于提高民营企业经营和治理的稳定性。国有股东凭借其股权参与公司治理,对民营控股股东起到制约和监督作用,公司战略决策趋于稳健;而且国有股东为民营企业经营提供了一种隐形担保,使得民营企业与上游供应商、下游经销商和消费者形成更为稳固的合作关系。因此,民营企业引入国有资本参股有助于提高经营稳定性,使得年度财务报告文本内容趋于稳定,导致当期财务报告与以前期间的财务报告相比文本相似度提高。

基于以上理论分析,本章提出一组竞争性假设:

假设 6-1a:国有资本参股导致民营企业当期财务报告与上期相比相似度降低。

假设 6-1b:国有资本参股导致民营企业当期财务报告与上期相比相似度提高。

第三节 研 究 设 计

一、数据来源与样本选取

本章以 2008—2016 年中国沪深两市 A 股民营上市公司为研究对象。为了对比国有资本参股民营上市公司对公司信息披露文本相似度的影响,选择国有资本于 2008—2015 年参股的公司作为样本,以保证国有资本参股以后至少有 1 年的观测值。样本之所以选择从 2008 年开始,是因为我国财政部规定上市公司从 2007 年起执行新《企业会计准则》,参照以往文献(Barth 等,2012)的做法,剔除第一年执行新会计准则(IFRS,2005;CAS,2007)的样本。而且 2007 年及以前年份上市公司披露的财务报告格式差异较大,造成文本处理转化过程中数据缺失严重(缺失率 50% 左右)。综合上述原因,本章选取 2008 年作为样本起始年份。

本章对初始样本数据进行了如下处理:①考虑到金融类企业所适用的会计准则的特殊性,本章剔除了所有金融行业的样本;②删除财务数据、公司治理数据缺失的样本;③删除存在不合理数据的样本,如资不抵债公司样本。在经处理后的初始样本基础上,本章以 2007 年前十大股东中不存在国有股东的民营上市公司为样本基础,将 2008—

2015年民营上市公司前十大股东中开始出现国有股东持股且在样本期间内未发生国有股东反复退出或进入定义为国有资本参股的民营上市公司,作为处理组;将样本期间内从未发生国有资本参股的民营上市公司作为控制组,得到4 969个观测值。剔除文本特征缺失数据,最终得到4 154个观测值。

上市公司年度财务报告下载来源于巨潮资讯网。上市公司财务数据和公司治理数据来自国泰安数据库(CSMAR)和锐思数据库(RESSET),最终控制人数据来自万得数据库(Wind)。文本特征数据通过机器学习法对上市公司年度财务报告进行处理后得到。本章使用的计量分析软件为Stata14.0。

二、变量定义

本章对国有资本参股设置国有股东持股的虚拟变量($State$),若公司在t年开始前十大股东中有国有股东持股,则该虚拟变量在t年及以后年度取值为1,$t-1$年及以前年度取值为0。

对信息披露文本特征。本章设置变量Sim,考察财务报告文本相似度特征。对中文文本相似度的计算,目前主要有两种机器算法,即词频-逆文本词频(term frequency-inverse document frequency,TF-IDF)余弦相似度计算法和潜在语义索引(latent semantic indexing,LSI)余弦相似度计算法。由于LSI可以计算出文本中包含的主题数量和概率分布,从而降低文本向量的维度,计算相似度的效果更好,本章使用LSI计算相似度,该值越大,表明相似度越高。

为了减少公司财务特征、公司治理等因素对上市公司信息披露文本特征的影响,本章参照Brown和Tucker(2011)、孟庆斌等(2017)等的研究成果,对资产负债率(Lev)、公司规模($Size$)、盈利能力(ROA)、成长性($Growth$)、股权集中度($Topshare$)、两职合一($Dual$)、董事会规模($Board$)、独立董事比例($Indep$)、是否由国际四大国际会计师事务所审计($Big4$)加以控制。同时包括公司固定效应和年度固定效应。具体变量定义如表6.1所示。

表 6.1 变量定义

变量类型	变量符号	变量定义
被解释变量	Sim	年度财务报告文本相似度,使用 LSI 计算法计算得到
解释变量	$State$	民营上市公司前十大股东中国有股东开始持股的虚拟变量,国有股东开始持股当期及以后取值为 1,否则为 0
控制变量	Lev	负债水平,即负债总额除以资产总额
	$Size$	公司规模,即公司职工总数的自然对数
	ROA	公司盈利能力,即净利润除以总资产
	$Growth$	公司成长性,即营业收入成长率
	$Topshare$	股权集中度,即第一大股东持股比例
	$Dual$	虚拟变量,公司董事长和总经理两职合一取值为 1,否则为 0
	$Board$	董事会规模,即董事会人数的自然对数
	$Indep$	独立董事占比,即独立董事人数占董事会总人数的比例
	$Big4$	虚拟变量,由国际四大国际会计师事务所审计取值为 1,否则为 0

三、回归模型

参考 Atanassov(2013)、钟昀珈等(2016)的研究,构造模型(6-1),即多重处理组、多重时间的双重差分模型(Difference-in-Difference Method)检验民营上市公司前十大股东中出现国有股东参股对信息披露文本相似度的影响。如果假设 6-1a 成立,那么模型(6-1)中 β_1 的回归系数应显著为负;如果假设 6-1b 成立,那么模型(6-1)中 β_1 的回归系数应显著为正。

$$Sim_{i,t} = \beta_0 + \beta_1 State_{i,t} + \beta_2 Lev_{i,t} + \beta_3 Size_{i,t} + \beta_4 ROA_{i,t} + \beta_5 Growth_{i,t} + \beta_6 Topshare_{i,t} + \beta_7 Dual_{i,t} + \beta_8 Board_{i,t} + \beta_9 Indep_{i,t} + \beta_{10} Big4_{i,t} + YaerFE + FirmFE + \varepsilon_{i,t} \tag{6-1}$$

第四节 实证结果分析

一、描述性统计分析

主要变量的描述性统计如表 6.2 所示。

表 6.2 主要变量描述性统计

variables	mean	min	p25	p50	p75	max	sd
Sim	0.416	0.026	0.229	0.398	0.578	0.945	0.230
State	0.171	0.000	0.000	0.000	0.000	1.000	0.377
Lev	0.339	0.031	0.172	0.310	0.482	0.848	0.200
Size	7.178	4.190	6.443	7.118	7.884	10.025	1.097
ROA	0.052	−0.131	0.024	0.050	0.078	0.220	0.051
Growth	0.195	−0.518	0.001	0.141	0.315	1.937	0.358
Topshare	33.703	8.770	22.730	31.880	42.530	73.670	14.179
Dual	0.368	0.000	0.000	0.000	1.000	1.000	0.482
Board	2.215	1.792	2.079	2.303	2.303	2.565	0.165
Indep	0.376	0.333	0.333	0.333	0.429	0.571	0.053
Big4	0.022	0.000	0.000	0.000	0.000	1.000	0.146

为了消除极端值的影响,本章在 1% 的水平上对所有连续型变量进行了缩尾处理。表 6.2 描述性统计结果显示,财务报告纵向文本相似度的均值等于 0.416,即上市公司年度财务报告平均有 41.6% 的内容与上一年度财务报告相似;最小值和最大值分别为 0.026 和 0.945,这说明不同上市公司的年报文本相似度存在很大差异。主要控制变量的描述性统计结果与以往文献相比基本一致。

图 6.1 展示了 2008 年至 2016 年全样本财务报告文本相似度均值的变化趋势。可以看到,最近 9 年上市公司财务报告文本相似度总体呈波动上升趋势。2016 年上市公司财务报告文本相似度达到样本期

间的最大值 0.531。值得注意的是,2012 年上市公司财务报告文本相似度均值达到样本期间的最低点,只有 0.222。这可能与当年中国证监会修订《公开发行证券的公司信息披露内容与格式准则第 2 号——年度报告的内容与格式》有关。该制度使得财务报告的章节顺序和披露内容与以往年度相比出现较大幅度调整。2013 年财务报告文本相似度又迅速上升为 0.461,并保持波动上升的趋势。

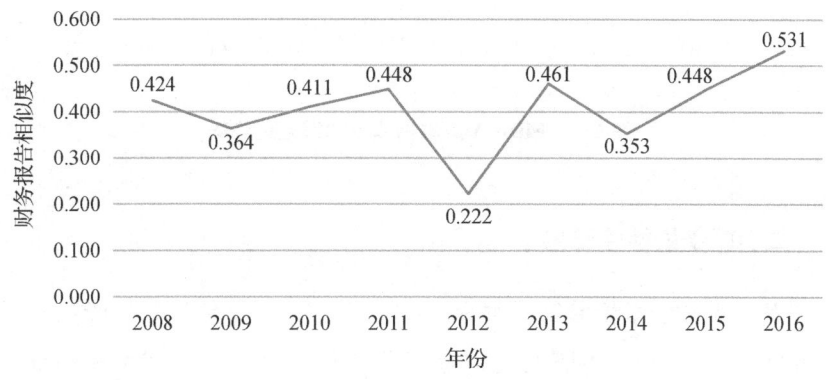

图 6.1　全样本财务报告相似度均值变化趋势

图 6.2 展示了 2008 年至 2016 年年报中管理层讨论与分析(MD&A)文本相似度均值变化趋势。管理层讨论与分析是财务报告文本内容的精华。最近 9 年,与年报总体文本相似度变化趋势一致,MD&A 文本相似度总体呈波动上升趋势。2011 年,上市公司 MD&A 文本相似度达到样本期间的最大值 0.401;2012 年,上市公司 MD&A 文本相似度均值达到样本期间的最低点 0.211。根据 2012 年中国证监会修订的《公开发行证券的公司信息披露内容与格式准则第 2 号——年度报告的内容与格式》,上市公司对 MD&A 披露的文本内容和语言规范均进行调整,导致当期文本相似度显著降低。2013 年和 2014 年 MD&A 文本相似度又上升为 0.345 和 0.363。从 2015 年开始,MD&A 从"董事会报告"中分离出来单独作为一个章节在财务报告中出现,当期文本相似度再次显著下降,仅为 0.240。2016 年,MD&A 文本相似度又恢复到 0.362。

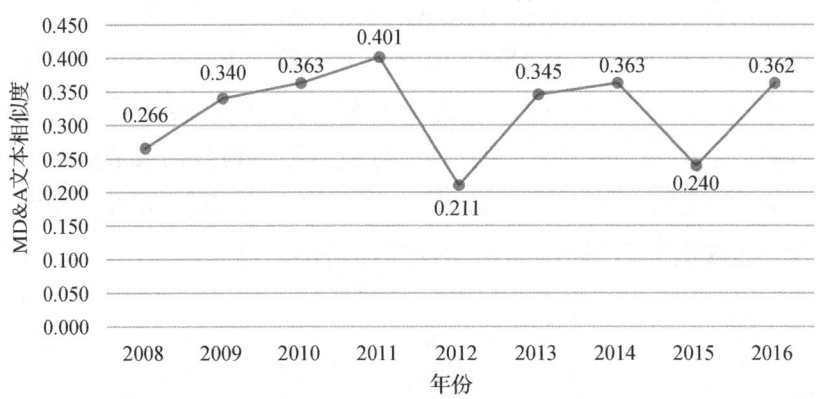

图 6.2　MD&A 文本相似度均值变化趋势

二、单变量检验结果

表 6.3 单变量检验结果显示,相比于未发生国有资本参股的民营上市公司,国有资本参股的民营上市公司年度财务报告文本相似度更高。处理组财务报告文本相似度的均值比控制组高 0.070,其中位数比控制组高 0.087,并且均值和中位数差异的检验结果均在 1% 的统计水平上显著（$t=7.64$；$z=7.26$）。以上结果说明,民营企业引入国有资本参股显著增加了年度财务报告文本相似度,这与本章的假设 6-1b 保持一致。

表 6.3　单变量检验

全样本	处理组 $N=775$		控制组 $N=3\ 379$		差异检验	
变量	均值	中位数	均值	中位数	t 检验	Wilcoxon 检验
Sim	0.473	0.471	0.403	0.384	0.070*** ($t=7.64$)	0.087*** ($z=7.26$)

注：①表中对变量的均值差异进行了 t 检验,对中位数差异进行了 Wilcoxon 秩和检验；② *、**、*** 分别表示检验在 10%、5%、1% 的统计水平上显著。

三、实证检验结果

表 6.4 第(1)列回归结果显示,在不考虑控制变量的情况下,*State*

的回归系数显著为正,在1%水平上通过了显著性检验($\beta_1=0.027, t=3.08$)。表6.4中第(2)列回归结果显示,加入控制变量以后,$State$的回归系数显著为正,在10%水平上通过了显著性检验($\beta_1=0.016, t=1.76$)。这说明当国有资本参股民营上市公司形成混合股权结构以后,民营上市公司财务报告与以前年度相比文本相似度显著提高。

表6.4 国有资本参股与民营企业年度财务报告文本相似度

variables	(1) Sim	(2) Sim
State	0.027*** (3.08)	0.016* (1.76)
Lev	——	0.031 (1.48)
Size	——	0.031*** (7.52)
ROA	——	−0.155** (−2.13)
Growth	——	−0.032*** (−3.47)
Topshare	——	−0.001*** (−5.04)
Dual	——	0.002 (0.31)
Board	——	0.020 (0.80)
Indep	——	0.061 (0.80)
Big4	——	0.040* (1.77)
Constant	0.411*** (112.37)	−0.287*** (−2.65)

(续表)

variables	(1)	(2)
	Sim	Sim
Year FE	Yes	Yes
Firm FE	Yes	Yes
N	4 154	4 154
Adj_R^2	0.002	0.034

注：① ***、**、* 分别表示在1%、5%、10%水平上显著；②下方括号内提供的 *t* 值经过异方差稳健修正。

从表6.4中控制变量的回归结果来看，*Size* 的回归系数在1%水平上显著为正，说明公司规模越大，财务报告相似度越高。*ROA* 的回归系数在5%水平上显著为负，说明当公司经营业绩较差时，当期财务报告与上期财务报告相似度高，这与Li(2008)和王克敏等(2018)的研究结论一致，公司业绩较差时往往伴随着较低的信息披露透明度。*Growth* 的回归系数在1%水平上显著为负，说明上市公司成长性越高，其公司治理结构、经营状况处于变动发展状态，公司财务报告信息含量更高，相似度更低。*Topshare* 的回归系数在1%水平上显著为负，说明上市公司第一大股东持股比例越高，股权集中度越高，财务报告披露相似度越低。*Big4* 的回归系数在10%水平上显著为正，说明由国际四大会计师事务所审计的上市公司，财务报告相似度更高。而其他公司治理指标，如两职合一、董事会规模和独立董事比例，对财务报告文本相似度无显著影响。

四、2013年混合所有制改革政策的影响

2013年11月，中共十八届三中全会正式提出"积极发展国有资本、集体资本、非公有资本等交叉持股、相互融合的混合所有制经济"。混合所有制改革政策的正式推出为民营企业引入国有资本参与混合所有制改革提供了一种隐性助力(逯东等，2019)。在当前混合所有制改革过程中，民营企业引入国有资本对财务报告信息披露行为的影响

第六章 国有资本参股与民营企业信息披露文本特征：基于文本相似度的视角

更加显著。为了验证上述观点，我们根据中共十八届三中全会的召开时间(2013年11月)将全样本分为混合所有制改革政策推出前(2008—2012年)和混合所有制改革政策推出后(2013—2016年)两组样本，分别进行回归检验。

表6.5中(1)列和(2)列回归结果显示，在混合所有制改革政策正式推出前，State的回归系数为负但不显著($\beta_1=-0.024, t=-1.30$)，在混合所有制改革政策正式推出后，State的回归系数在10%水平上显著为正($\beta_1=0.019, t=1.88$)。这说明2013年中共十八届三中全会正式提出混合所有制改革以后，民营上市公司引入国有资本参股对年度财务报告文本相似度的影响更加显著。中共十八届三中全会第一次将发展混合所有制经济和混合所有制改革上升到国家顶层制度设计层面，为民营企业引入国有资本发展混合所有制经济以及对信息披露行为的影响提供了助推力。

表6.5 2013年混合所有制改革政策对文本相似度的影响

variables	2013以前 (1)	2013以后 (2)
State	−0.024 (−1.30)	0.019* (1.88)
Lev	0.084*** (2.74)	0.013 (0.49)
Size	−0.009 (−1.50)	0.053*** (9.80)
ROA	−0.108 (−0.98)	−0.179* (−1.91)
Growth	−0.012 (−0.75)	−0.044*** (−3.97)
Topshare	−0.000 (−0.20)	−0.002*** (−5.78)
Dual	0.023** (2.15)	−0.010 (−1.13)

(续表)

variables	2013 以前	2013 以后
	(1)	(2)
$Board$	0.004 (0.12)	0.031 (0.96)
$Indep$	−0.014 (−0.12)	0.126 (1.27)
$Big4$	0.119*** (3.71)	−0.015 (−0.48)
$Constant$	0.515*** (3.29)	−0.740*** (−5.12)
$Year\ FE$	Yes	Yes
$Firm\ FE$	Yes	Yes
N	1 488	2 666
Adj_R^2	0.012	0.070

注：①***、**、*分别表示在1%、5%、10%水平上显著；②下方括号内提供的 t 值经过异方差稳健修正。

五、稳健性检验

第一，考虑分析师外部监督作用。已有文献发现，分析师对上市公司高管信息披露决策产生重要影响（Hong 和 Kacperczyk，2010）。一方面，分析师专业的信息收集和解读能力对上市公司信息披露行为发挥监督作用；另一方面，上市公司高管为了迎合分析师的预测目标会采取策略性信息披露行为，降低公司信息披露质量。在稳健性检验中，本章在控制变量中增加了分析师跟踪（$Analyst\_Follow$），使用上市公司分析师跟踪数量的自然对数来度量分析师跟踪。表6.6(1)列回归结果显示，$State$ 的回归系数在10%水平上依然显著为正（$\beta_1=0.015$，$t=1.67$）。

第二，替代变量。在稳健性检验中，使用连续性变量"国有股东持股比例"度量民营上市公司引入国有资本参股的程度。参考以往文献

第六章　国有资本参股与民营企业信息披露文本特征：基于文本相似度的视角

考察不同性质股权的制衡度，本章构造变量 $Mixed$，即国有股权比例与民营股权比例的比值。表 6.6 中(2)列回归结果显示，$Mixed$ 的回归系数依然在 10% 水平上依然显著为正（$\beta_1=0.002,t=1.83$）。

第三，单独考察引入国有资本参股导致控制权变更的情形，设置国有控股的虚拟变量（$State\_Control$），若国有股东在 t 年开始控股公司，则该虚拟变量在 t 年及以后年度取值为 1，$t-1$ 年及以前年度取值为 0。表 6.6 中(3)列回归结果显示，$State\_Control$ 的回归系数显著为正，在 1% 水平上通过了显著性检验（$\beta_1=0.069,t=2.93$）。

表 6.6　稳健性检验

variables	Sim (1)	Sim (2)	Sim (3)
$State$	0.015* (1.67)	——	——
$Mixed$	——	0.002* (1.83)	——
$State\_Control$	——	——	0.069*** (2.93)
Lev	0.017 (0.78)	0.033 (1.59)	0.034* (1.74)
$Size$	0.037*** (7.90)	0.032*** (7.48)	0.032*** (7.75)
ROA	−0.104 (−1.38)	−0.149** (−2.03)	−0.089** (−2.20)
$Growth$	−0.030*** (−3.30)	−0.033*** (−3.53)	−0.032*** (−3.52)
$Topshare$	−0.001*** (−5.02)	−0.001*** (−4.98)	−0.001*** (−5.02)
$Dual$	0.003 (0.38)	0.002 (0.22)	0.003 (0.48)
$Board$	0.024 (0.98)	0.030 (1.19)	0.023 (0.93)

(续表)

variables	Sim (1)	Sim (2)	Sim (3)
$Indep$	0.068 (0.89)	0.058 (0.75)	0.067 (0.87)
$Big4$	0.038* (1.69)	0.047** (2.04)	0.040* (1.78)
$Analyst$	−0.007*** (−2.59)	——	——
$Constant$	−0.390*** (−3.38)	−0.305*** (−2.80)	−0.319*** (−2.93)
$Year\ FE$	Yes	Yes	Yes
$Firm\ FE$	Yes	Yes	Yes
N	4 154	4 154	4 154
Adj_R^2	0.036	0.036	0.035

注：① ***、**、* 分别表示在1%、5%、10%水平上显著；②下方括号内提供的 t 值经过异方差稳健修正。

第四，倾向得分匹配样本回归结果。经过筛选，在2008—2015年有275家上市公司引入国有股东，一共获得847个观测值。为了克服内生性问题导致的回归系数估计偏差，本章运用倾向得分匹配法(Propensity Score Matching, PSM)，以未发生国有资本参股的民营上市公司作为对照组(control group)，以发生国有资本参股的民营上市公司作为处理组(treated group)，比较两组公司文本相似度的差异，以更好地反映民营企业引入国有资本参股与文本相似度之间的因果关系。考虑到影响公司信息披露行为的公司特征因素，匹配变量主要包括公司规模、负债水平、盈利能力、成长性、审计意见、公司年龄、董事会规模、第一大股东持股比例、行业等特征指标。

表6.7报告了倾向得分匹配法的检验结果。由表6.7可知，无论是最邻近匹配法、核匹配法还是马氏匹配法，使用倾向匹配得分法匹配以后，处理组(国有资本参股)的文本相似度均显著高于控制组(国有

资本未参股)的文本相似度,其差异 t 值均在 1% 水平上显著($t=5.00$;$t=5.22$;$t=3.64$)。这一结果与前文主回归结果一致,说明本章的研究结论是稳健的。

表 6.7 倾向匹配得分法结果分析

匹配方法	匹配情况	Treated	Control	Difference	T value
Panel A: 最邻近匹配法	匹配前	0.473	0.403	0.070	7.65***
	匹配后	0.473	0.414	0.059	5.00***
Panel B: 核匹配法	匹配前	0.473	0.403	0.070	7.65***
	匹配后	0.473	0.422	0.052	5.22***
Panel C: 马氏匹配法	匹配前	0.473	0.403	0.070	7.65***
	匹配后	0.473	0.423	0.050	3.64***

注:***、**、* 分别表示在 1%、5%、10% 水平上显著。

第五节 进一步分析

一、国有资本参股与信贷资源获取

我国新兴加转轨的市场经济特征决定了我国国有银行的信贷决策对不同所有制企业存在明显的"信贷歧视"(Brandt 和 Li,2003)。"信贷歧视"使得民营企业面临严重的融资约束,严重制约民营企业的发展潜力和经营活力。混合所有制改革有助于国有企业与民营企业在公平的市场环境下共同成长、共同发展,在提升创新研发实力和国际市场竞争力方面产生融合效应。随着国有资本参股,民营上市公司可以通过国有股东与政府建立直接或者间接的关系,向外界传递了民营上市公司得到国有企业和政府支持的信号,更容易获得银行信贷资源(宋增基等,2014)。这种融资便利使得上市公司出于融资目的而进行信息披露的动机减弱。孙铮等(2006)研究还发现,由于国有企业背后有政府为贷款提供隐形担保,会计信息在国有企业债务契约中的作用明显小于民营企业。国有资本参股的民营上市公司通过充分的信息披露来缓解交易双方信息不对称的动机减弱。因此,国有资本参股导致民营企业财务报告信息披露文本相似度提高。

本章参考方军雄(2007)的研究,设置三个银行信贷代理变量,即长期负债比率(长期负债/资产)、债务期限结构(长期负债/负债)和银行信贷总额(银行贷款/收入),其中银行贷款总额是企业短期借款、一年内到期的非流动负债和长期借款的总和。本章选取的控制变量同上文主回归一致,即资产负债率(Lev)、公司规模($Size$)、盈利能力(ROA)、成长性($Growth$)、股权集中度($Topshare$)、两职合一($Dual$)、董事会规模($Board$)、独立董事比例($Indep$)、是否由国际四大会计师事务所审计($Big4$),同时包含年度固定效应和公司固定效应。

回归结果如表6.8所示。表6.8中(1)列显示,国有资本参股以后,民营上市公司长期负债比例显著提高,$State$ 的回归系数在1%水平上显著为正($\beta_1=0.051, t=3.49$);表6.8中(2)列显示,国有资本参股以后,民营上市公司长期负债占总债务的比例显著提高,$State$ 的回归系数在1%水平上显著为正($\beta_1=0.004, t=4.12$),即债权人给民营上市公司的信用期限普遍延长;表6.8中(3)列显示,国有资本参股以后,$State$ 的回归系数在1%水平上显著为正($\beta_1=0.007, t=3.74$),民营上市公司获得的银行贷款额度显著增加。综上所述,国有资本参股民营上市公司形成混合股权结构以后,公司信贷资源获取能力显著提高,公司高管信息披露的融资动机显著降低,财务报告与以前年度财务报告相比文本相似度提高。

表6.8 国有资本参股与民营企业资源获取

variables	(1) Long_loan	(2) Maturity	(3) Bank_loan	(4) Subsidy
$State$	0.051*** (3.49)	0.004*** (4.12)	0.007*** (3.74)	0.009*** (3.55)
Lev	0.951*** (29.54)	0.038*** (19.76)	0.044*** (10.07)	0.016*** (2.95)

(续表)

variables	(1) Long_loan	(2) Maturity	(3) Bank_loan	(4) Subsidy
Size	0.041*** (6.35)	0.004*** (11.49)	0.007*** (8.57)	−0.005*** (−4.86)
ROA	−1.736*** (−15.39)	−0.022*** (−3.38)	−0.052*** (−3.41)	0.119*** (6.32)
Growth	−0.059*** (−3.97)	−0.003*** (−3.92)	−0.006*** (−2.99)	−0.008*** (−3.20)
Topshare	0.000 (1.22)	−0.000 (−0.88)	−0.000 (−1.43)	−0.000 (−1.26)
Dual	−0.008 (−0.71)	0.000 (0.74)	0.001 (0.87)	−0.002 (−1.17)
Board	0.002 (0.06)	−0.002 (−0.86)	0.003 (0.62)	−0.002 (−0.26)
Indep	0.277** (2.29)	−0.004 (−0.56)	−0.001 (−0.08)	−0.008 (−0.39)
Big4	−0.005 (−0.13)	0.002 (0.91)	0.003 (0.60)	0.002 (0.26)
Constant	−0.933*** (−5.53)	−0.088*** (−8.86)	−0.153*** (−6.75)	0.119*** (4.20)
Year FE	Yes	Yes	Yes	Yes
Firm FE	Yes	Yes	Yes	Yes
N	4 923	4 923	4 923	4 923
Adj_R²	0.333	0.204	0.088	0.012

注:①***、**、*分别表示在1%、5%、10%水平上显著;②下方括号内提供的 t 值经过异方差稳健修正。

二、国有资本参股与政策资源获取

作为新兴市场经济国家,我国政府在经济发展过程中扮演着重要角色。政府的"扶持之手"主要表现为政府补助、税收优惠和信贷优惠等政策。为了支持相关产业发展,中央政府根据当前经济发展形势和未来发展规划,经常通过拨付财政补贴或减免税收等形式给企业提供政府补助(Faccio 等,2006)。而且地方政府为了在"政治锦标赛"中取得竞争优势,地方官员为了获得更好的政治晋升机会,都会通过政府补助的形式支持地方企业发展。与未受到产业政策鼓励和支持的企业相比,受到政府支持的企业更容易达到 IPO 财务业绩门槛,获得稀缺的 IPO 资源,增加企业投资,扩大企业发展规模,而且在陷入经营困境的关键时刻能够接受政府"输血",避免经营破产(潘越等,2009)。国有资本参股为民营上市公司带来了政治关联优势,对民营企业获取财政补贴、税收优惠等政府补助的可能性及所获补助的金额具有积极的影响(余明桂等,2010),有助于支持民营企业在更加公平的市场环境下经营发展。因而,国有资本参股的民营上市公司进行信息披露的动机因政府资源获取能力提升而减少。

参考已有文献的研究,本章选取财务报表附注中营业外收入明细数据库中的政府补助数据,采用将政府补助除以资产额的方式对补助进行标准化处理,度量上市公司政府资源获取能力($Subsidy$)。本章选取的控制变量同本章第三节一致,包括资产负债率(Lev)、公司规模($Size$)、盈利能力(ROA)、成长性($Growth$)、股权集中度($Topshare$)、两职合一($Dual$)、董事会规模($Board$)、独立董事比例($Indep$)、是否由国际四大会计师事务所审计($Big4$),同时包含年度固定效应和公司固定效应。

表 6.8 中第(4)列回归结果显示,$State$ 的回归系数是 0.009,并且在 1% 水平上显著正相关($t=3.55$)。这说明,引入国有资本参股有助于民营企业获取政府的稀缺资源。国有资本参股为民营上市公司带来了政治关联优势,使得民营上市公司拥有更多享受政治资源和政府政策支持的机会,政府补助收入显著增加,进而影响了公司信息披露动机和行为。从控制变量回归结果来看,资产负债率(Lev)、公司规模($Size$)、盈利能力(ROA)、成长性($Growth$)等公司层面财务特征均显著影响民营上市公司政府补助的获取;而样本公司的其他公司治理特

征对获取政府补助影响不大。

三、国有资本参股与细分年度财务报告文本相似度

上市公司年度财务报告披露内容涉及基本情况、经营业务、公司治理、财务报表、审计报告等众多章节。由于不同章节披露内容不同,民营企业引入国有资本参股对年报不同章节文本相似度特征的影响亦存在差异。其中,MD&A一直被认为是上市公司财务报告文本信息披露的"灵魂"。MD&A由回顾和展望两部分内容构成,其中回顾部分包括主要经营业务、利润构成、资产负债状况和投资状况。在这一部分中,公司高管从业务层面对当期财务报表数据发生变动的原因作出解释,对当期发生的影响信息使用者决策判断的重大投资活动和业务调整进行说明。展望部分主要讨论公司未来的发展战略、下一年度的经营计划以及公司可能面临的风险。孟庆斌等(2017)认为展望部分比回顾部分提供了更多的与决策相关的增量信息,有助于外部信息使用者减少关于公司未来价值判断的不确定性。因此,国有资本参股对回顾部分文本相似度的影响要高于对展望部分的。

对于非MD&A部分,"股份变动及股东情况""董事、监事、高级管理人员和员工情况"和"公司治理"章节主要介绍公司治理状况,除非公司当期发生并购重组、控制权转移等影响公司治理结构和人员结构的重大事项,否则当期该部分文本内容与上一期相比不会发生显著变化。总体来看,"公司治理"章节文本内容具有较高的稳定性。"财务报表附注"主要反映公司编制财务报表过程中采用的会计政策和会计估计。由于会计政策和会计估计兼具强制性和选择性特征,会计政策的变更通常被外界认为是上市公司进行盈余管理的工具(张海平和吕长江,2011)。因此,上市公司变更会计政策和会计估计时会格外慎重,"财务报表附注"中关于会计政策和会计估计的文本内容亦具有较高的稳定性。与年报其他章节内容相比,国有资本参股更有可能导致"公司治理"和"财务报表附注"文本相似度提高。

本章对上市公司年度财务报告文本进一步细化处理,分别检验民

营企业引入国有资本参股对"公司治理""财务报表附注""MD&A 回顾部分"和"MD&A 展望部分"文本相似度的影响。表 6.9 中(1)列结果显示,民营企业引入国有资本参股与"公司治理"部分文本相似度在 1% 水平上显著正相关 ($\beta_1 = 0.032, t = 4.28$);表 6.9 中(2)列结果显示,民营企业引入国有资本参股与"财务报表附注"部分文本相似度在 10% 水平上显著正相关 ($\beta_1 = 0.016, t = 1.74$);表 6.9 中(3)列结果显示,民营企业引入国有资本参股与"MD&A 回顾部分"文本相似度在 10% 水平上显著正相关 ($\beta_1 = 0.014, t = 1.95$);表 6.9 中(4)列结果显示,民营企业引入国有资本参股与"MD&A 展望部分"文本相似度正相关但系数不显著 ($\beta_1 = 0.008, t = 0.99$)。上述回归结果证实了年报不同章节文本特征和信息含量的异质性导致民营企业引入国有资本参股形成混合股权结构,对年报不同章节文本相似度的影响存在显著差异。同时,该实证结果进一步证明了"MD&A 展望部分"的信息含量和决策有用性,这与孟庆斌等(2017)对 MD&A 相似度与股价崩盘风险相关性的研究结论一致。

表 6.9 国有资本参股与细分年度财务报告文本相似度

variables	Gov_Sim (1)	Footnote_Sim (2)	Rev_Sim (3)	Pre_Sim (4)
State	0.032*** (4.28)	0.016* (1.74)	0.014* (1.95)	0.008 (0.99)
Lev	−0.004 (−0.24)	−0.003 (−0.15)	−0.041** (−2.43)	−0.078*** (−3.97)
Size	0.018*** (5.17)	0.031*** (7.07)	0.015*** (4.44)	0.014*** (3.58)
ROA	−0.121* (−1.96)	−0.227*** (−2.94)	−0.182*** (−3.08)	−0.145** (−2.10)
Growth	−0.017** (−2.22)	−0.041*** (−4.19)	−0.004 (−0.52)	0.015* (1.68)
Topshare	−0.001*** (−3.76)	−0.001*** (−3.62)	−0.000 (−1.21)	−0.000** (−1.97)

(续表)

variables	Gov_Sim (1)	Footnote_Sim (2)	Rev_Sim (3)	Pre_Sim (4)
Dual	−0.008 (−1.29)	−0.002 (−0.21)	−0.006 (−1.01)	0.014** (2.08)
Board	0.024 (1.11)	0.006 (0.21)	−0.001 (−0.02)	0.008 (0.35)
Indep	0.003 (0.05)	−0.089 (−1.08)	−0.033 (−0.53)	0.041 (0.55)
Big4	0.007 (0.35)	0.048** (2.02)	0.024 (1.27)	0.033 (1.52)
Constant	−0.046 (−0.50)	−0.167 (−1.44)	0.040 (0.45)	−0.020 (−0.19)
Year FE	Yes	Yes	Yes	Yes
Firm FE	Yes	Yes	Yes	Yes
N	3 815	3 834	4 043	4 072
Adj_R^2	0.020	0.030	0.006	0.004

注：①***、**、* 分别表示在1％、5％、10％水平上显著；②下方括号内提供的 t 值经过异方差稳健修正；③回归样本数量减少是细分年报文本过程造成部分回归样本数据缺失所致。

第六节　本章小结

本章以2008—2016年中国沪深两市A股非金融类民营上市公司为研究样本，运用机器学习法对上市公司财务报告进行文本处理，考察引入国有资本参股对民营上市公司财务报告文本相似度的影响。研究发现，国有资本参股民营上市公司导致其当期年度财务报告与上一期相比文本相似度显著提高。并且2013年混合所有制改革政策正式推出以后，民营上市公司引入国有资本参股对信息披露文本相似度的影响更加显著。

进一步检验发现,首先,国有资本参股显著提高了民营上市公司的信贷资源获取能力,长期负债金额、银行贷款金额和长期负债比率都显著增加;国有资本参股也显著提高了民营上市公司的政策资源获取能力,政府补助金额显著增加。资源获取能力的提高降低了公司信息披露的动机和财务报告的信息含量,导致财务报告文本相似度上升。其次,通过对年度财务报告各章节内容进行细分发现,民营上市公司引入国有资本参股导致文本相似度上升主要发生在"公司治理""财务报表附注""MD&A回顾部分",而对文本信息含量丰富的"MD&A展望部分"无显著影响。因而,民营企业引入国有资本参股对财务报告文本相似度的影响因财务报告不同章节内容特征的差异而存在显著不同。

随着计算机编程和移动互联网技术在会计学和财务学研究中的应用,对会计文本进行处理分析以及大数据搜集为会计学提供了更多的研究机会,成为未来研究的主流趋势。本章结合当前混合所有制改革的政策热点,研究民营上市公司引入国有资本参股对信息披露文本特征的影响,丰富了混合所有制改革和信息披露相关研究成果。本章的研究结论有助于理论界和实务界全面认识混合所有制改革对企业信息披露行为的影响,为监管机构今后制定混合所有制改革方案和信息披露监管政策提供了有利的参考和借鉴,有助于中国经济全面深化改革,促进资本市场繁荣稳定。

第七章 国有资本参股与民营企业会计信息质量：基于盈余管理的视角

第一节 问题的提出

自从2013年中共十八届三中全会提出"发展混合所有制经济"以来，混合所有制改革成为当前中国经济体制改革在微观企业层面的关键内容和具体体现。混合所有制改革支持国有资本与民营资本形成交叉持股、互相融合的混合股权结构，解决了"国进民退"和"国退民进"的长期纷争，有助于实现"国民共进""国民共赢"的融合效应，形成经济发展的合力和正能量。在微观企业层面，混合所有制改革一方面推动了国有企业改革进程、激活了国有资本效率，另一方面拓宽了民营企业的投资渠道、降低了民营企业的融资成本，为民营企业提供了更好的发展环境和更为公平的市场主体地位，对民营企业内部的治理结构、经营决策和信息披露行为均产生了重要影响。

中共十八届三中全会召开以后，我国混合所有制改革深入进行，国内学者对混合所有制的研究日益增多。现有研究成果主要从股权结构和高层治理两个层面考察混合股权结构对企业行为的影响。在股权结构方面，已有研究证实了混合股权对企业绩效具有积极效应，可以使民营企业共享资源配置的优势（陈建林，2015；郝阳和龚六堂，2017），提高企业全要素生产率（刘晔等，2016），有效抑制企业的过度投资行为，提高企业现金持有水平（杨兴全和尹兴强，2018）。高层治理是在股权结构研究的基础上,进一步考察股东是否委派董事、监事和高管进入公司参与决策对公司行为的影响。刘运国等(2016)发现只有当非国有股东委派人员进入董事会时,混合所有制改革才有助于提高国有企业的内部控制质量。蔡贵龙等(2018a)发现非国有股东向国有企业委派高管有利于提高国有企业高管的薪酬业绩敏感性。逯东等(2019)认为非实际控制人股东具有董事会权力有助于提高并购效率。

通过对以往文献的梳理,可以发现有以下几点问题值得深入研究和探讨。

首先,"混合所有制"是国有资本和非国有资本交叉持股、相互融合的股权结构(郝阳和龚六堂,2017),既允许民营资本参股国有企业,也允许国有资本参股民营企业。国有企业是混合所有制改革的主体,民营企业参与混合所有制改革主要有两条途径,即"混改双通道":一是民营企业参股国有企业,国有企业引入民营资本;二是国有企业参股民营企业,民营企业引入国有资本。但是,现有文献主要关注国有企业引入民营资本这类混合所有制改革的经济后果,对民营企业引入国有资本的相关研究成果尚不丰富。

其次,鲜有研究从会计信息披露质量的视角研究混合所有制改革的经济后果。盈余管理是上市公司的一种常见行为,具体包括应计盈余管理和真实盈余管理。其中,应计盈余管理主要是公司会计人员通过对会计政策、会计估计的应用调整会计数据;真实盈余管理则是通过对公司实际经营活动进行操纵来调节财务报表数字,改变公司的盈余分布,实质上降低了公司的会计信息质量(范经华等,2013)。盈余管理的影响因素和行为动机一直是学术界关注的热点问题。因此,本章试图从民营企业引入国有股东参股这一重要的治理机制入手,探讨影响民营企业盈余管理行为的因素。

本章可能的研究贡献主要包括以下几个方面。

第一,作为新兴市场经济国家,我国上市公司的股权结构仍处于频繁的动态调整过程中。本章依托中国特有的制度背景,考察民营上市公司引入国有资本参股形成混合股权结构对公司盈余管理行为的影响,丰富了盈余管理影响因素的研究成果。

第二,不同于已有文献主要关注混合所有制改革对企业经营业绩、投资活动、创新产出的影响(Sun 等,2002;郝阳和龚六堂,2017;王业雯和陈林,2017),本章从盈余管理的视角考察混合所有制改革对会计信息质量的影响,有助于政策制定机构、实务界和理论界全面认识我国混合所有制改革的经济后果。

第三,本章揭示了民营企业引入国有资本参股降低盈余管理的内在传导机制。本章研究发现,民营企业引入国有资本形成混合股权可以改善公司治理机制,特别是当国有股东派出董事、监事、高管参与高层治理时,民营企业进行会计信息操纵的机会会明显减少;同时民营企业引入国有资本可以提高公司经营业绩,减少高管操纵会计信息的动机,进而减少民营企业的盈余管理行为。

第四,本章进一步考察了地区市场化进程以及2013年混合所有制改革政策正式推行的影响,有助于深化对民营企业引入国有资本参股与会计信息质量之间关系的认识。

第二节 理论分析与研究假设

根据中国民营经济研究会于2023年发布的《中国家族企业与共同富裕研究报告》,家族企业占民营企业总数的80%以上。家族化经营是中国民营企业典型的治理模式。而民营企业引入国有资本发展混合所有制经济是一个股权结构和高层治理结构重构的过程,股权结构与高层治理对企业的盈余管理水平有重大的影响。

一、股权结构重构与盈余管理

民营企业引入国有资本参股可以形成混合股权结构,与单一股权结构相比,多元化股权结构对规范公司法人治理结构、提高会计信息质量具有积极影响。在股权集中的民营企业,大股东与中小股东之间矛盾形成的第二类代理问题尤为突出(Shleifer 和 Vishny,1997),如何进行制衡监督、减少实际控制人"一言堂"行为是公司治理的核心问题。性质多样化的股东能够相互监督,提高决策效率。由于不同类型的股东之间的经营目标和决策模式存在显著差异,为了维护自身利益不受侵害,不同性质股东在公司经营决策过程中会积极发挥对控股股东或实际控制人的制衡监督作用,约束其违规和低效行为。现有文献还发现,不同类型股东的股权制衡有助于降低公司权益融资成本(Attig 等,2008),增加公司盈余信息含量,改善信息环境(Boubaker 和 Sami,2011)等。因而,民营上市公司引入国有资本参股之后,混合股权结构对公司高管的盈余管理行为具有抑制作用,国有股东的监督制衡作用降低了高管盈余管理的实施机会。

在当前我国混合所有制改革背景下,许多民营企业对投资国有企业仍然持观望态度。究其原因,民营企业担心自己没有足够的话语权,难以凭借其持有的国有股权真正影响国有企业的经营决策。产权性质的差异导致国有企业在资源分配、市场地位、政府支持等方面相对于民营企业有显著的优势(Brandt 和 Li,2003;方军雄,2007;Zhou 等,2015),国有股东投资可以将自身优势注入民营企业。这种优势无形之中增加了国有股东在监督和决策过程中的"底气"和"话语权"。因此,与民营股东投资国有企业进行混合所有制改革相比,国有股东投资民营企业能够对民营企业的经营决策、治理结构和会计信息质量产生更大的影响。

二、高层治理结构与盈余管理

民营企业引入国有股东的治理效应不仅体现在股东行为层面,而且进一步延伸到高层治理层面。已有研究证实,民营企业只有在持有国有企业股份的同时委派董事、监事、高管,才能拥有"话语权",充分发挥监督和决策职能,提高国有企业内部控制质量(刘运国等,2016),提高国有企业的高管薪酬业绩敏感性(蔡贵龙等,2018a)和并购效率(逯东等,2019)。同样,国有股东投资民营企业并委派人员进入董事会、监事会和高管层,更有利于国有股东了解民营企业日常经营活动和内部决策行为,并对民营企业行为实施有效的监督,进而减少盈余管理行为。

进一步,民营企业引入国有资本是一个"国民共进"的过程。郝阳和龚六堂(2017)认为混合所有的股权结构能够显著提高公司绩效。国有股东参股为民营上市公司注入了国有资本的资源优势、人才技术、品牌价值和管理优势。与此同时,民营上市公司凭借其经营灵活性、市场灵敏度、企业家精神和高效的激励机制,可以实现与国有资本的优势互补、互利共赢,提高企业经营业绩。以经营业绩为基础的债务契约和激励契约是公司高管进行盈余操纵和披露择时的主要动机(Bergstresser和Philippon,2006;卢太平和张东旭,2014),伴随着公司经营业绩和市场竞争实力的上升,公司高管进行盈余管理的动机明显降低。

Johnson等(2002)曾指出,在新兴加转轨市场经济国家中,随着发展规模的壮大,外部融资成为制约民营企业发展的重要因素。民营企业的产权性质导致其很多时候不能同国有企业一样方便地使用生产要素、获取信贷资源。民营企业在获取信贷融资进行再投资的过程中,不得不接受更为严苛的以会计数据为基础的债务契约条款(罗党论和甄丽明,2008)。债务契约假说认为,在其他条件不变的情况下,当公司面临或者已经违反债务契约时,公司高管更有可能通过盈余管理将未来期间的会计收益转移到当期。而国有股东投资可以显著改善民营上市公司的外部生存环境和融资困境,使民营上市公司更有可能以较低的贷款利率获得金融机构的信贷融资,提高投资效率和经营业绩,削弱公司高管为防止债务契约违约而进行高风险盈余管理活动的动机。

基于以上理论分析,本章提出假设7-1:

假设7-1:国有资本参股降低民营企业盈余管理程度。

第三节 研 究 设 计

一、数据来源与样本选取

本章以2008—2016年中国沪深两市A股民营上市公司为研究对

象。样本之所以选择从2008年开始,是因为财政部规定上市公司从2007年起执行新《企业会计准则》,参照以往文献(Barth等,2012;汪祥耀和叶正虹,2011)的做法,剔除更换会计准则不满一年(IFRS,2005;CAS,2007)的样本。为了对比国有资本参股对民营上市公司会计信息质量的影响,选择国有资本在2008—2015年参股的民营上市公司作为样本,这样可以保证国有资本参股以后至少有1年的观测值。

本章对初始样本数据进行了如下处理:①考虑到金融类企业所适用的会计准则的特殊性,剔除了所有金融行业的样本;②删除财务数据、公司治理数据缺失的样本;③删除存在不合理数据的样本,如资不抵债公司样本。在经处理后的初始样本基础上,本章选择2007年前十大股东中不存在国有股东的民营上市公司,将其中在2008—2015年前十大股东中开始出现国有股东持股且在样本期间内未发生国有股东反复退出或进入的民营上市公司定义为国有资本参股的民营上市公司,作为处理组;将其中2008—2015年从未发生国有资本参股的民营上市公司作为控制组。最终得到4 977个观测值。

上市公司年度财务报告来源于巨潮资讯网。上市公司财务数据和公司治理数据主要来自国泰安数据库(CSMAR)和锐思数据库(RESSET),最终控制人数据来自万得数据库(Wind)。本章使用的计量分析软件为Stata14.0。

二、变量定义

本章设置如下三类变量。

(1) 解释变量:国有资本参股。设置国有股东持股的虚拟变量($State$),若公司在t年开始前十大股东中有国有股东,则该虚拟变量在t年及以后年度取值为1,$t-1$年及以前年度取值为0。

(2) 被解释变量:民营企业盈余管理行为。本章同时考察民营企业引入国有资本参股对应计盈余管理(accrual earnings management)和真实盈余管理(real earnings management)的影响。与应计盈余管理相比,真实盈余管理主要通过改变真实经营情况进行盈余操纵,实

第七章 国有资本参股与民营企业会计信息质量：基于盈余管理的视角

施代价较高，对公司日后经营发展危害更大。应计盈余管理采用修正的 Jones 模型计算得出，真实盈余管理参照 Roychowdhury（2006）构建的模型计算得出。

（3）控制变量。为了减少公司财务特征、公司治理等因素对上市公司会计信息质量的影响，本章参照胥朝阳和刘睿智（2014）等研究成果，对公司规模（$Size$）、资产负债率（Lev）、盈利能力（ROA）、经营波动性（VC）、经营现金流（Ocf）、公司成立时间（Age）、是否由国际四大会计师事务所审计（$Big4$）、审计意见（AO）和是否增发股份（SEO）加以控制。同时包括公司固定效应和年度固定效应，一定程度上缓解内生性问题。不同类型的变量，其符号和定义如表 7.1 所示。

表 7.1 变量定义

变量类型	变量符号	变量定义
被解释变量	DA	应计盈余管理，采用修正的 Jones 模型（Dechow 等，1995）计算得出
	REM	真实盈余管理，参照 Roychowdhury（2006）构建的模型计算得出
解释变量	$State$	民营上市公司前十大股东中国有股东开始持股的虚拟变量，国有股东开始持股当期及以后取值为 1，否则为 0
控制变量	$Size$	公司规模，即公司总资产的自然对数
	Lev	负债水平，即负债总额除以资产总额
	ROA	公司盈利能力，即净利润除以总资产
	VC	公司最近三年营业收入波动的标准差
	Ocf	经营活动现金流量除以资产总额
	Age	公司成立年数加 1 的自然对数
	$Big4$	虚拟变量，由国际四大会计师事务所审计取值为 1，否则为 0
	AO	虚拟变量，如果公司当期收到标准无保留审计意见取值为 1，否则为 0
	SEO	虚拟变量，公司在未来 2 年内增发股票，取值为 1，否则为 0

三、回归模型

参考 Atanassov(2013)、钟昀珈等(2016)的研究,构造模型(7-1),即利用双重差分模型,将样本期间发生国有资本参股的公司作为处理组、样本期间一直无国有资本参股的公司作为控制组,检验民营上市公司前十大股东中出现国有资本参股对公司盈余管理的影响。如果假设 7-1 成立,那么模型(7-1)中 β_1 的回归系数应显著为负。

$$EM_{i,t} = \beta_0 + \beta_1 State_{i,t} + \beta_2 Size_{i,t} + \beta_3 Lev_{i,t} + \beta_4 ROA_{i,t} + \beta_5 VC_{i,t} + \beta_6 Ocf_{i,t} + \beta_7 Age_{i,t} + \beta_8 Big4_{i,t} + \beta_9 AO_{i,t} + \beta_{10} SEO_{i,t} + Year\ FE + Firm\ FE + \varepsilon_{i,t} \tag{7-1}$$

第四节 实证结果分析

一、描述性统计分析

为了消除极端值的影响,本章在 1% 的水平上对所有连续型变量进行了缩尾处理。表 7.2 描述性统计结果显示,应计盈余管理(DA)的最小值和最大值分别是 −0.231 和 0.330,真实盈余管理(REM)的最小值和最大值分别是 −0.120 和 2.826,说明不同上市公司之间的盈余管理程度存在很大差异。资产负债率(Lev)的均值仅为 0.339,说明民营上市公司总体负债水平小于国有上市公司,体现出民营企业面临的"融资难"现状。在样本期间内,公司规模的自然对数是 21.411,ROA 均值是 5.2%,经标准化处理的经营波动性均值是 0.167,经营活动现金净流量占总资产的比重为 4.2%,仅有 2.2% 的民营上市公司由国际四大会计师事务所审计,88% 的上市公司在上市 2 年内发生配股融资。

表 7.2 主要变量描述性统计

variables	mean	min	p25	p50	p75	max	sd
DA	0.008	−0.231	−0.043	0.000	0.050	0.330	0.090

第七章 国有资本参股与民营企业会计信息质量：基于盈余管理的视角

(续表)

variables	mean	min	p25	p50	p75	max	sd
REM	0.516	−0.120	0.226	0.405	0.663	2.826	0.474
State	0.170	0.000	0.000	0.000	0.000	1.000	0.375
Size	21.411	19.303	20.706	21.280	22.001	24.518	1.008
Lev	0.339	0.031	0.173	0.311	0.483	0.848	0.199
ROA	5.2%	−0.131	0.024	0.051	0.078	0.220	0.051
VC	0.167	0.000	0.067	0.140	0.224	1.018	0.156
Ocf	0.042	−0.180	0.002	0.042	0.085	0.244	0.073
Age	2.505	0.693	2.303	2.565	2.833	3.611	0.466
Big4	2.2%	0.000	0.000	0.000	0.000	1.000	0.147
AO	0.978	0.000	1.000	1.000	1.000	1.000	0.148
SEO	0.881	0.000	1.000	1.000	1.000	1.000	0.323

二、平行趋势检验

为了确保DID模型估计的有效性，本章参考Luong等(2017)的研究，对样本是否满足平行趋势假设进行了检验。其目的是在"实验"开始前，确定处理组和控制组的因变量取值具有相同的变化趋势，即确定在引入国有资本参股之前，样本期间引入国有资本参股的民营上市公司(处理组)与样本期间一直未引入国有资本参股的民营上市公司(控制组)在应计盈余管理和真实盈余管理两个变量的取值上不存在显著差异。如表7.3所示，在民营上市公司引入国有资本参股发生前，应计盈余管理(DA)和真实盈余管理(REM)两个变量在处理组和控制组之间不存在显著差异($t=0.80,t=1.04$)。以上检验结果表明，本章所用样本满足平行趋势假设。

表 7.3 平行趋势检验

变量	处理组	控制组	差值	t 值
DA	0.007	0.009	−0.002	0.80
REM	0.510	0.531	−0.021	1.04

三、主回归检验结果

本章使用模型(7-1)进行回归检验,回归结果如表 7.4 所示。表 7.4 中(1)列回归结果显示,在不考虑控制变量的情况下,$State$ 的回归系数显著为负,并且在10%水平上通过了显著性检验($\beta=-0.006$,$t=-1.78$),表 7.4 中(2)列加入控制变量以后,$State$ 的回归系数在1%水平上显著为负($\beta=-0.008$,$t=-2.79$)。这说明,民营上市公司引入国有资本参股以后,公司应计盈余管理程度显著降低。

表 7.4 国有资本参股与民营企业盈余管理

variables	DA	DA	REM	REM
	(1)	(2)	(3)	(4)
$State$	−0.006* (−1.78)	−0.008*** (−2.79)	−0.036* (−1.80)	−0.059*** (−3.20)
$Size$	——	0.002 (1.61)	——	0.005 (0.54)
Lev	——	−0.009 (−1.31)	——	0.925*** (20.95)
ROA	——	−0.001 (−0.04)	——	0.363** (2.51)
VC	——	−0.002 (−0.33)	——	−0.070 (−1.57)
Ocf	——	−0.676*** (−53.17)	——	0.003 (0.03)
Age	——	−0.004 (−1.61)	——	−0.120*** (−7.15)
$Big4$	——	−0.001 (−0.10)	——	−0.139*** (−3.01)
AO	——	−0.000 (−0.05)	——	0.088** (1.97)
SEO	——	0.057*** (17.83)	——	−0.035* (−1.70)

(续表)

variables	DA (1)	DA (2)	REM (3)	REM (4)
Constant	0.009*** (6.57)	−0.043 (−1.59)	0.522*** (65.56)	0.350* (1.92)
Year FE	Yes	Yes	Yes	Yes
Firm FE	Yes	Yes	Yes	Yes
N	4 977	4 977	4 357	4 357
Adj_R^2	0.001	0.372	0.001	0.136

注：① ***、**、* 分别表示在1%、5%、10%水平上显著；②下方括号内提供的 t 值经过异方差稳健修正。

表7.4中(3)列回归结果显示，在不考虑控制变量的情况下，$State$ 的回归系数显著为负，并且在10%水平上通过了显著性检验（$\beta=-0.036, t=-1.80$），表7.4中(4)列加入控制变量以后，$State$ 的回归系数在1%水平上显著为负（$\beta=-0.059, t=-3.20$），即民营上市公司引入国有资本参股以后，公司真实盈余管理程度显著降低。综上所述，民营上市公司引入国有资本形成混合股权结构可以改善民营企业的内部治理机制，规范信息披露行为，减少高管进行盈余管理的机会和动机，提高会计信息质量。

四、PSM-DID 回归检验结果

由于处理组和控制组样本在公司特征方面可能存在显著差异，本章使用倾向得分匹配法中的最邻近匹配法，将样本期间引入国有资本参股的民营上市公司作为处理组，将样本期间一直未引入国有资本参股的民营上市公司作为控制组，选取公司规模（$Size$）、资产负债率（Lev）、盈利能力（ROA）、经营波动性（VC）、经营现金流（Ocf）、公司成立时间（Age）和是否增发股份（SEO）作为匹配变量，按照进行1对1匹配。以民营上市公司引入国有资本参股的第一年为样本基准，逐年将处理组和控制组公司进行匹配，最终得到的 PSM 样本一共包含

1 564个观测值。

PSM-DID 回归检验结果如表 7.5 所示。表 7.5 中(1)列显示，*State* 的回归系数显著为负，并且在 10% 水平上通过了显著性检验（$\beta=-0.007, t=-1.81$）；表 7.5 中(2)列显示，*State* 的回归系数显著为负，并且在 5% 水平上通过了显著性检验（$\beta=-0.044, t=-2.02$）。PSM-DID 检验结果与预期一致。这表明民营上市公司引入国有资本形成混合股权结构可以显著降低公司的盈余管理程度，提高公司的会计信息质量。

表 7.5　国有资本参股与民营企业盈余管理程度(PSM-DID)

variables	DA	REM
	(1)	(2)
State	−0.007*	−0.044**
	(−1.81)	(−2.02)
Size	0.002	0.006
	(0.88)	(0.46)
Lev	−0.021	0.857***
	(−1.57)	(11.80)
ROA	−0.026	0.437*
	(−0.60)	(1.86)
VC	−0.002	0.007
	(−0.15)	(0.10)
Ocf	−0.586***	0.011
	(−25.72)	(0.09)
Age	−0.005	−0.136***
	(−0.86)	(−4.47)
*Big*4	0.001	−0.134**
	(0.08)	(−2.04)
AO	0.000	0.043
	(0.03)	(0.63)
SEO	0.058***	−0.028
	(8.62)	(−0.77)

(续表)

variables	DA	REM
	(1)	(2)
Constant	−0.039	0.379
	(−0.72)	(1.29)
Year FE	Yes	Yes
Firm FE	Yes	Yes
N	1 564	1 564
Adj_R^2	0.306	0.122

注：①***、**、*分别表示在1%、5%、10%水平上显著；②下方括号内提供的 t 值经过异方差稳健修正。

五、稳健性检验

为了验证研究结论的可靠性，本章进行了如下稳健性检验。

第一，替换关键变量度量方式。将民营上市公司前十大股东中国有股东持股比例之和达到 5% 以上视为民营企业引入国有资本参股进行反向混合所有制改革，State 取值为1，否则为0。检验结果如表 7.6 (1)列和表 7.7 中(1)列所示，State 的回归系数分别在 5% 和 1% 水平上显著负相关（$\beta=-0.009, t=-2.08; \beta=-0.105, t=-3.80$）。在主回归检验中，使用 0—1 虚拟变量度量国有参股。在稳健性检验中，使用国有参股比例这一连续性变量进行度量。表 7.6 中(5)列回归结果显示，State2 的回归系数负相关但未通过显著性检验（$\beta=-0.011, t=-0.66$）；表 7.7 中(5)列回归结果显示，State2 的回归系数在 1% 水平上显著负相关（$\beta=-0.305, t=-3.44$）。这一定程度上说明，无论是从国有资本参股"质"的角度还是从国有资本参股"量"的角度，国有资本参股都对民营上市公司盈余管理行为具有抑制作用。

第二，考虑管理层权力对盈余管理的影响。管理层实际拥有的权力大小受公司内部和外部治理机制的影响，并对公司决策方式和决策效率产生重要影响。在稳健性检验中增加董事长和总经理两职合一的虚拟变量($Dual$)和高管持股比例($Manage\_share$)作为控制变量。回归结果如表7.6(2)列和表7.7中(2)列所示,在控制了管理层权力以后,$State$的回归系数依然为负并在1%水平上显著($\beta=-0.008, t=-2.83; \beta=-0.058, t=-3.10$)。

第三,考虑机构投资者持股对盈余管理的影响。机构投资者的监督能够提高公司信息披露透明度和会计信息质量(Luong等,2017)。因而,在稳健性检验中增加机构投资者持股比例作为控制变量。回归结果如表7.6(3)列和表7.7中(3)列所示,在控制了机构投资者持股比例以后,$State$的回归系数依然为负,在1%水平上显著($\beta=-0.008, t=-2.76; \beta=-0.070, t=-3.79$)。

第四,排除"政治成本假说"替代性解释。Watts和Zimmerman(1978)提出"政治成本"是企业会计政策选择和盈余管理的主要影响因素之一。民营企业为了避免国有资本参股带来的超额收益可能引起的政治成本,倾向于通过会计政策选择来隐藏、延迟本期利润至后期,降低企业的"政治热度",避免监管机构采取严厉的监管措施;或通过增加企业社会责任负担缓解社会公众对企业的质疑和关注。参考以往的研究,本章以冗员率作为公司政治成本的替代变量。公司冗员等于公司每年雇员人数减去该年度该行业企业雇员的中位数,冗员率等于公司冗员数除以公司员工总数。回归结果如表7.6(4)列和表7.7中(4)列所示,在控制了公司冗员率以后,$State$的回归系数为负,并在1%水平上显著($\beta=-0.008, t=-2.78; \beta=-0.058, t=-3.15$)。

综合上述稳健性检验结果,本章的研究结论是比较稳健的。

表7.6 稳健性检验——应计盈余管理

variables	DA	DA	DA	DA	DA
	(1)	(2)	(3)	(4)	(5)
$State$	−0.009**	−0.008***	−0.008***	−0.008***	——
	(−2.08)	(−2.83)	(−2.76)	(−2.78)	
$State2$	——	——	——	——	−0.011
					(−0.66)

(续表)

variables	DA (1)	DA (2)	DA (3)	DA (4)	DA (5)
Size	0.002 (1.36)	0.002 (1.56)	0.002 (1.62)	0.003** (1.97)	0.001 (0.95)
Lev	−0.008 (−1.22)	−0.009 (−1.36)	−0.009 (−1.31)	−0.009 (−1.36)	−0.007 (−1.09)
ROA	−0.002 (−0.10)	−0.000 (−0.01)	−0.000 (−0.02)	−0.000 (−0.01)	0.001 (0.05)
VC	−0.002 (−0.31)	−0.002 (−0.36)	−0.002 (−0.32)	−0.004 (−0.63)	−0.002 (−0.24)
Ocf	−0.676*** (−53.16)	−0.676*** (−53.16)	−0.676*** (−53.15)	−0.677*** (−53.20)	−0.677*** (−22.41)
Age	−0.004 (−1.59)	−0.004* (−1.66)	−0.004 (−1.61)	−0.004* (−1.72)	−0.004** (−1.66)
Big4	−0.001 (−0.08)	−0.001 (−0.13)	−0.001 (−0.09)	−0.001 (−0.16)	0.001 (0.03)
AO	−0.001 (−0.03)	−0.001 (−0.04)	−0.001 (−0.06)	0.002 (0.27)	−0.001 (−0.07)
SEO	0.057*** (17.80)	0.057*** (17.83)	0.057*** (17.83)	0.057*** (17.86)	0.057*** (13.35)
Dual	——	−0.001 (−0.63)	——	——	——
Manage_share	——	−0.001 (−0.30)	——	——	——
Institution_share	——	——	−0.001 (−0.22)	——	——
Staff_burden	——	——	——	−0.001 (−1.58)	——
Constant	−0.037 (−1.38)	−0.040 (−1.46)	−0.044 (−1.60)	−0.056** (−1.98)	−0.024 (−1.01)

(续表)

variables	DA (1)	DA (2)	DA (3)	DA (4)	DA (5)
Year FE	Yes	Yes	Yes	Yes	Yes
Firm FE	Yes	Yes	Yes	Yes	No
Industry FE	No	No	No	No	Yes
N	4 977	4 977	4 977	4 977	4 977
Adj_R^2	0.372	0.372	0.372	0.373	0.377

注：① ***、**、* 分别表示在1%、5%、10%水平上显著；② 下方括号内提供的 t 值经过异方差稳健修正。

表 7.7　稳健性检验——真实盈余管理

variables	REM (1)	REM (2)	REM (3)	REM (4)	REM (5)
State	−0.105*** (−3.80)	−0.058*** (−3.10)	−0.070*** (−3.79)	−0.058*** (−3.15)	——
State2	——	——	——	——	−0.305*** (−3.44)
Size	0.003 (0.36)	0.004 (0.47)	−0.003 (−0.31)	0.015* (1.67)	0.013 (1.20)
Lev	0.930*** (21.08)	0.932*** (20.92)	0.932*** (21.19)	0.924*** (20.95)	0.798*** (15.19)
ROA	0.348** (2.41)	0.353** (2.44)	0.281* (1.95)	0.375*** (2.60)	0.558*** (3.36)
VC	−0.065 (−1.45)	−0.067 (−1.50)	−0.079* (−1.77)	−0.113** (−2.48)	0.050 (0.92)
Ocf	0.002 (0.02)	0.002 (0.02)	−0.005 (−0.06)	−0.011 (−0.14)	0.060 (0.69)
Age	−0.117*** (−6.97)	−0.115*** (−6.61)	−0.121*** (−7.22)	−0.127*** (−7.54)	−0.099*** (−5.90)
Big4	−0.140*** (−3.04)	−0.134*** (−2.90)	−0.147*** (−3.20)	−0.147*** (−3.18)	−0.144*** (−2.95)

(续表)

variables	REM (1)	REM (2)	REM (3)	REM (4)	REM (5)
AO	0.088** (1.99)	0.086* (1.92)	0.094** (2.12)	0.133*** (2.93)	0.086 (1.49)
SEO	−0.036* (−1.76)	−0.035* (−1.69)	−0.039* (−1.88)	−0.035* (−1.71)	−0.029 (−1.31)
Dual	——	0.005 (0.35)	——	——	——
Manage_share	——	0.001 (1.14)	——	——	——
Institution_share	——	——	0.228*** (6.49)	——	——
Staff_burden	——	——	——	−0.008*** (−4.83)	——
Constant	0.372** (2.05)	0.330* (1.79)	0.466** (2.55)	0.109 (0.58)	0.283 (1.12)
Year FE	Yes	Yes	Yes	Yes	Yes
Firm FE	Yes	Yes	Yes	Yes	No
Industry FE	No	No	No	No	Yes
N	4 357	4 357	4 357	4 357	4 357
Adj_R^2	0.137	0.136	0.144	0.141	0.232

注：① ***、**、* 分别表示在1%、5%、10%水平上显著；② 下方括号内提供的 t 值经过异方差稳健修正。

第五节 进一步分析

一、国有资本参股降低盈余管理的作用机制

（一）国有资本参股与公司治理改善

民营企业引入国有资本参股形成混合股权结构有利于民营股东

和国有股东相互监督制衡,打破以往单一的股权结构和家族治理模式。国有参股股东的制约监督效应可以有效缓解代理问题(Tan,2012;Fang等,2018),提高会计信息质量,降低盈余管理程度,特别是减少对公司经营危害更严重的真实盈余管理活动。国有股东派出人员进入民营上市公司的董事会、监事会和高管层,能够凭借其投票权和话语权推动公司积极建设战略绩效型董事会,在战略规划、重组整合、风险控制等重大事项决策过程中发挥重要作用;同时,能够规范公司的信息披露行为,减少会计舞弊或盈余操纵,确保公司经营决策更加公正独立、科学透明。因此,民营企业引入国有资本参股形成混合股权结构有利于提高治理质量,减少盈余管理行为。

本章参考刘运国等(2016)、蔡贵龙(2018a)的研究,分别设置是否委派董事、监事、高管($Appoint\_dum$)虚拟变量,委派董事、监事、高管总人数($Appoint\_total$)连续型变量和委派董监高比例($Appoint\_ratio$)连续型变量,构造模型(7-2)进行回归检验。主要考察国有资本参股($State$)与委派董事、监事、高管($Appoint\_dum$、$Appoint\_total$、$Appoint\_ratio$)交乘项的回归结果。同时,本章控制了公司规模($Size$)、资产负债率(Lev)、盈利能力(ROA)、经营波动性(VC)、经营现金流量(Ocf)、公司年龄(Age)、是否由国际四大会计师事务所审计($Big4$)、审计意见(AO)、是否增发配股(SEO),同时包含年度固定效应和公司固定效应。

$$EM_{i,t} = \beta_0 + \beta_1 State_{i,t} \times Appoint_{i,t} + \beta_2 Size_{i,t} + \beta_3 Lev_{i,t}$$
$$+ \beta_4 ROA_{i,t} + \beta_5 VC_{i,t} + \beta_6 Ocf_{i,t} + \beta_7 Age_{i,t}$$
$$+ \beta_8 Big4_{i,t} + \beta_9 AO_{i,t} + \beta_{10} SEO_{i,t} + Year\ FE$$
$$+ Firm\ FE + \varepsilon_{i,t} \quad (7-2)$$

回归结果如表 7.8 所示。其中,表 7.8 中第(1)至第(3)列显示,民营上市公司引入国有资本参股($State$)与国有股东委派董事、监事、高管($Appoint\_dum$、$Appoint\_total$、$Appoint\_ratio$)的交乘项与公司应计盈余管理负相关,其中 $State \times Appoint\_dum$ 回归系数在 5%水平上

表 7.8 国有资本参股与公司治理改善

variables	DA (1)	DA (2)	DA (3)	REM (4)	REM (5)	REM (6)
State×Appoint_dum	−0.011** (−2.13)	—	—	−0.097*** (−2.98)	—	—
State×Appoint_total	—	−0.003* (−1.66)	—	—	−0.029** (−2.31)	—
State×Appoint_ratio	—	—	−0.054 (−1.50)	—	—	−0.648*** (−2.76)
Size	0.002 (1.27)	0.002 (1.26)	0.002 (1.25)	0.001 (0.14)	0.001 (0.12)	0.001 (0.09)
Lev	−0.008 (−1.28)	−0.008 (−1.24)	−0.008 (−1.25)	0.928*** (21.01)	0.931*** (21.06)	0.931*** (21.08)
ROA	−0.002 (−0.08)	−0.002 (−0.08)	−0.002 (−0.08)	0.358** (2.48)	0.357** (2.47)	0.359** (2.48)
VC	−0.002 (−0.32)	−0.002 (−0.32)	−0.002 (−0.30)	−0.068 (−1.53)	−0.069 (−1.53)	−0.067 (−1.50)
Ocf	−0.676*** (−53.15)	−0.676*** (−53.13)	−0.676*** (−53.13)	0.005 (0.06)	0.006 (0.07)	0.005 (0.06)

(续表)

variables	DA (1)	DA (2)	DA (3)	REM (4)	REM (5)	REM (6)
Age	−0.004* (−1.67)	−0.004* (−1.69)	−0.004* (−1.70)	−0.121*** (−7.19)	−0.122*** (−7.24)	−0.121*** (−7.24)
Big4	−0.001 (−0.03)	−0.001 (−0.04)	−0.001 (−0.04)	−0.136*** (−2.94)	−0.136*** (−2.94)	−0.136*** (−2.94)
AO	−0.001 (−0.04)	−0.001 (−0.06)	−0.001 (−0.06)	0.088** (1.98)	0.087* (1.95)	0.086* (1.93)
SEO	0.057*** (17.79)	0.057*** (17.80)	0.057*** (17.79)	−0.036* (−1.74)	−0.036* (−1.74)	−0.036* (−1.74)
Constant	−0.034 (−1.27)	−0.034 (−1.25)	−0.034 (−1.24)	0.420** (2.31)	0.424** (2.33)	0.430** (2.37)
Year FE	Yes	Yes	Yes	Yes	Yes	Yes
Firm FE	Yes	Yes	Yes	Yes	Yes	Yes
N	4 977	4 977	4 977	4 357	4 357	4 357
Adj R^2	0.372	0.372	0.371	0.136	0.135	0.136

注:①***、**、*分别表示在1%、5%、10%水平上显著;②下方括号内提供的 t 值经过异方差稳健修正;③由于 State 与 State 与 Appoint 交乘项共线导致 State 与 Appoint 交乘项结果被省略,模型(7-2)中只加入 State 和 Appoint 交乘项,Appoint 交乘项。

显著为负($\beta=-0.011$, $t=-2.13$),$State \times Appoint\_total$ 回归系数在10%水平上显著为负($\beta=-0.003$, $t=-1.66$),$State \times Appoint\_ratio$ 回归系数为负但未通过显著性检验($\beta=-0.054$, $t=-1.50$)。

表7.8中(4)至(6)列显示,民营上市公司引入国有资本参股($State$)与国有股东委派董事、监事、高管($Appoint\_dum$、$Appoint\_total$、$Appoint\_ratio$)的交乘项与公司真实盈余管理均显著负相关,其中$State \times Appoint\_dum$ 回归系数在1%水平上显著为负($\beta=-0.097$, $t=-2.98$),$State \times Appoint\_total$ 回归系数在5%水平上显著为负($\beta=-0.029$, $t=-2.31$),$State \times Appoint\_ratio$ 回归系数在1%水平上显著为负($\beta=-0.648$, $t=-2.76$)。

这说明民营上市公司引入国有资本参股以后,公司治理机制逐步完善,特别是当国有股东委派人员进入民营上市公司董事会、监事会和高管层参与决策管理时,混合股权结构的治理效应更加显著,进一步抑制了公司的盈余管理行为。而且与应计盈余管理相比,真实盈余管理对公司未来实际经营发展的危害更大,因而国有资本参股和参与高层治理对真实盈余管理的抑制作用更加明显。

(二)国有资本参股与经营业绩改善

民营企业引入国有资本参股可以享受国有股东带来的资源优势,减轻在市场环境中面临的所有制歧视(Brandt和Li,2003),与国有企业平等公平地享有信贷资源和财政补助资源,提高成长能力和盈利能力。而且国有股东本身为民营企业债务融资提供了一种信用担保,当民营企业融资时,债权人愿意提供更为宽松的债务契约条款,降低了民营企业的债务契约违约风险和企业面临的外部融资约束。因此,民营上市公司引入国有资本参股以后,基于经营业绩的薪酬契约和债务契约而进行盈余管理的动力明显降低。为了验证民营企业引入国有资本参股后盈余管理下降是否源于经营业绩提高导致盈余管理动机降低,本章构造模型(7-3)进行回归检验。如果民营上市公司因为经营业绩改善而降低盈余管理,那么民营上市公司引入国有资本参股($State$)与公司经营业绩(ROA)的交乘项应该显著为负。控制变量与前文回归模型一致。

$$EM_{i,t} = \beta_0 + \beta_1 State_{i,t} \times ROA_{i,t} + \beta_2 Size_{i,t} + \beta_3 Lev_{i,t} + \beta_4 ROA_{i,t} +$$
$$\beta_5 VC_{i,t} + \beta_6 Ocf_{i,t} + \beta_7 Age_{i,t} + \beta_8 Big4_{i,t} + \beta_9 AO_{i,t} +$$
$$\beta_{10} SEO_{i,t} + Year\ FE + FirmFE + \varepsilon_{i,t} \qquad (7-3)$$

回归结果如表7.9所示。表7.9第(1)列显示,$State \times ROA$的回归系数在1%水平上显著负相关($\beta_1 = -0.114, t = -2.89$);表7.9第(2)列显示,$State \times ROA$的回归系数在10%水平上显著负相关($\beta_1 = -0.427, t = -1.67$)。上述回归结果说明,公司经营业绩进一步强化了民营上市公司引入国有资本参股与盈余管理之间的负向关系。民营上市公司引入国有股东投资持股以后,公司经营业绩越好,公司的盈余管理程度降低越明显。因此,伴随着国有资本参股带来的资源优势,公司经营业绩改善,显著减弱公司高管进行盈余管理的动机,进而盈余管理降低。

表7.9 国有资本参股与经营业绩改善

Variables	DA	REM
	(1)	(2)
$State \times ROA$	-0.114***	-0.427*
	(-2.89)	(-1.67)
$Size$	0.002	0.003
	(1.58)	(0.29)
Lev	-0.009	0.926***
	(-1.38)	(20.95)
ROA	0.018	0.439***
	(0.79)	(2.85)
VC	-0.002	-0.072
	(-0.32)	(-1.61)
Ocf	-0.676***	0.007
	(-53.14)	(0.08)

(续表)

Variables	DA	REM
	(1)	(2)
Age	−0.004	−0.121***
	(−1.56)	(−7.21)
Big4	−0.001	−0.138***
	(−0.12)	(−2.98)
AO	−0.001	0.089**
	(−0.07)	(1.98)
SEO	0.057***	−0.035*
	(17.85)	(−1.70)
Constant	−0.044	0.388**
	(−1.60)	(2.13)
Year FE	YES	YES
Firm FE	YES	YES
N	4 977	4 357
Adj_R^2	0.371	0.142

注：①＊＊＊、＊＊、＊分别表示在1％、5％、10％水平上显著；②下方括号内提供的 t 值经过异方差稳健修正。

二、地区市场化进程的影响

企业所处的外部市场环境深刻影响公司的治理效果和会计信息质量。地区市场化程度越高，民营经济发展活力越好，民营企业通过引入国有资本参股形成混合股权结构以后，无论是在公司治理层面还是经营业绩层面，都越有可能实现"1＋1＞2"的效果；反之，地区市场化程度越低，企业的治理水平和会计信息质量相对越低，对投资者的利益侵占越严重，民营企业引入国有资本参股的治理效应相对越弱。本章采用市场化总指数（王小鲁等，2017）衡量民营企业所在地区的市场化发展程度，并按照年度中位数将样本划分为地区市场化程度高和地区市场化程度低两组样本，使用模型(7-1)分别进行回归检验。

表 7.10 中(1)列和(2)列回归结果显示,当民营上市公司所在地区市场化程度较高时,State 的回归系数在 5% 水平上显著为负($\beta_1 = -0.010, t = -2.29$),当民营上市公司所在地区市场化程度较低时,State 的回归系数为负但不显著($\beta_1 = -0.006, t = -1.40$)。表 7.10 中(3)列和(4)列回归结果显示,当民营上市公司所在地区市场化程度较高时,State 的回归系数在 1% 水平上显著为负($\beta_1 = -0.076, t = -3.02$),当民营上市公司所在地区市场化程度较低时,State 的回归系数为负但不显著($\beta_1 = -0.041, t = -1.48$)。这说明相对于市场化程度较低的地区,民营上市公司引入国有资本参股对盈余管理的抑制作用在市场化程度较高的地区更加显著。民营上市公司引入国有资本参股对盈余管理的抑制作用受到公司所处外部市场环境影响。

表 7.10 地区市场化进程的影响

variables	市场化高 DA	市场化低 DA	市场化高 REM	市场化低 REM
	(1)	(2)	(3)	(4)
State	−0.010** (−2.29)	−0.006 (−1.40)	−0.076*** (−3.02)	−0.041 (−1.48)
Size	0.002 (1.03)	0.003 (1.48)	−0.012 (−1.07)	0.022* (1.73)
Lev	−0.008 (−0.88)	−0.010 (−1.05)	1.016*** (17.97)	0.817*** (11.91)
ROA	−0.033 (−1.09)	0.038 (1.23)	0.141 (0.75)	0.554** (2.52)
VC	−0.008 (−0.77)	0.004 (0.41)	−0.070 (−1.08)	−0.035 (−0.54)
Ocf	−0.713*** (−40.75)	−0.633*** (−34.05)	0.080 (0.75)	−0.067 (−0.53)
Age	−0.003 (−1.01)	−0.005 (−1.35)	−0.147*** (−6.85)	−0.077*** (−2.95)

(续表)

variables	市场化高 DA	市场化低 DA	市场化高 REM	市场化低 REM
	(1)	(2)	(3)	(4)
Big4	0.001 (0.14)	−0.004 (−0.40)	0.124** (2.06)	−0.400*** (−5.68)
AO	0.005 (0.42)	−0.004 (−0.39)	0.209*** (3.15)	−0.017 (−0.27)
SEO	0.060*** (14.04)	0.053*** (11.10)	−0.010 (−0.38)	−0.061* (−1.82)
Constant	−0.044 (−1.11)	−0.053 (−1.40)	0.645*** (2.66)	−0.033 (−0.12)
Year FE	Yes	Yes	Yes	Yes
Firm FE	Yes	Yes	Yes	Yes
N	2 728	2 249	2 385	1 972
Adj_R^2	0.387	0.351	0.176	0.111

注：①***、**、*分别表示在1%、5%、10%水平上显著；②下方括号内提供的 t 值经过异方差稳健修正。

三、2013年混合所有制改革政策的影响

2013年11月，中共十八届三中全会在《中共中央关于全面深化改革若干重大问题的决定》中提出"积极发展国有资本、集体资本、非公有资本等交叉持股、相互融合的混合所有制经济"，混合所有制改革政策的正式推出为民营企业引入国有资本参股进行"反向混改"提供一种隐性助力（逯东等，2019），使之对盈余管理的抑制作用更加显著。为了验证上述观点，本书根据中共十八届三中全会的召开时间（2013年11月）将全样本分为混合所有制改革政策推出前（2008—2012年）和混合所有制改革政策推出后（2013—2016年）两组，并使用模型（7-1）分别进行回归检验。

表7.11中第（1）列和第（2）列回归结果显示，在混合所有制改革政

策正式推出前，State 的回归系数为负但不显著（$\beta_1 = -0.003$，$t = -0.57$），在混合所有制改革政策正式推出后，State 的回归系数在1%水平上显著为负（$\beta_1 = -0.010$，$t = -2.83$）。表 7.11 中第（3）列和第（4）列回归结果显示，在混合所有制改革政策正式推出前，State 的回归系数为负但不显著（$\beta_1 = -0.072$，$t = -1.56$），在混合所有制改革政策正式推出后，State 的回归系数在1%水平上显著为负（$\beta_1 = -0.053$，$t = -2.67$）。这说明 2013 年中共十八届三中全会正式提出混合所有制改革以后，民营上市公司引入国有资本对应计盈余管理和真实盈余管理的抑制作用更加显著。中共十八届三中全会第一次将发展混合所有制经济和混合所有制改革上升到国家政策层面，为民营企业引入国有资本发展混合所有制经济提供了推动力，亦有助于更好地发挥国有资本的治理效应和资源效应。

表 7.11 2013 年混合所有制改革政策的影响

variables	2013 年以前 DA (1)	2013 年以后 DA (2)	2013 年以前 REM (3)	2013 年以后 REM (4)
State	−0.003 (−0.57)	−0.010*** (−2.83)	−0.072 (−1.56)	−0.053*** (−2.67)
Size	0.001 (0.30)	0.003* (1.83)	0.008 (0.52)	0.004 (0.34)
Lev	−0.001 (−0.12)	−0.015 (−1.64)	0.953*** (12.81)	0.913*** (16.60)
ROA	0.034 (1.12)	−0.023 (−0.77)	0.296 (1.17)	0.406** (2.30)
VC	0.009 (0.91)	−0.010 (−1.03)	−0.209*** (−2.68)	0.017 (0.31)
Ocf	−0.722*** (−36.79)	−0.655*** (−39.38)	0.111 (0.67)	−0.041 (−0.44)
Age	−0.006** (−1.98)	−0.002 (−0.64)	−0.167*** (−6.53)	−0.073*** (−3.24)

(续表)

variables	2013年以前 DA	2013年以后 DA	2013年以前 REM	2013年以后 REM
	(1)	(2)	(3)	(4)
Big4	−0.011 (−1.14)	0.008 (0.76)	−0.170** (−2.27)	−0.120** (−2.04)
AO	−0.003 (−0.23)	0.000 (0.04)	0.153* (1.66)	0.072 (1.44)
SEO	0.058*** (13.50)	0.057*** (12.44)	−0.032 (−0.93)	−0.037 (−1.42)
Constant	−0.011 (−0.31)	−0.067* (−1.74)	0.371 (1.22)	0.238 (1.03)
Year FE	Yes	Yes	Yes	Yes
Firm FE	Yes	Yes	Yes	Yes
N	2 024	2 953	1 584	2 773
Adj_R^2	0.412	0.353	0.143	0.135

注：① ***、**、* 分别表示在1%、5%、10%水平上显著；②下方括号内提供的 t 值经过异方差稳健修正。

第六节　本 章 小 结

本章的研究结果发现，民营上市公司引入国有资本形成混合股权能够显著降低公司的应计盈余管理和真实盈余管理。进一步研究发现，国有资本参股对盈余管理的抑制作用主要通过改善公司治理水平和经营业绩两条途径实现。一方面，民营上市公司引入国有资本参股以后，特别是当国有股东委派人员进入公司董事会、监事会和高管层时，异质股东的制衡监督减少了内部人员进行会计信息操纵的机会；另一方面，民营上市公司引入国有资本参股以后，公司经营业绩和信贷资源获取能力显著提升，为了履行以业绩为基础的薪酬契约和债务契约而进行盈余管理的动机减弱。最后，本章进一步考察外部市场化进程和2013年混合所有制改革政策出台对国有资本参股抑制盈余管理的调节作用。研究发现,当上市公司所在地区市场化程度较高时,以及2013年混合所有制改革政策出台之后,引入国有资本参股对降低民营上市公司盈余管理程度的效果更加显著。

中共十八届三中全会提出"积极发展混合所有制经济",不仅是对我国混合所有制经济发展的成功探索的及时总结,而且将发展混合所有制经济的意义提高到前所有未有的政策高度,为进一步深化国有企业改革指明了方向,亦为民营企业创造了更为公平的市场环境。民营上市公司通过引入国有资本参股进行"反向混改",形成国有资本与民营资本交叉融合的股权结构,有助于进一步规范民营上市公司的治理机制,提高公司未来的成长潜力,并且改善了民营上市公司的信息环境,提高了会计信息质量。本章的研究结论从会计信息披露质量的角度展现了发展混合所有制经济带来的影响,为当前进一步深化混合所有制改革、促进"国民共进"的和谐发展提供了宝贵经验。

第八章　国有资本参股与民营企业金融化投资决策

第一节　问题的提出

自20世纪80年代以来,世界范围内不同发达程度的诸多经济体陆续经历了金融化浪潮(张成思和张步昙,2016)。金融化(financialization)意味着宏观经济当中金融市场和金融机构的规模及重要性的提升(Orhangazi,2008)。在微观企业层面,金融化是指金融资产配置的增加和企业获利渠道的转变(Crotty,2003;Krippner,2005)。近年来,中国国民经济运行开始受到实体产业投资率下降、金融化趋势加剧的困扰,其背后是制造业等实体经济面临的需求增长缓慢、人工成本上升、市场竞争加剧以至利润低迷的困境。在虚拟经济与实体经济非协调发展的背景下,收益率差距成为了企业"脱实向虚"、金融投资挤占实物投资和研发投入的重要动因(Crotty,2003)。

以纺织服装行业老牌龙头企业雅戈尔(证券代码600177)为例,雅戈尔是最早采用多元化战略,涉足房地产、投资领域的制造业企业之一。从2007年起,雅戈尔开始进行金融投资扩张并逐渐偏离主业,金融资产配置比例一度达到45%以上。金融投资收益虽然推高了公司短期利润水平,但也显现出强烈的不稳定性和不可持续性。尽管雅戈尔于2016年公开宣布回归主业,但前期金融投资对主营业务的挤占使得雅戈尔的营业收入从2017年开始连续8个季度下降,累计降幅达到35.31%。直到2019年回归主业战略落地,在固定资产等实物投资与服装制造业务的带动下,其营业收入才重新回升。可见实体企业金融资产投资套利的行为虽然在短期内可能会带来超额收益,但从长期表现来看,金融投资盈利持续性不足,并非企业良性发展的长远之计。

那么,哪些因素会影响企业金融化投资决策?现有研究广泛集中于宏观经济环境和金融市场发展(胡奕明等,2017;Sahay 等,2015),以及企业自身财务状况和资源特征(胡奕明等,2017;黄贤环等,2019)。除此以外,金融化投资决策在公司治理层面企业具有深刻的根源,即股东价值导向下的管理层激励机制的改变。股东等利益相关者逐渐忽视长期发展目标,转而追求在短期内冲击高盈利、高市值(Crotty,2003;Tori 和 Onaran,2017)。外部盈利压力成为加剧企业投资决策金融化的重要推手,而多元化股权结构则能够对这种趋势予以缓解(柳永明和罗云峰,2019)。目前对企业金融化投资决策动因的研究正在由企业内外部资源特征向治理层面推进,对股权结构特别是以民营企业为主体的混合所有制的研究尚缺乏关注。

随着新一轮混合所有制改革进程的开启,近年来开始涌现出民营企业引入国有资本进行"反向混改"的研究成果。相关研究发现,民营企业中的国有资本有助于提升企业绩效与创新投入(Zhou 等,2017;罗宏和秦际栋,2019)。保留民营资本对企业的实际控制权有助于激发企业的经营活力,消除国有控股中的双重代理问题,而国有资本及其政治嵌入则为民营企业带来了其发展欠缺的稀缺资源优势,最终体现为股权性质多样性的提升与各自优势的融合。

有鉴于此,本章考察了民营企业引入国有资本参股对金融化投资决策的影响,以 2007—2018 年中国 A 股民营上市公司为样本,通过实证检验发现国有资本参股显著降低了民营企业的金融化投资水平,且这种抑制效果在国有股东为地方国有企业时、在经济政策不确定性强的时期更加明显。进一步分析其作用机制和经济后果,本章发现,国有资本参股通过降低代理成本的治理机制、增加银行信贷获取的融资机制以及增加固定资产的投资替代机制有效地抑制了民营企业的投资决策金融化倾向,并且国有资本参股显著弱化了投资决策金融化对民营企业创新研发支出的负面影响。

本章可能的研究贡献有：

第一，目前关于民营企业引入国有资本参股进行"反向混改"经济后果的研究较为匮乏且分散，本章从微观层面补充了民营企业"反向混改"的经济后果研究，验证了民营企业发展混合所有制经济的前瞻性和科学性。

第二，本章立足于企业混合所有股权结构，将企业投资决策金融化的影响因素研究拓宽至公司治理层面，检验了民营企业引入国有资本参股抑制微观企业"脱实向虚"、防范金融系统性风险的积极作用，并给出了相应的经验证据，为监管机构抑制金融资本投机活动、促进实体经济健康发展提供了参考。

第三，本章考察了民营企业引入国有资本参股抑制投资决策金融化的影响因素和作用机制，综合考量了企业投资决策金融化受混合所有制影响的约束条件，不仅兼顾了国有资本参股的资源效应和治理效应两种路径，也为政府在企业资源配置中发挥积极作用提供了直接的证据支持，进而为民营企业引入国有资本参股及其治理结构的建立提供了一定的参考。

第二节 理论分析与研究假设

一、国有资本参股与金融化投资决策

企业为何偏好金融资产投资决策？目前学界有以下三种主流观点。首先是"蓄水池"理论。该理论认为企业持有金融资产的目的是预防未来现金流的不确定性，防范企业资金链断裂和破产风险，是企业生产经营活动中的未雨绸缪行为（胡奕明等，2017）。其次是"投资替代"理论。这一理论认为企业金融化的目的是追求利润最大化，当金融投资收益率较实体投资收益率更高时，资本的逐利性导致企业减少实业投资，将资本投入利润率更高的金融和房地产行业，以寻求替代性

投资,进行跨行业套利。最后是代理理论。该理论认为,基于股东价值导向的管理层激励机制是企业金融化在公司治理层面的根源性因素(Tori和Onaran,2017;柳永明和罗云峰,2019)。管理层出于最大化自身利益的目的,以金融化投资的短期获利提升公司股价和市值,以应对外部盈利压力、迎合股东价值导向(宋增基等,2014)。

民营企业的融资约束问题持续存在,融资机制不健全和融资成本高企等原因使得民营企业获得的信贷支持力度远远不能满足企业发展的需要。民营企业不得不基于预防动机持有金融资产,以应对未来发展的不确定性。面对新兴经济体正式制度薄弱、资本市场低效、金融发展欠佳的外部制度背景特征,企业发展需要依赖在政策制定与资源分配中发挥关键作用的政府对制度空白进行填补。国有资本的参股与管理实际上代表了对新兴经济体发展薄弱的正式制度的替代。国有资本参股为民营企业提供了基于产权的政府关联以及信用背书,并由此形成了信号传递效应,进而增加了被参股的民营企业获得银行信贷及商业信用融资的机会(余汉等,2017);此外,国有股东可以为民营企业贷款提供隐性担保(孙铮等,2006)。在这种情况下,民营企业持有金融资产以应对经营过程中出现的现金流不确定性和资金链断裂风险的动机减弱,对金融资产配置的需求降低。

除了信贷资源困境,我国在市场和行业准入上的"产权歧视"也是民营企业实业投资机会不足的重要原因。例如,我国能源、通信、铁路等行业的准入资格和稀缺市场资源大多由中央国有企业控制。民营企业的市场与行业参与程度极低,只能局限于其他盈利性较低的竞争性行业,优质实业投资机会不足。另外,Demir(2009)认为企业金融化投资是为了规避资源短缺下的环境不确定性,民营企业无法有效地应对市场环境中的不确定性引发的投资收益率波动,因而放弃长期不可逆的固定资产等实物投资,转而选择流动性强且可逆的金融资产投资,金融化投资实际上成为了不确定环境下对实体投资的替代选项(Tori和Onaran,2017)。因而,面对不公平的市场竞争机制和不确定的市场经营环境,金融化投资可能是民营企业退而求其次的最优投资选择。资本引入战略影响资源配置战略,民营企业通过国有资本参股摆脱了市场和行业准入中的"产权歧视",得以接触和参与市场资源相对稀缺和收益性更强的国资相关实体投资项目,进而削弱了民营企业进行金融化投资实现跨行业套利的替代性投资动机,从根本上扭转了民营企业资产配置"金融化"的趋势。

在传统委托代理关系中,企业管理者出于迎合股东以维系自身利益的目的,将原本可以用于固定资产建设更新、技术和产品研发创新等实物投资的资源配置到金融资产上,追求短期内的高收益和高股价,达到粉饰短期业绩、掩盖主业业绩的目的。国有资本参股民营企业及其相关的政治嵌入使国家成为了企业的非控股股东,国有股东能够通过国有资产管理公司持股、委派国有董事高管以及设置否决权股票等方式,对民营控股股东构建的复杂控制权框架进行重构(Grosman等,2016),有效缓解国有股东与企业内部人之间的信息不对称(余汉等,2017),能够对民营企业管理层的决策行为实施有效监督,抑制民营企业发展短视化以及采取"短平快"投资方式追求投资收益行为,进而有助于民营企业减少金融资产配置。

基于以上理论分析,本章提出假设8-1。

假设8-1:国有资本参股会减少民营企业金融化投资。

二、国有参股股东政府控制层级的影响

国有企业控制层级对企业内部治理、资产配置决策以及政府干预等方面具有异质性影响。相比中央国有企业,地方国有企业在控制距离和地理距离上与地方政府更加接近,受到管控和干预的程度较大,且往往被赋予了更多的政策目标。例如,地方国有企业在官员任期内进行了更多的慈善捐赠(曹春方和傅超,2015),且在业绩不佳时进行了高管更换(闫伟宸和肖星,2019)。李姝和谢晓嫣(2014)发现能够给民营企业带来长期贷款融资便利的主要是地方性政治关联,中央性政治关联不具有这一效应。地方国有企业股东在资源分配和干预力度上对民营企业的影响更加直接。与地方国有企业相比,政府对中央国有企业实现政府或社会性目标的依赖更小,因而,中央国有企业对民营企业内部治理和资产配置的参与程度更小,对金融化投资决策的抑制作用更弱。基于以上分析,本章提出以下假设:

假设8-2:相比于中央企业参股股东,地方国有企业参股股东对民营企业金融化投资决策的抑制作用更加显著。

三、经济政策不确定性的影响

资产配置决策是企业对外部环境不确定性的反应。Gulen 和 Ion(2016)认为企业金融化投资是为了规避资源短缺下的环境不确定性。企业通过金融化投资持有流动性较强的可逆性金融资源,以应对不确定性造成的潜在投资损失。刘贯春等(2020)基于中国上市公司样本的研究发现,经济政策不确定性增加了企业投资失败的概率,由于可逆性不足,经济政策不确定性对固定资产等实物投资的抑制作用更加明显。而金融资产却可以凭借更高的可逆性抵御不确定性(谭小芬和张文婧,2017)。金融资产投资替代了不确定性环境中的固定资产等实物投资(Tori 和 Onaran,2017)。民营企业混合所有股权结构中的国有股东为民营企业提供了信息与资源支持(宋增基等,2014),有助于缓解融资约束、提高民营企业风险应对能力,为民营企业在不确定性环境中的投资活动提供扶持和指导,进而提高民营企业实体投资成功的可能性,减少其对于固定资产等实物投资项目失败和投入难以收回的忧虑,使其降低对资产可逆性的偏好,降低对金融化投资的需求。另外,刘贯春等(2020)认为治理结构的改变与经济政策不确定性对金融化投资的影响存在交互效应,股东利益导向下的发展短视化受到了不确定性环境的强化,而国有非控股股东则可以通过改善企业的治理结构来缓解内部人控制,扭转股东利益导向,削弱其过度重视短期股票价格的倾向。基于以上分析,本章提出以下假设:

假设8-3:相比于经济政策不确定性弱的时期,国有资本参股对民营企业金融化投资的抑制作用在经济政策不确定性强的时期更加显著。

第三节 研 究 设 计

一、样本选择与数据来源

2007年,上市公司开始执行新《企业会计准则》并使用新的金融资产类会计科目,因此本章选择2007年作为起始年度,以2007—2018年A股民营上市公司为基础样本,并对样本进行如下处理:①剔除金融、房地产行业样本;②剔除ST(特别处理)、PT(特别转让)企业样本;③剔除金融资产大于总资产的样本;④剔除国有股权比例大于50%的样本;⑤剔除负债多于总资产的样本;⑥剔除变量存在缺失值的样本。最终得到10 917个企业—年度观测值。

鉴于现有数据库对上市公司前十大股东的股权性质披露多有遗漏,本章参考郝阳和龚六堂(2017)的做法,在综合国泰安(CSMAR)数据库前十大股东数据与锐思(RESSET)数据库前十大股东数据的基础上,对未确定股权性质的股东及其控制层级信息使用企查查①等网站进行手工查询补全,进而得到了较为完整的上市公司前十大股东中国有股权比例数据。本章其他公司财务与治理数据来源于国泰安(CSMAR)数据库,货币政策与宏观经济数据来源于中经网(CESD)统计数据库、国家统计局国家数据网站以及国家外汇管理局网站。本章对所有连续型变量进行了上下1%的缩尾处理。

二、变量定义与模型设定

(一)主要变量定义

被解释变量:企业投资金融化程度(Fin)。借鉴杜勇等(2017)的研究,本章以企业金融资产占期末总资产的比例对其予以度量。金融资产主要包含交易类金融资产、投资性房地产、长期股权投资等。其中

---

① 网址:https://www.qcc.com/.企查查是由中国人民银行备案的全国企业信用查询系统,数据来源于国家企业信用信息公示系统。

交易类金融资产包括交易性金融资产、可供出售金融资产净额、持有至到期投资净额、衍生金融资产、发放贷款及垫款净额。现有研究已经普遍注意到货币资金与企业经营状况紧密相关(宋军和陆旸,2015),基于保守原则,本研究不将货币资金纳入企业的金融资产。

解释变量:国有资本参股($State$),当民营上市公司非控股股东的最终实际控制人为国家政府部门时,其所持股权为国有股权。本章对国有股权分别设置虚拟变量和连续变量。虚拟变量($State1$)的设定参照郝阳和龚六堂(2017)的研究,当前十大股东中单个国有股东持股比例或多个具有一致行动人身份的国有股东持股比例之和在10%以上时,$State1$取值为1,否则其取值为0。连续变量($State2$)为前十大股东中国有股东持股比例的总和。

(二) 模型设定与其他变量

本章采用以下企业固定效应模型进行主回归检验:

$$Fin_{i,t} = a_0 + \beta_1 State_{i,t-1} + Controls_{i,t-1} + Firm\ FE + Year\ FE + \varepsilon_{i,t} \tag{8-1}$$

本章参照胡奕明等(2017)、杜勇等(2017)、刘贯春等(2020)的研究,在企业特征方面,选择企业规模($Size$)、资产负债率(Lev)、成长性($Growth$)、盈利性(ROA)、经营活动现金流(Ocf)、资本密集度($Capital$)、企业年龄(Age)、企业价值(Tbq)、融资约束(SA)、机构投资者持股比例(Ins)、股权集中度($Topshare$)、董事会规模($Board$)、独立董事比例($Indep$)、两职合一($Dual$)。在宏观经济因素方面纳入了国内生产总值增速(GDP)、广义货币供应量增速($M2$)和经济政策不确定性(EU)作为控制变量。对解释变量与控制变量进行滞后一期处理以缓解内生性问题。具体变量定义见表8.1。

表 8.1 变量定义

变量类型	变量名称	变量符号	变量定义
被解释变量	投资金融化程度	Fin	(交易类金融资产+投资性房地产+长期股权投资)÷资产总额

(续表)

变量类型	变量名称	变量符号	变量定义
解释变量	国有资本参股	$State1$	虚拟变量,若国有股东持股比例大于10%,取值为1,否则为0
		$State2$	连续变量,国有股东参股比例之和
控制变量	企业特征		
	企业规模	$Size$	期末资产总额的自然对数
	财务杠杆	Lev	负债总额/资产总额
	成长性	$Growth$	营业收入增长率
	盈利性	ROA	息前税后利润/年度资产总额的平均值
	经营活动现金流	Ocf	经营活动现金净流量/资产总额
	资本密集度	$Capital$	固定资产净额/资产总额
	企业年龄	Age	公司上市年数加1的对数
	企业价值	Tbq	企业价值指标,市值/资产总额
	融资约束	SA	$SA=-0.737\times Size+0.043\times Size2-0.04\times Age$,参照Hadlock和Pierce(2010)
	机构投资者持股比例	Ins	机构投资者持股比例之和
	股权集中度	$Topshare$	第一大股东持股比例
	董事会规模	$Board$	董事会人数
	独立董事比例	$Indep$	独立董事人数占董事会人数的比例
	两职合一	$Dual$	董事长与总经理为同一人时取值为1,否则为0
	宏观经济因素		
	经济增长	GDP	国内生产总值(GDP)的年度增长率
	货币供应	$M2$	广义货币供应量增长率
	经济政策不确定性	EU	经济政策不确定性指数1月份值,参照Huang和Luk(2018)
	行业	$Industry$	行业虚拟变量,参照中国证监会2012年行业分类标准
	年度	$Year$	年度虚拟变量

第四节 实证结果分析

一、描述性统计

表 8.2 展示了描述性统计的结果。企业投资金融化变量 Fin 的均值为 0.054,标准差为 0.090,最小值为 0.000,最大值为 0.894,表明不同民营上市公司之间的投资金融化程度存在较大差异,中位数 p50 为 0.020,说明多数民营上市公司的投资金融化程度不存在畸高。国有资本参股变量 $State1$ 的均值为 0.043,表明约有 4.3% 的民营上市公司国有资本参股比例达到 10% 以上,$State2$ 的均值为 2.521。如前所述,在本轮民营企业引入国有资本参股进行"反向混改"的浪潮下,越来越多的国有资本重新进入民营企业,进而提升了民营企业中的国有股权比例,并且与郝阳和龚六堂(2017)研究得到的 2004—2014 年的 2.2% 的民营企业国有股权均值统计结果基本一致。其他控制变量描述性统计结果与以往文献基本相同。

表 8.2 主要变量描述性统计

variables	sample size	mean	sd	p25	p50	p75	min	max
Fin	10 917	0.054	0.090	0.002	0.020	0.063	0.000	0.894
$State1$	10 917	0.043	0.202	0.000	0.000	0.000	0.000	1.000
$State2$	10 917	2.521	5.377	0.000	0.380	2.570	0.000	49.641
$Size$	10 917	21.676	1.012	20.942	21.592	22.296	15.577	26.298
Lev	10 917	0.371	0.187	0.220	0.362	0.506	0.007	0.995
$Growth$	10 917	0.232	0.465	0.015	0.154	0.327	−0.648	3.649
ROA	10 917	0.050	0.076	0.027	0.048	0.075	−1.480	2.736
Ocf	10 917	0.044	0.075	0.005	0.042	0.084	−0.565	0.876
$Capital$	10 917	0.205	0.136	0.099	0.181	0.286	0.000	0.804
Age	10 917	1.535	0.911	0.693	1.609	2.197	0.000	3.332
Tbq	10 917	2.226	1.327	1.375	1.790	2.561	0.905	7.961

(续表)

variables	sample size	mean	sd	p25	p50	p75	min	max
SA	10 917	−3.401	0.239	−3.516	−3.356	−3.229	−4.306	−1.765
Ins	10 917	6.444	7.434	0.888	3.920	9.397	0.000	60.907
$Topshare$	10 917	32.320	13.772	21.894	30.319	41.002	2.197	88.549
$Board$	10 917	8.309	1.488	7.000	9.000	9.000	0.000	17.000
$Indep$	10 917	3.073	0.473	3.000	3.000	3.000	0.000	6.000
$Dual$	10 917	0.354	0.478	0.000	0.000	1.000	0.000	1.000
GDP	10 917	0.074	0.018	0.068	0.070	0.078	0.011	0.142
$M2$	10 917	0.125	0.043	0.081	0.122	0.136	0.081	0.277
EU	10 917	157.507	32.516	122.580	162.860	177.630	73.620	215.350

二、回归结果分析

表 8.3 报告了模型(8-1)的检验结果。为控制异方差问题,对标准误进行了公司层面的聚类调整,并控制了公司固定效应。结果显示,对于投资金融化度量指标 Fin,单变量的回归结果中,国有股权虚拟变量 $State1_{t-1}$[(1)列]和连续变量 $State2_{t-1}$[(2)列]均在 5% 水平上显著为负;全模型的回归结果中国有股权虚拟变量 $State1_{t-1}$[(3)列]和连续变量 $State2_{t-1}$[(4)列]分别在 10% 和 5% 水平上显著为负,说明拥有国有资本参股的民营企业比无国有资本参股的民营企业金融化投资更少,国有资本参股显著抑制了民营企业的投资决策金融化倾向。假设 8-1 得以验证。

表 8.3 国有资本参股与民营企业金融化投资

变量	Fin			
	(1)	(2)	(3)	(4)
$State1_{t-1}$	−0.176** (−1.99)	——	−0.143* (−1.73)	——
$State2_{t-1}$	——	−0.041** (−2.19)	——	−0.029** (−2.33)

(续表)

变量	Fin			
	(1)	(2)	(3)	(4)
$Size_{t-1}$	——	——	−0.118** (−2.06)	−0.116*** (−3.61)
Lev_{t-1}	——	——	−0.028 (−1.12)	−0.029* (−1.71)
$Growth_{t-1}$	——	——	−0.036*** (−3.56)	−0.035*** (−4.13)
ROA_{t-1}	——	——	−0.020 (−1.24)	−0.020* (−1.76)
Ocf_{t-1}	——	——	0.015 (1.23)	0.015 (1.58)
$Capital_{t-1}$	——	——	−0.109*** (−3.70)	−0.108*** (−5.72)
Age_{t-1}	——	——	0.235*** (6.98)	0.236*** (9.88)
Tbq_{t-1}	——	——	0.023 (1.62)	0.022** (2.05)
SA_{t-1}	——	——	−0.118 (−1.34)	−0.113** (−2.42)
Ins_{t-1}	——	——	−0.027* (−1.94)	−0.025*** (−2.72)
$Topshare_{t-1}$	——	——	−0.038 (−0.92)	−0.038* (−1.84)
$Board_{t-1}$	——	——	−0.000 (−0.01)	−0.001 (−0.04)
$Indep_{t-1}$	——	——	0.003 (0.15)	0.003 (0.18)
$Dual_{t-1}$	——	——	−0.001 (−0.03)	−0.002 (−0.09)

(续表)

变量	Fin			
	(1)	(2)	(3)	(4)
GDP_{t-1}	——	——	-57.029^{**} (-2.43)	-55.748 (-1.57)
$M2_{t-1}$	——	——	-32.297^{***} (-2.71)	-31.749^{*} (-1.79)
EU_{t-1}	——	——	-0.066^{***} (-2.62)	-0.065^{*} (-1.70)
_cons	0.802^{***} (2.93)	0.761^{***} (2.74)	20.113^{***} (2.70)	19.711^{*} (1.76)
Firm	Yes	Yes	Yes	Yes
Year	Yes	Yes	Yes	Yes
Industry	Yes	Yes	Yes	Yes
N	8 414	8 414	8 414	8 414
Adj_R^2	0.128	0.128	0.154	0.154

注：***、**、*分别表示在1%、5%及10%水平下显著。

表8.4和表8.5分别报告了国有资本参股虚拟变量 $State1_{t-1}$ 和连续变量 $State2_{t-1}$ 的分组检验结果。在假设8-2的分组检验中，首先将同一企业—年度兼有中央和地方国有股东的观测值剔除，以避免混合效应的扰乱，再参照宋献中等(2017)的做法进行回归检验。表8.4和表8.5中的(1)列和(2)列显示,在地方国有股东组中 $State1_{t-1}$ 和 $State2_{t-1}$ 分别在5%和1%水平上显著为负,即来自中央国有股东的国有股权无法显著抑制民营企业金融化投资,而地方国有股东则可以显著抑制民营企业金融化投资。这一结果说明,中央国有企业对参股民营企业的参与或干预力度较弱,无法有效影响企业的资产配置决策,因而没有显著地抑制民营企业金融化投资。而地方国有企业的控制链条更短,对民营企业经营参与或治理效果更加明显。

本章对历年经济政策不确定性指数 EU 的年度均值取中位数作为

分组依据,将全样本分为处于经济政策不确定性较强时期和较弱时期两组。由表8.4中和表8.5中的(3)列和(4)列可知,经济政策不确定性较强时期的国有股权变量在1%水平上显著降低了民营企业投资金融化水平,而经济政策不确定性较弱时期这一关系并不显著。这说明在经济政策不确定性较强时期,国有股权支持和引导民营企业进行固定资产等实物资产投资的效应更加明显,企业不必通过投资金融资产来控制风险。而当经济政策不确定性较弱时,企业通过金融化投资规避不确定性风险的迫切性降低,对国有股权参股支持的敏感性减弱。

表8.4 分组检验结果——$State1$

变量	国有股东层级		经济政策不确定性	
	中央	地方	强	弱
	(1)	(2)	(3)	(4)
$State1_{t-1}$	−0.048 (−0.43)	−0.181** (−2.10)	−0.279*** (−2.89)	−0.048 (−0.55)
$Size_{t-1}$	−0.088** (−2.21)	−0.111** (−2.53)	−0.098 (−1.60)	−0.155*** (−3.52)
Lev_{t-1}	−0.044** (−2.05)	−0.062*** (−2.98)	−0.023 (−0.78)	−0.025 (−1.01)
$Growth_{t-1}$	−0.028*** (−2.68)	−0.025** (−2.46)	−0.027* (−1.82)	−0.044*** (−3.27)
ROA_{t-1}	−0.015 (−1.08)	−0.012 (−0.89)	0.028 (1.43)	−0.045*** (−2.69)
Ocf_{t-1}	0.017 (1.51)	0.009 (0.84)	0.003 (0.22)	0.023 (1.61)
$Capital_{t-1}$	−0.070*** (−2.98)	−0.038* (−1.65)	−0.053 (−1.58)	−0.143*** (−5.34)
Age_{t-1}	0.222*** (7.63)	0.218*** (7.59)	0.258*** (6.24)	0.243*** (7.11)
Tbq_{t-1}	0.023* (1.73)	0.020 (1.51)	0.024 (1.44)	0.022 (1.25)

(续表)

变量	国有股东层级		经济政策不确定性	
	中央	地方	强	弱
	(1)	(2)	(3)	(4)
SA_{t-1}	−0.069	−0.144**	−0.044	−0.177***
	(−1.19)	(−2.22)	(−0.50)	(−2.83)
Ins_{t-1}	−0.028**	−0.013	−0.045***	−0.009
	(−2.49)	(−1.16)	(−3.03)	(−0.61)
$Topshare_{t-1}$	−0.070***	−0.019	−0.110***	−0.006
	(−2.72)	(−0.75)	(−3.06)	(−0.21)
$Board_{t-1}$	−0.010	0.005	0.007	0.009
	(−0.49)	(0.22)	(0.23)	(0.37)
$Indep_{t-1}$	−0.011	−0.004	0.004	−0.007
	(−0.61)	(−0.25)	(0.16)	(−0.35)
$Dual_{t-1}$	0.039	0.020	−0.002	−0.005
	(1.36)	(0.69)	(−0.05)	(−0.15)
GDP_{t-1}	−55.031	−64.519	1.890	7.147*
	(−1.32)	(−1.43)	(0.61)	(1.95)
$M2_{t-1}$	−31.524	−36.588	0.939	−0.532
	(−1.51)	(−1.62)	(0.42)	(−0.65)
EU_{t-1}	−0.063	−0.075	——	——
	(−1.42)	(−1.56)		
_cons	19.443	22.715	0.472	−0.579*
	(1.48)	(1.60)	(1.02)	(−1.67)
$Firm$	Yes	Yes	Yes	Yes
$Year$	Yes	Yes	Yes	Yes
$Industry$	Yes	Yes	Yes	Yes
N	6 170	5 957	3 278	5 136
Adj_R^2	0.165	0.156	0.156	0.193

注：***、**、*分别表示在1%、5%及10%水平下显著。

表 8.5　分组检验结果——State2

变量	国有股东层级		经济政策不确定性	
	中央	地方	强	弱
	(1)	(2)	(3)	(4)
$State2_{t-1}$	-0.026	-0.047***	-0.064***	-0.005
	(-1.25)	(-2.62)	(-3.16)	(-0.29)
$Size_{t-1}$	-0.088**	-0.107**	-0.103*	-0.108**
	(-2.20)	(-2.44)	(-1.71)	(-2.49)
Lev_{t-1}	-0.043**	-0.060***	-0.027	-0.033
	(-2.01)	(-2.90)	(-0.90)	(-1.33)
$Growth_{t-1}$	-0.028***	-0.024**	-0.027*	-0.043***
	(-2.69)	(-2.39)	(-1.82)	(-3.16)
ROA_{t-1}	-0.014	-0.012	0.026	-0.047***
	(-1.05)	(-0.88)	(1.37)	(-2.83)
Ocf_{t-1}	0.017	0.009	0.007	0.024*
	(1.49)	(0.77)	(0.43)	(1.73)
$Capital_{t-1}$	-0.070***	-0.037	-0.051	-0.137***
	(-2.98)	(-1.59)	(-1.53)	(-5.10)
Age_{t-1}	0.221***	0.216***	0.282***	0.285***
	(7.62)	(7.52)	(7.22)	(8.73)
Tbq_{t-1}	0.022*	0.021	0.019	0.044**
	(1.72)	(1.56)	(1.23)	(2.57)
SA_{t-1}	-0.066	-0.140**	-0.072	-0.256***
	(-1.14)	(-2.16)	(-1.00)	(-4.47)
Ins_{t-1}	-0.028**	-0.012	-0.043***	-0.017
	(-2.48)	(-1.07)	(-3.00)	(-1.24)
$Topshare_{t-1}$	-0.070***	-0.018	-0.107***	-0.027
	(-2.71)	(-0.71)	(-3.01)	(-0.97)
$Board_{t-1}$	-0.010	0.003	0.004	0.008
	(-0.50)	(0.15)	(0.12)	(0.32)

(续表)

变量	国有股东层级		经济政策不确定性	
	中央	地方	强	弱
	(1)	(2)	(3)	(4)
$Indep_{t-1}$	−0.012 (−0.65)	−0.004 (−0.23)	0.008 (0.31)	−0.015 (−0.68)
$Dual_{t-1}$	0.038 (1.33)	0.018 (0.60)	−0.006 (−0.15)	−0.001 (−0.02)
GDP_{t-1}	−59.396 (−1.42)	−72.886 (−1.61)	1.545*** (3.28)	13.671*** (4.02)
$M2_{t-1}$	−33.677 (−1.61)	−40.838* (−1.80)	2.321** (2.57)	−0.190 (−0.49)
EU_{t-1}	−0.068 (−1.52)	−0.084* (−1.74)	——	——
$\_cons$	20.799 (1.57)	25.311* (1.77)	0.304 (0.67)	−1.162*** (−3.69)
$Firm$	Yes	Yes	Yes	Yes
$Year$	Yes	Yes	Yes	Yes
$Industry$	Yes	Yes	Yes	Yes
N	6 170	5 957	3 278	5 136
Adj_R^2	0.165	0.156	0.156	0.186

注：***、**、*分别表示在1%、5%及10%水平下显著。

三、稳健性检验

为保证研究结论的稳健，本章进行了以下稳健性检验。

第一，替代变量度量方式。由于委托理财产品是近年来兴起的企业投资金融化配置方式（杜勇等，2017），许多研究对是否将其纳入投资金融化的度量指标存在不同意见，故本章在稳健性检验中设置纳入委托理财产品的投资金融化替代变量 $Fin1$。表 8.6 显示回归检验结果依然显著。后续稳健性检验中也采用了 Fin 和 $Fin1$ 两种度量企业投资金融化程度的方式。

表8.6 稳健性检验——替代变量度量方式

变量	Fin1			
	(1)	(2)	(3)	(4)
$State1_{t-1}$	-0.065* (-1.89)	——	-0.062* (-1.79)	——
$State2_{t-1}$	——	-0.020** (-2.04)	——	-0.017** (-2.25)
$Size_{t-1}$	——	——	0.067*** (4.93)	0.068*** (5.03)
Lev_{t-1}	——	——	-0.157*** (-16.09)	-0.157*** (-16.04)
$Growth_{t-1}$	——	——	-0.054*** (-6.85)	-0.053*** (-6.82)
ROA_{t-1}	——	——	0.002 (0.24)	0.002 (0.26)
Ocf_{t-1}	——	——	0.042*** (5.04)	0.042*** (5.00)
$Capital_{t-1}$	——	——	-0.149*** (-14.31)	-0.148*** (-14.23)
Age_{t-1}	——	——	0.017 (0.99)	0.017 (1.02)
Tbq_{t-1}	——	——	0.024*** (2.85)	0.024*** (2.89)
SA_{t-1}	——	——	-0.083*** (-4.80)	-0.083*** (-4.81)
Ins_{t-1}	——	——	-0.024*** (-3.28)	-0.023*** (-3.21)
$Topshare_{t-1}$	——	——	0.037*** (4.68)	0.037*** (4.69)
$Board_{t-1}$	——	——	-0.009 (-0.92)	-0.009 (-0.94)

（续表）

变量	$Fin1$			
	(1)	(2)	(3)	(4)
$Indep_{t-1}$	——	——	0.012 (1.31)	0.012 (1.31)
$Dual_{t-1}$	——	——	−0.005 (−0.34)	−0.005 (−0.38)
GDP_{t-1}	——	——	127.338*** (3.39)	125.591*** (3.34)
$M2_{t-1}$	——	——	67.207*** (3.58)	66.305*** (3.53)
EU_{t-1}	——	——	0.140*** (3.47)	0.138*** (3.42)
_cons	−0.138 (−1.25)	−0.147 (−1.57)	−41.150*** (−3.47)	−40.598*** (−3.43)
Year	Yes	No	Yes	Yes
Industry	Yes	No	Yes	Yes
N	8 414	8 414	8 414	8 414
Adj_R^2	0.063	0.064	0.138	0.138

注：***、**、*分别表示在1%、5%及10%水平下显著。

第二，Heckman两阶段模型。鉴于国有资本对参股民营企业的选择具有一定的目标性，可能存在与自选择偏误相关的因果倒置或互为因果等内生性问题，本章选择Heckman两阶段模型控制可能存在的内生性。一阶段模型估计国有资本参股的预测值，借鉴刘运国等（2016）对国有企业混改水平的估计方法，选用地区经济发展水平（$GDP\_province$）和政治经济距离（$Distance$）作为外生变量。地区经济发展水平以公司所在省份生产总值的对数计算。混合所有制改革的顺利推进离不开地区制度环境的支持，国有资本注入的影响也与其后的国有资本管理部门的资源状况高度相关，因此地区经济发展水平有助于估计混合所有制程度。政治经济距离等于公司所在省份省会城市与北京的距离除以10 000。地理经济学认为空间地域距离对于推进制度建设具有政治经济影响,距离政治中心较近的国有资本管理部门,政策施行的力度和有效性更强。而地区经济发展水平和政治经济距离对于微观企业的金融化投资决策并无直接明显影响,基本满足外生变量选择的独立性和排他性假设。表8.7的检验结果显示,地区经济发展水平与当期国有资本参股比例显著正相关,成立年限长和资本密集度高的企业有更多的国有股权。二阶段模型估计结果中的国有股权变量在5%水平上显著为负,说明控制了自选择问题后,国有资本参股对企业金融化投资决策的抑制作用仍存在,保证了本章结论的稳健性。

表 8.7 稳健性检验——Heckman 两阶段模型

变量	第一阶段	第二阶段	
	(1)	(2)	(3)
	$State1$	Fin	$Fin1$
$State1$	——	−0.068** (−1.99)	−0.056** (−2.47)
$GDP\_province$	0.136*** (5.24)	——	——
$Distance$	0.000 (1.03)	——	——
$Size$	0.014 (0.44)	0.130 (0.63)	0.038 (0.28)
Lev	0.024 (0.86)	−0.094 (−1.62)	−0.043 (−1.10)
$Growth$	−0.007 (−0.27)	−0.058 (−1.57)	−0.030 (−1.20)
ROA	−0.037 (−1.64)	−0.041 (−0.33)	−0.092 (−1.09)
Ocf	——	0.063 (1.39)	0.078** (2.57)
$Capital$	0.128*** (4.90)	−0.088 (−0.55)	−0.105 (−0.98)
Age	−0.014 (−0.28)	−0.114 (−0.66)	−0.093 (−0.81)

(续表)

变量	第一阶段	第二阶段	
	(1)	(2)	(3)
	$State1$	Fin	$Fin1$
Tbq	——	−0.087 (−1.49)	−0.043 (−1.08)
SA	−0.141** (−2.87)	−0.521 (−1.39)	−0.255 (−1.02)
Ins	——	0.046 (1.10)	0.031 (1.11)
$Topshare$	——	−0.197*** (−2.59)	0.014 (0.28)
$Board$	——	0.095 (1.46)	−0.006 (−0.13)
$Indep$	——	−0.062 (−1.22)	−0.011 (−0.32)
$Dual$	——	−0.112 (−1.25)	−0.048 (−0.80)
GDP	——	15.953 (0.91)	−1.929 (−0.16)
$M2$	——	−0.105 (−0.02)	5.942** (1.97)
EU	——	−0.003 (−1.14)	0.000 (0.30)
$\_cons$	−0.341 (−1.25)	−4.028 (−0.88)	−2.644 (−0.86)
IMR	——	1.414*** (2.78)	0.910* (1.75)
$Year$	Yes	Yes	Yes
$Industry$	Yes	Yes	Yes
N	10 917	467	467
Pseudo R^2	0.106	——	——
Adj_R^2	——	0.340	0.185

注：***、**、*分别表示在1%、5%及10%水平下显著。

第三,倾向得分匹配。本章以控制变量为匹配变量,采用距离为1有放回的近邻匹配。Fin 和 $Fin1$ 的 ATT 值分别为 -2.02 和 -1.98,表明存在至少 5% 水平显著的处理效应。表 8.8 所示的倾向值匹配结果中的 t 值与 P 值显示,匹配后的控制组和处理组样本的控制变量不再存在显著性差异,通过了样本平衡性检验。

表 8.8 稳健性检验——倾向值匹配

变量	样本	平均值		标准偏误	标准偏误减少	t 值	P 值
		处理组	对照组				
$Size$	匹配前	0.053	−0.080	16.3	96.7	3.73	0.000***
	匹配后	0.044	0.040	0.5		0.08	0.936
Lev	匹配前	−0.147	−0.370	24.8	94.6	5.37	0.000***
	匹配后	−0.152	−0.140	−1.3		−0.21	0.837
$Growth$	匹配前	0.009	0.032	−2.4	31.1	−0.56	0.574
	匹配后	0.010	−0.006	1.7		0.25	0.802
ROA	匹配前	−0.085	0.025	−10.7	59.8	−2.28	0.023**
	匹配后	−0.082	−0.126	4.3		0.63	0.528
Ocf	匹配前	0.020	−0.027	5.1	−84.8	1.08	0.279
	匹配后	0.021	−0.066	9.4		1.44	0.152
$Capital$	匹配前	0.013	−0.186	24.3	67.7	5.52	0.000***
	匹配后	−0.007	−0.072	7.9		1.15	0.252
Age	匹配前	0.275	−0.077	34.8	83.4	7.60	0.000***
	匹配后	0.267	0.326	−5.8		−0.90	0.371
Tbq	匹配前	0.044	0.185	−13.9	65.4	−2.76	0.006**
	匹配后	0.050	0.099	−4.8		−0.77	0.443
SA	匹配前	−0.305	0.086	−38.3	88.4	−8.53	0.000***
	匹配后	−0.296	−0.341	4.4		0.64	0.520
Ins	匹配前	0.039	−0.006	4.2	49.7	0.94	0.347
	匹配后	0.046	0.069	−2.1		−0.31	0.760

(续表)

变量	样本	平均值		标准偏误	标准偏误减少	t 值	P 值
		处理组	对照组				
Topshare	匹配前	−0.593	−0.223	−46.5	89.4	−8.60	0.000***
	匹配后	−0.588	−0.628	5.0		0.85	0.395
Board	匹配前	0.554	−0.015	58.2	94.5	12.16	0.000***
	匹配后	0.539	0.508	3.2		0.49	0.627
Indep	匹配前	0.498	−0.032	46.7	89.6	11.51	0.000***
	匹配后	0.485	0.430	4.9		0.66	0.512
Dual	匹配前	0.308	0.360	−11.0	29.3	−2.28	0.022**
	匹配后	0.311	0.348	−7.8		−1.19	0.235
GDP	匹配前	0.077	0.074	17.5	86.8	4.19	0.001***
	匹配后	0.078	0.078	−2.3		−0.31	0.754
M2	匹配前	0.136	0.124	27.0	93.4	6.07	0.000***
	匹配后	0.137	0.137	−1.8		−0.25	0.800
EU	匹配前	153.21	157.71	−13.4	94.3	−2.91	0.004***
	匹配后	153.09	153.35	−0.8		−0.11	0.911

数据来源：由 Stata 14.0 软件处理得到。

图 8.1 所示的核密度变化情况表明,匹配后处理组和控制组的重合部分增加且足够大,基本满足了共同支撑假设。

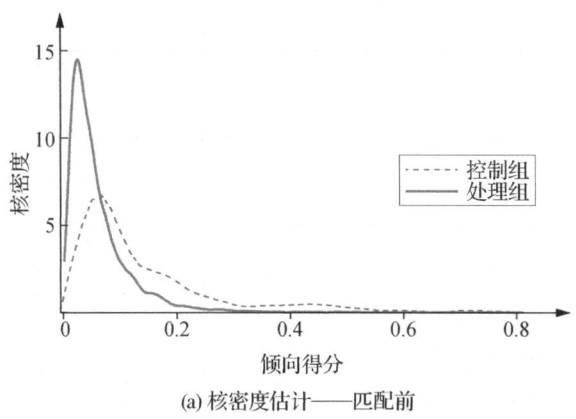

(a) 核密度估计——匹配前

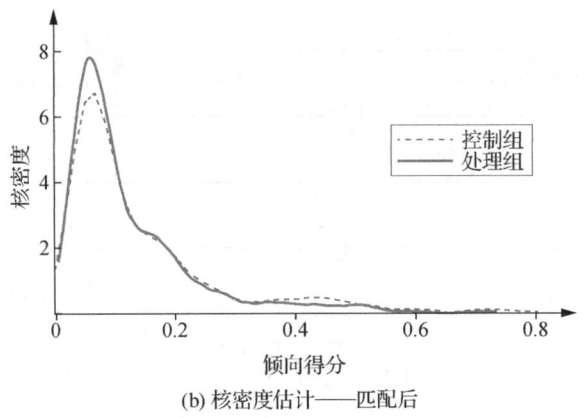

(b) 核密度估计——匹配后

图 8.1　倾向得分匹配前后核密度变化

对经过倾向得分匹配的样本再次进行回归检验,其结果如表 8.9 所示。由表 8.9 可知,国有股权 $State1$ 和 $State2$ 的系数仍然在至少 10% 的水平上显著为负,这表明主假设关系在考虑了样本选择偏误后仍然成立。

表 8.9　稳健性检验——倾向得分匹配后回归结果

变量	Fin		$Fin1$	
	(1)	(2)	(3)	(4)
$State1$	−0.108** (−2.49)	——	−0.055* (−1.78)	——
$State2$	——	−0.050*** (−5.19)	——	−0.019*** (−2.77)
$Size$	0.072*** (4.05)	0.076*** (4.28)	0.037*** (2.92)	0.039*** (3.04)
Lev	−0.098*** (−7.81)	−0.098*** (−7.76)	−0.153*** (−16.96)	−0.152*** (−16.93)
$Growth$	−0.093*** (−8.92)	−0.093*** (−8.91)	−0.052*** (−7.04)	−0.052*** (−7.03)
ROA	0.004 (0.38)	0.003 (0.31)	0.012 (1.50)	0.012 (1.47)
Ocf	−0.007 (−0.66)	−0.008 (−0.72)	0.026*** (3.28)	0.026*** (3.24)

(续表)

变量	Fin		Fin1	
	(1)	(2)	(3)	(4)
$Capital$	−0.264*** (−19.22)	−0.262*** (−19.05)	−0.138*** (−14.00)	−0.137*** (−13.91)
Age	0.212*** (9.59)	0.212*** (9.64)	−0.029* (−1.85)	−0.029* (−1.82)
Tbq	0.029** (2.51)	0.030** (2.55)	0.029*** (3.45)	0.029*** (3.48)
SA	−0.136*** (−6.10)	−0.138*** (−6.20)	−0.105*** (−6.56)	−0.105*** (−6.59)
Ins	−0.056*** (−5.60)	−0.053*** (−5.25)	−0.025*** (−3.46)	−0.024*** (−3.27)
$Topshare$	−0.018* (−1.70)	−0.019* (−1.83)	0.038*** (5.08)	0.038*** (5.04)
$Board$	−0.057*** (−4.59)	−0.057*** (−4.58)	−0.006 (−0.73)	−0.007 (−0.73)
$Indep$	0.045*** (3.71)	0.047*** (3.82)	0.010 (1.14)	0.010 (1.17)
$Dual$	−0.010 (−0.53)	−0.012 (−0.62)	0.010 (0.72)	0.009 (0.66)
GDP	8.002*** (4.67)	8.266*** (4.83)	−6.087*** (−4.97)	−5.999*** (−4.90)
$M2$	−1.815* (−1.84)	−1.946** (−1.98)	2.896*** (4.12)	2.846*** (4.04)
EU	−0.001* (−1.91)	−0.001** (−1.96)	−0.000 (−0.70)	−0.000 (−0.72)
$\_cons$	−0.178 (−0.99)	−0.191 (−1.06)	0.261** (2.03)	0.257** (1.99)
$Year$	Yes	Yes	Yes	Yes
$Industry$	Yes	Yes	Yes	Yes
N	10 229	10 229	10 229	10 229
Adj_R^2	0.216	0.218	0.149	0.149

注：***、**、*分别表示在1％、5％及10％水平下显著。

第四,考虑到2008年金融危机和2015年"股灾"对金融资产配置的冲击,本章在稳健性检验中剔除2008年和2015年的样本再次进行回归检验,表8.10显示,检验结果依然显著。

表8.10 稳健性检验——剔除2008年和2015年的样本

变量	Fin		$Fin1$	
	(1)	(2)	(3)	(4)
$State1_{t-1}$	−0.118** (−2.12)	——	−0.055* (−1.69)	——
$State2_{t-1}$	——	−0.048*** (−3.85)	——	−0.014* (−1.67)
$Size_{t-1}$	0.104*** (4.68)	0.107*** (4.83)	0.063*** (4.30)	0.064*** (4.36)
Lev_{t-1}	−0.120*** (−7.58)	−0.120*** (−7.57)	−0.154*** (−14.79)	−0.154*** (−14.79)
$Growth_{t-1}$	−0.091*** (−7.04)	−0.090*** (−6.98)	−0.053*** (−6.24)	−0.053*** (−6.22)
ROA_{t-1}	0.017 (1.09)	0.016 (1.04)	0.003 (0.32)	0.003 (0.31)
Ocf_{t-1}	−0.008 (−0.56)	−0.009 (−0.65)	0.037*** (4.10)	0.036*** (4.05)
$Capital_{t-1}$	−0.263*** (−15.32)	−0.260*** (−15.16)	−0.140*** (−12.45)	−0.140*** (−12.39)
Age_{t-1}	0.200*** (7.44)	0.199*** (7.44)	0.023 (1.31)	0.023 (1.32)
Tbq_{t-1}	0.042*** (3.04)	0.042*** (3.08)	0.026*** (2.83)	0.026*** (2.86)
SA_{t-1}	−0.147*** (−5.26)	−0.149*** (−5.35)	−0.079*** (−4.30)	−0.079*** (−4.31)
Ins_{t-1}	−0.085*** (−7.12)	−0.082*** (−6.86)	−0.025*** (−3.14)	−0.024*** (−3.03)

(续表)

变量	Fin		Fin1	
	(1)	(2)	(3)	(4)
$Topshare_{t-1}$	−0.034***	−0.035***	0.040***	0.040***
	(−2.65)	(−2.74)	(4.81)	(4.81)
$Board_{t-1}$	−0.063***	−0.063***	−0.010	−0.010
	(−4.10)	(−4.11)	(−0.98)	(−1.00)
$Indep_{t-1}$	0.049***	0.049***	0.014	0.014
	(3.26)	(3.31)	(1.43)	(1.42)
$Dual_{t-1}$	−0.020	−0.022	−0.004	−0.005
	(−0.86)	(−0.93)	(−0.28)	(−0.32)
GDP_{t-1}	9.233	9.702*	3.812	3.900
	(1.60)	(1.68)	(1.00)	(1.03)
$M2_{t-1}$	17.678	17.072	−31.377***	−31.491***
	(1.33)	(1.28)	(−3.59)	(−3.60)
EU_{t-1}	0.040	0.039	−0.071***	−0.071***
	(1.42)	(1.38)	(−3.82)	(−3.83)
_cons	−9.565	−9.347	15.810***	15.844***
	(−1.56)	(−1.52)	(3.92)	(3.92)
Year	Yes	Yes	Yes	Yes
Industry	Yes	Yes	Yes	Yes
N	7 250	7 250	7 250	7 250
Adj_R^2	0.216	0.217	0.136	0.136

注：***、**、*分别表示在1%、5%及10%水平下显著。

第五，考虑地区因素的影响。由于中国国有股权参股比例存在明显的省份地区差异(郝阳和龚六堂，2017)，故借鉴戴静等(2020)的研究引入省级层面控制变量，包括政府干预($Financial\_GDP\_pro$)、外商直接投资(Fdi_GDP_pro)及人均GDP($GDP\_population\_pro$)，表8.11显示检验结果依然显著。

表 8.11 稳健性检验——新增省份控制变量

变量	Fin		Fin1	
	(1)	(2)	(3)	(4)
$State1_{t-1}$	−0.120** (−2.37)	——	−0.042** (−2.25)	——
$State2_{t-1}$	——	−0.039*** (−3.42)	——	−0.029** (−2.24)
$Size_{t-1}$	0.094*** (4.58)	0.096*** (4.69)	0.069*** (5.04)	0.069*** (5.08)
Lev_{t-1}	−0.113*** (−7.63)	−0.112*** (−7.60)	−0.157*** (−16.06)	−0.157*** (−16.05)
$Growth_{t-1}$	−0.088*** (−7.49)	−0.087*** (−7.44)	−0.053*** (−6.78)	−0.053*** (−6.77)
ROA_{t-1}	0.017 (1.22)	0.017 (1.17)	0.004 (0.40)	0.004 (0.39)
Ocf_{t-1}	−0.006 (−0.48)	−0.007 (−0.54)	0.041*** (4.92)	0.041*** (4.89)
$Capital_{t-1}$	−0.255*** (−16.10)	−0.254*** (−16.00)	−0.144*** (−13.65)	−0.144*** (−13.61)
Age_{t-1}	0.204*** (8.04)	0.204*** (8.06)	0.020 (1.16)	0.020 (1.17)
Tbq_{t-1}	0.037*** (2.87)	0.037*** (2.89)	0.023*** (2.73)	0.023*** (2.75)
SA_{t-1}	−0.137*** (−5.22)	−0.138*** (−5.27)	−0.074*** (−4.26)	−0.074*** (−4.27)
Ins_{t-1}	−0.080*** (−7.31)	−0.078*** (−7.08)	−0.023*** (−3.17)	−0.022*** (−3.08)
$Topshare_{t-1}$	−0.025** (−2.08)	−0.025** (−2.13)	0.038*** (4.88)	0.038*** (4.88)
$Board_{t-1}$	−0.049*** (−3.43)	−0.049*** (−3.46)	−0.001 (−0.10)	−0.001 (−0.12)

(续表)

变量	Fin		$Fin1$	
	(1)	(2)	(3)	(4)
$Indep_{t-1}$	0.041***	0.042***	0.011	0.011
	(3.01)	(3.05)	(1.21)	(1.20)
$Dual_{t-1}$	−0.039*	−0.041*	−0.008	−0.009
	(−1.82)	(−1.87)	(−0.56)	(−0.59)
GDP_{t-1}	−50.453	−48.361	129.672***	130.005***
	(−0.89)	(−0.85)	(3.45)	(3.45)
$M2_{t-1}$	−30.552	−29.618	68.444***	68.584***
	(−1.08)	(−1.05)	(3.64)	(3.64)
EU_{t-1}	−0.062	−0.059	0.141***	0.141***
	(−1.02)	(−0.98)	(3.50)	(3.51)
$Financial\_GDP\_pro_{t-1}$	−0.044	−0.088	0.265	0.252
	(−0.07)	(−0.13)	(0.60)	(0.57)
$GDP\_population\_pro_{t-1}$	−0.016	−0.017	0.028**	0.027**
	(−0.80)	(−0.86)	(2.10)	(2.07)
$Fdi\_GDP\_pro_{t-1}$	0.000	0.000	0.000	0.000
	(1.29)	(1.23)	(0.74)	(0.72)
_cons	18.149	17.532	−42.020***	−42.117***
	(1.02)	(0.98)	(−3.54)	(−3.55)
Year	Yes	Yes	Yes	Yes
Industry	Yes	Yes	Yes	Yes
Province	Yes	Yes	Yes	Yes
N	8 414	8 414	8 414	8 414
Adj_R^2	0.245	0.245	0.149	0.149

注：***、**、*分别表示在1%、5%及10%水平下显著。

第五节 进一步分析

一、混合所有制改革政策效应检验

为进一步精准考察民营上市公司为主体的混合所有制改革的政策效应,本节采用双重差分法进行检验。由于民营企业发展混合所有制经济的政策意见是方针性而非强制性,国有资本参股不存在统一的执行时点,本节在企业个体层面采用多期、多处理组 DID 方法进行检验。为排除国有企业民营化形成的具有国有股权的民营企业样本,我们在上述回归样本的基础之上,通过人工查找进一步筛选出 2007—2018 年前十大股东中初始不存在国有资本、后期出现国有资本参股形成混合所有股权结构的民营上市公司样本作为处理组,筛选出从未存在国有资本参股的样本作为对照组,最终得到 7 258 个观测值。本章设置 $Treat$ 变量以区分处理组和对照组,若一个样本属于处理组,则 $Treat=1$,反之则 $Treat=0$。设置 $Post$ 变量区分国有资本参股的具体时点。在模型中加入 $Treat$ 与 $Post$ 的交乘项以检验民营上市公司参与混合所有制改革的政策效应。具体可见模型(8-2):

$$Fin_{i,t}=a_0+\beta_1\,Treat_{i,t}\times Post_{i,t}+Controls_{i,t}+Firm\ FE+Year\ FE+\varepsilon_{i,t} \quad (8\text{-}2)$$

为确保国有资本参股前处理组和对照组不存在显著差异,在进行政策效应检验前,需要进行平行趋势检验。本章以国有资本参股当年作为基准期,将参股前 6 年以上的期限归为前第 6 年,将参股后 7 年以上的期限归为后第 7 年,以固定效应模型检验并展示国有资本参股前后 13 年内的动态政策效应。表 8.12 报告了平行趋势检验的结果。图 8.2 展示了国有资本参股的政策动态经济效应。国有资本参股前期 Pre 的回归系数均在 0 附近波动且不显著,表明处理组和对照组在国有资本参股前的投资金融化程度并没有显著差异,满足了平行趋势假设。国有资本参股对企业金融化投资决策的抑制作用在第三年、第四年开始逐渐显现,这说明国有资本参股可能不同于通常的法规政策,参股股东的资源或治理效应的发挥存在一定的延迟。因此,基于平行趋势假设的结果,对于任意一个样本公司,其 $Post$ 的值从国有资本参股第 4 年起取 1,之前取值为 0。

表 8.12 平行趋势检验

变量	Fin
	(1)
$Pre6$	0.090
	(1.11)
$Pre5$	−0.051
	(−0.71)
$Pre4$	−0.049
	(−0.82)
$Pre3$	−0.062
	(−1.27)
$Pre2$	−0.044
	(−1.06)
$Pre1$	−0.049
	(−1.30)
$Current$	−0.030
	(−0.86)
$Post2$	−0.011
	(−0.29)
$Post3$	−0.057
	(−1.39)
$Post4$	−0.133***
	(−2.80)

(续表)

变量	Fin
	(1)
$Post5$	−0.219***
	(−4.00)
$Post6$	−0.236***
	(−3.80)
$Post7$	−0.295***
	(−4.47)
$\_cons$	0.546*
	(1.88)
$Firm$	Yes
$Year$	Yes
N	7 258
Adj_R^2	−0.111

注：***、**、*分别表示在1％、5％及10％水平下显著。

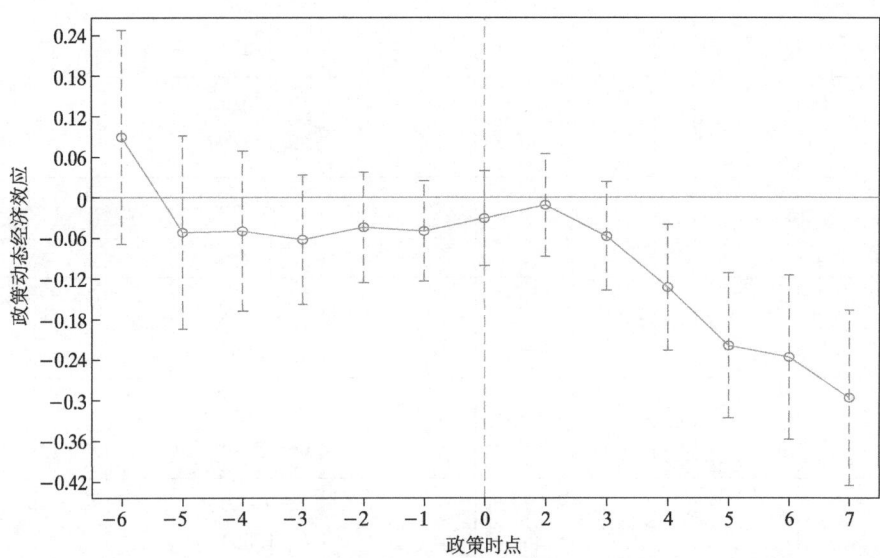

图8.2 政策动态经济效应

表 8.13 报告了样本筛选后采用多期双重差分法的检验结果。结果显示,交乘项 $Treat \times Post$ 显著为负,表明国有资本参股具有明显的抑制民营企业金融化投资决策的政策效应,印证了国有股东在参与公司治理、改善民营企业逐利倾向的过程中发挥的积极作用。此外,通过多期 DID 方法,能够有效缓解内生性问题,确保本章研究结论的稳健性。

表 8.13　混合所有制改革的政策效应与金融化投资决策

变量	Fin	
	(1)	(2)
$Treat \times Post$	−0.106*	−0.061*
	(−1.65)	(−1.67)
$Size$	——	0.081***
		(3.84)
Lev	——	−0.075***
		(−5.02)
$Growth$	——	−0.084***
		(−6.85)
ROA	——	0.001
		(0.11)
Ocf	——	0.001
		(0.11)
$Capital$	——	−0.269***
		(−15.91)
Age	——	0.201***
		(8.15)
Tbq	——	0.051***
		(3.70)

(续表)

变量	Fin	
	(1)	(2)
SA	——	−0.130***
		(−5.10)
Ins	——	−0.072***
		(−6.08)
Topshare	——	−0.012
		(−1.02)
Board	——	−0.016
		(−1.11)
Indep	——	−0.001
		(−0.08)
Dual	——	0.001
		(0.02)
GDP	——	7.611***
		(3.67)
M2	——	−2.272**
		(−1.99)
EU	——	−0.001
		(−1.52)
_cons	0.562***	−0.003
	(2.98)	(−0.02)
Firm & Year	Yes	Yes
N	7 258	7 258
Adj_R^2	0.120	0.234

注：***、**、* 分别表示在1％、5％及10％水平下显著。

二、影响机制检验

(一) 国有股权治理的中介效应

企业金融化投资受到了代理问题的深刻影响(Tori 和 Onaran,2017;柳永明和罗云峰,2019)。金融化投资被大股东当作攫取利益的工具,本质上是一种资源错配,在加重企业"脱实向虚"和偏离主业等问题的同时,威胁了国有股东在内的少数股东权益保障的稳定性,与国有资本管理部门的运营目标相冲突。股东类型和数量的增加使得参股股东发挥出更强的监督制衡作用(Boubaker 和 Sami,2011),具有抑制大股东利益侵占、优化信息环境等积极治理意义。国有股东为避免国有资本流失,可以通过调整参股比例、委派政府背景的高管或董事、调整否决权设置以及其他管理激励措施参与公司治理(Grosman 等,2016),监督约束大股东行为,降低代理成本。由于国有资本的终极控制人往往是国资委等政府部门,掌控实际行政权力,其治理效力可不囿于投资者保护的水平和地区差异,加上国有资本在融资约束和产权保护上的积极作用,其治理具备更强的有效性。因而,当第二类代理冲突紧张的企业集团通过一系列关联交易等利益输送行为,集中资源进行金融化投资以追逐和攫取利益时,国有股东能抑制这种行为,通过治理效应对投资决策予以纠偏,进而保障国有资本的稳定增值,并贯彻政府对金融市场监管和微观实体经济发展的政策方针。因而本章推测,国有股权通过削弱第二类代理成本来降低民营企业的金融化投资水平。

(二) 银行信贷融资的中介效应

基于金融资产配置的"蓄水池"理论,刘贯春等(2018)认为,金融资产持有份额对于企业杠杆具有一定的替代效应。金融资产可以作为暂时性现金储备以应对现金流不确定性,金融资产的增加为企业提供了充足的可变现资金来源,因此,外部融资约束强、融资成本高的企业更加倾向于持有金融资产以备不时之需。民营企业中的国有资本为企业提供了银行信贷融资的便利性和可获得性(宋增基等,2014;余汉等,2017),使民营企业可以在需要时更易获得银行信贷融资支持,削弱了民营企业持有相对易变现的金融资产以防范资金链断裂风险、满足主业运营的资金需求的动机,弱化了金融资产配置的"蓄水池"效应。因此本章推测,国有资本参股通过提升银行信贷融资规模降低民营企业的投资金融化水平。

(三) 固定资产投资的中介效应

以固定资产为代表的实物投资与金融化投资是两种相冲突的资源配置模式,考虑到企业资源的有限性,二者呈现出相互竞争和挤占的资源配置特征。相比国有企业,民营企业由于远离政府,缺乏产权保护、银行信贷以及特殊行业的准入资格等资源,缺少优质投资机会,更加难以应对不确定性风险,对可逆性较低的固定资产等实物投资更加谨慎(聂辉华等,2020)。产权性质差异导致的融资约束等资源不均衡是民营企业"脱实向虚"的重要推手(刘贯春等,2019)。因此,民营企业减少实物投资并非缺乏投资意愿,而是缺乏投资能力。国有资本参股为民营企业提供了信贷、信息、投资机会等资源支持,增加了民营企业对不确定性风险的应对能力,减少民营企业在市场竞争中面临的不公平处境(余汉等,2017),使其更加"无忧"地进行固定资产等实物投资,进而促进其重返产品市场、回归实业,降低企业对金融化投资的需求。因此本章推测,国有资本参股通过提升固定资产投资降低了民营企业的金融化水平。

(四) 实证分析

本章根据温忠麟等(2004)对中介效应检验程序的规范,构建模型(8-3)和模型(8-4)检验国有资本参股抑制民营企业金融化投资决策的作用机制:

$$Media_{i,t} = \alpha_0 + \alpha_1 State_{i,t-1} + Controls_{i,t-1} + \sum Year + \sum Industry + \varepsilon_{i,t} \quad (8\text{-}3)$$

$$Fin_{i,t} = \alpha_0 + \alpha_1 State_{i,t-1} + \alpha_2 Media_{i,t-1} + \\ Controls_{t-1} + \sum Year + \sum Industry + \varepsilon_{i,t} \quad (8-4)$$

其中，$Media$ 表示中介变量。$Media$ 包括第二类代理成本变量($Agency$)、银行信贷融资变量($Bank$)以及固定资产投资变量($Capital$)。第二类代理成本变量($Agency$)以企业各类关联方交易金额占总资产的比重度量，常见的关联方交易事项类型包括商品交易、资产交易、股权交易及担保抵押等。考虑到我国商业银行为克服"短借长贷"风险而普遍减少长期贷款的现状，以及对金融资产配置的"蓄水池"理论的适用性分析，银行信贷融资变量($Bank$)以当期短期借款与上期短期借款之差除以当期总资产来衡量，以更好地度量银行信贷的可获得性；相应地，融资机制中的国有股权变量 $State$ 同样采用增量来度量。固定资产投资变量($Capital$)以固定资产净额除以总资产衡量。模型(8-3)以国有股权比例估计以上中介变量。模型(8-4)同时纳入解释变量与中介变量。

表 8.14 和表 8.15 分别列示了国有资本参股虚拟变量 $State1_{t-1}$ 和连续变量 $State2_{t-1}$ 对三个中介变量的回归检验结果。(1)、(3)、(5)列为模型(8-3)的回归结果，为国有资本参股对中介变量的回归，其回归系数均至少在 10% 水平上显著，说明国有资本参股越多，第二类代理成本越低，银行信贷融资规模越大，固定资产投资越多。(2)、(4)、(6)列为模型(8-4)的回归结果，同时加入了国有资本参股变量($State$)和中介变量。$State$ 的系数在至少 5% 水平上显著为负。Sobel 值均在至少 10% 水平上显著为负，表明第二类代理成本、银行信贷融资以及固定资产投资均是国有资本参股影响民营企业投资金融化水平的中介变量。以上中介效应机制检验分别验证了国有资本参股抑制金融化投资决策的治理机制、融资机制和投资替代机制。

表 8.14 中介效应检验：State1

变量	治理机制：第二类代理成本		融资机制：银行信贷融资		投资替代机制：固定资产投资	
	(1) Agency	(2) Fin	(3) Bank	(4) Fin	(5) Capital	(6) Fin
$State1_{t-1}(\_change)$	−0.045** (−2.07)	−0.057*** (−2.61)	0.096* (1.84)	−0.012** (−2.05)	0.065* (1.84)	−0.109** (−2.14)
$Agency_{t-1}$	—	0.030*** (2.59)	—	—	—	—
$Bank_{t-1}$	—	—	—	−0.013 (−1.28)	—	—
$Size_{t-1}$	−0.169*** (−8.06)	0.119*** (5.58)	0.064*** (2.90)	0.106*** (5.14)	−0.024* (−1.66)	0.105*** (5.09)
Lev_{t-1}	0.395*** (25.96)	−0.130*** (−8.11)	−0.043*** (−2.73)	−0.123*** (−8.27)	0.076*** (7.40)	−0.122*** (−8.22)
$Growth_{t-1}$	−0.002 (−0.13)	−0.089*** (−7.32)	0.072*** (5.64)	−0.089*** (−7.48)	−0.030*** (−3.64)	−0.090*** (−7.54)
ROA_{t-1}	0.006 (0.38)	0.012 (0.81)	0.050*** (3.29)	0.020 (1.37)	−0.101*** (−10.30)	0.018 (1.28)
Ocf_{t-1}	−0.062*** (−4.73)	−0.003 (−0.23)	−0.086*** (−6.31)	−0.008 (−0.63)	0.167*** (19.51)	−0.006 (−0.51)

(续表)

变量	治理机制：第二类代理成本		融资机制：银行信贷融资		投资替代机制：固定资产投资	
	(1) Agency	(2) Fin	(3) Bank	(4) Fin	(5) Capital	(6) Fin
$Capital_{t-1}$	0.040** (2.47)	−0.273*** (−16.63)	0.044*** (2.61)	−0.272*** (−17.13)	—	−0.272*** (−17.13)
Age_{t-1}	−0.060** (−2.24)	0.183*** (6.82)	−0.120*** (−4.34)	0.198*** (7.70)	0.044** (2.48)	0.199*** (7.75)
Tbq_{t-1}	0.010 (0.79)	0.045*** (3.38)	0.006 (0.45)	0.043*** (3.31)	−0.052*** (−5.87)	0.042*** (3.26)
SA_{t-1}	−0.133*** (−4.92)	−0.156*** (−5.71)	0.008 (0.27)	−0.144*** (−5.45)	0.040** (2.20)	−0.146*** (−5.53)
Ins_{t-1}	−0.008 (−0.71)	−0.081*** (−7.09)	0.045*** (3.83)	−0.086*** (−7.76)	−0.037*** (−4.81)	−0.087*** (−7.82)
$Topshare_{t-1}$	0.085*** (6.99)	−0.040*** (−3.23)	0.008 (0.66)	−0.029** (−2.42)	0.008 (0.96)	−0.030** (−2.56)
$Board_{t-1}$	0.001 (0.10)	−0.067*** (−4.53)	0.007 (0.44)	−0.063*** (−4.40)	0.036*** (3.68)	−0.062*** (−4.33)
$Indep_{t-1}$	−0.040*** (−2.85)	0.044*** (3.06)	−0.008 (−0.56)	0.045*** (3.25)	0.001 (0.06)	0.046*** (3.36)

(续表)

变量	治理机制：第二类代理成本		融资机制：银行信贷融资		投资替代机制	
	(1)	(2)	(3)	(4)	(5)	固定资产投资 (6)
	Agency	Fin	Bank	Fin	Capital	Fin
$Dual_{t-1}$	0.014	−0.030	−0.001	−0.029	−0.022	−0.028
	(0.61)	(−1.32)	(−0.02)	(−1.34)	(−1.46)	(−1.29)
GDP_{t-1}	−50.088	−66.466	−410.521***	−57.449	103.993***	−50.428
	(−0.87)	(−1.15)	(−6.69)	(−1.00)	(2.63)	(−0.88)
$M2_{t-1}$	−26.193	−38.379	−208.436***	−33.854	51.212***	−30.301
	(−0.91)	(−1.33)	(−6.80)	(−1.18)	(2.59)	(−1.06)
EU_{t-1}	−0.053	−0.080	−0.440***	−0.070	0.107**	−0.062
	(−0.86)	(−1.28)	(−6.70)	(−1.14)	(2.54)	(−1.02)
_cons	15.984	23.201	129.805***	20.313	−32.507***	18.111
	(0.88)	(1.27)	(6.71)	(1.12)	(−2.60)	(1.00)
Year	Yes	Yes	Yes	Yes	Yes	Yes
Industry	Yes	Yes	Yes	Yes	Yes	Yes
N	7 959	7 959	8 414	8 414	8 414	8 414
Adj_R^2	0.179	0.212	0.042	0.216	0.353	0.217
Sobel检验	−0.001 3* (z=−1.698)		−0.006 2* (z=−1.756)		−0.016 6* (z=−1.724)	

注：***，**，* 分别表示在1%，5%及10%水平下显著。

表 8.15 中介效应检验：State2

变量	治理机制：第二类代理成本		融资机制：银行信贷融资		投资替代机制：固定资产投资	
	(1) Agency	(2) Fin	(3) Bank	(4) Fin	(5) Capital	(6) Fin
$State2_{t-1}(\_change)$	−0.029** (−2.45)	−0.044*** (−3.72)	0.009*** (2.83)	−0.007** (−2.35)	0.029*** (3.66)	−0.044*** (−3.87)
$Agency_{t-1}$	—	0.029** (2.55)	—	—	—	—
$Bank_{t-1}$	—	—	—	−0.014 (−1.36)	—	—
$Size_{t-1}$	−0.169*** (−8.08)	0.119*** (5.59)	0.064*** (2.90)	0.107*** (5.18)	−0.025* (−1.75)	0.108*** (5.20)
Lev_{t-1}	0.395*** (25.95)	−0.130*** (−8.12)	−0.042*** (−2.67)	−0.122*** (−8.20)	0.075*** (7.36)	−0.122*** (−8.19)
$Growth_{t-1}$	−0.000 (−0.03)	−0.087*** (−7.18)	0.072*** (5.64)	−0.089*** (−7.46)	−0.031*** (−3.71)	−0.089*** (−7.47)
ROA_{t-1}	0.004 (0.27)	0.010 (0.65)	0.051*** (3.34)	0.020 (1.43)	−0.100*** (−10.23)	0.017 (1.22)
Ocf_{t-1}	−0.061*** (−4.69)	−0.002 (−0.19)	−0.086*** (−6.31)	−0.008 (−0.62)	0.168*** (19.55)	−0.007 (−0.57)

(续表)

变量	治理机制:第二类代理成本		融资机制:银行信贷融资		投资替代机制:固定资产投资	
	(1) Agency	(2) Fin	(3) Bank	(4) Fin	(5) Capital	(6) Fin
$Capital_{t-1}$	0.041** (2.52)	−0.271*** (−16.53)	0.045*** (2.63)	−0.271*** (−17.11)	—	−0.270*** (−17.00)
Age_{t-1}	−0.062** (−2.33)	0.180*** (6.72)	−0.120*** (−4.36)	0.198*** (7.69)	0.044** (2.46)	0.199*** (7.77)
Tbq_{t-1}	0.010 (0.76)	0.045*** (3.35)	0.007 (0.50)	0.043*** (3.38)	−0.052*** (−5.88)	0.042*** (3.27)
SA_{t-1}	−0.135*** (−4.98)	−0.159*** (−5.82)	0.006 (0.23)	−0.145*** (−5.48)	0.041** (2.27)	−0.148*** (−5.61)
Ins_{t-1}	−0.009 (−0.75)	−0.081*** (−7.12)	0.045*** (3.78)	−0.087*** (−7.84)	−0.039*** (−5.03)	−0.084*** (−7.56)
$Topshare_{t-1}$	0.084*** (6.89)	−0.042*** (−3.37)	0.008 (0.63)	−0.029** (−2.42)	0.009 (1.05)	−0.031*** (−2.65)
$Board_{t-1}$	0.001 (0.06)	−0.068*** (−4.57)	0.007 (0.43)	−0.063*** (−4.42)	0.036*** (3.68)	−0.062*** (−4.34)
$Indep_{t-1}$	−0.039*** (−2.73)	0.046*** (3.23)	−0.008 (−0.54)	0.045*** (3.26)	−0.000 (−0.01)	0.047*** (3.43)

(续表)

变量	治理机制：第二类代理成本		融资机制：银行信贷融资		投资替代机制：固定资产投资	
	(1)	(2)	(3)	(4)	(5)	(6)
	Agency	Fin	Bank	Fin	Capital	Fin
$Dual_{t-1}$	0.013	−0.030	−0.000	−0.029	−0.021	−0.029
	(0.60)	(−1.32)	(−0.01)	(−1.33)	(−1.40)	(−1.35)
GDP_{t-1}	−41.855	−55.335	−418.056***	−64.346	102.231***	−47.930
	(−0.73)	(−0.96)	(−6.80)	(−1.12)	(2.58)	(−0.84)
$M2_{t-1}$	−22.239	−33.051	−212.165***	−37.278	50.438**	−29.221
	(−0.78)	(−1.14)	(−6.91)	(−1.30)	(2.55)	(−1.02)
EU_{t-1}	−0.044	−0.068	−0.448***	−0.077	0.106**	−0.060
	(−0.72)	(−1.10)	(−6.82)	(−1.26)	(2.50)	(−0.98)
_cons	13.429	19.753	132.168***	22.473	−31.979**	17.365
	(0.74)	(1.08)	(6.82)	(1.24)	(−2.56)	(0.96)
Year	Yes	Yes	Yes	Yes	Yes	Yes
Industry	Yes	Yes	Yes	Yes	Yes	Yes
N	7 959	7 959	8 414	8 414	8 414	8 414
Adj R^2	0.179	0.213	0.042	0.217	0.353	0.218
Sobel 检验	−0.000 8* ($z=-1.769$)		−0.002 1** ($z=-2.190$)		−0.008 6*** ($z=-3.917$)	

注：***，**，* 分别表示在 1%，5% 及 10% 水平下显著。

三、经济后果分析

微观企业的资金规模是有限的,当制造业等实体产业陷入需求不足、竞争加剧、利润低迷的困境时,受逐利动机驱使的产业资本便不再专注于投入高、周期长、风险大的创新研发投资,转而通过配置金融资产以求获得短期高额回报,造成了金融投资对企业研发支出的"挤占"(王红建等,2017)。然而,国有资本具有的资源获取优势和风险对抗能力则可以解决民营企业创新意愿不强、资源不足的问题,提升企业的创新水平(Opler等,1999)。国有股权在不影响民营企业控制权的情况下,凭借资源优势和委派国有董事等方式形成资源效应和治理效应,削弱了金融投资对研发支出的"挤出"效应,使得民营企业资源配置模式更加合理,防止民营企业片面追求通过金融化投资决策获取高额收益,从而使之专注于实业经营和长期发展。本章选择采用以下实证过程对此进行检验。参照王红建等(2017)的研究,本章构建模型(8-5)和模型(8-6)用以检验:

$$Inno_{i,t} = a_0 + \beta_1 Fin_{i,t-1} + Controls_{i,t-1} + Industry\ FE + Year\ FE + \varepsilon_{i,t} \tag{8-5}$$

$$Inno_{i,t} = a_0 + \beta_1 Fin_{i,t-1} + \beta_2 Fin_{i,t-1} \times State_{i,t-1} + \beta_3 State_{i,t-1} + Controls_{i,t-1} + Industry\ FE + Year\ FE + \varepsilon_{i,t} \tag{8-6}$$

其中,$Inno$ 为研发投入占总资产的比例。控制变量的选取与符号如模型(8-5)和模型(8-6)所示,定义及度量方式与模型(8-1)中相同。自变量均采用滞后一期。表8.16中的(1)列和(2)列列示模型(8-5)的检验结果,金融化程度变量 Fin_{t-1} 与企业研发支出 $Inno$ 的单变量和全模型的回归系数均在1%的水平上显著为负,印证了企业金融化投资对创新研发支出的"挤占"效应。表8.16中的(3)列和(4)列为模型(8-6)的检验结果,纳入了国有资本参股变量 $State1_{t-1}$ 及 $State1_{t-1}$ 与 Fin_{t-1} 的交乘项。国有资本参股变量和金融化投资程度的交乘项

$Fin_{t-1} \times State1_{t-1}$ 在 1% 水平上显著为正,说明国有资本参股能够显著削弱企业投资金融化对研发支出的"挤占"效应,国有股权的治理效应和资源效应不仅体现在对金融化投资决策的抑制上,还能够有效平衡企业资源配置模式,实现民营企业投资"返实"。

表 8.16 国有资本参股与金融化的经济后果分析——创新投资

变量	Inno			
	(1)	(2)	(3)	(4)
Fin_{t-1}	−0.079*** (−5.65)	−0.081*** (−6.28)	−0.088*** (−6.20)	−0.088*** (−6.73)
$Fin_{t-1} \times State1_{t-1}$	——	——	0.332*** (3.83)	0.275*** (3.70)
$State1_{t-1}$	——	——	0.077 (1.47)	0.084* (1.87)
$Size_{t-1}$	——	−0.042** (−2.29)	——	−0.042** (−2.32)
Lev_{t-1}	——	−0.035** (−2.32)	——	−0.037** (−2.39)
$Growth_{t-1}$	——	−0.018 (−1.40)	——	−0.018 (−1.44)
ROA_{t-1}	——	0.140*** (9.94)	——	0.140*** (9.93)
Ocf_{t-1}	——	0.091*** (6.79)	——	0.091*** (6.73)
Age_{t-1}	——	0.009 (0.69)	——	0.009 (0.63)
$Topshare_{t-1}$	——	−0.033*** (−2.83)	——	−0.031*** (−2.69)
$Capital_{t-1}$	——	−0.072*** (−4.28)	——	−0.073*** (−4.31)
_cons	−0.010 (−0.86)	−0.109 (−0.56)	−0.013 (−1.10)	−0.108 (−0.55)

(续表)

变量	Inno			
	(1)	(2)	(3)	(4)
Year	No	Yes	No	Yes
Industry	No	Yes	No	Yes
N	6 978	6 978	6 978	6 978
Adj_R^2	0.004	0.304	0.006	0.306

注：***、**、* 分别表示在1%、5%及10%水平下显著。

第六节 本章小结

本章立足于民营企业"反向混改"以及企业投资决策趋于过度金融化的现实背景，以我国民营上市公司为样本，采用民营上市公司国有股权数据，实证检验了国有资本参股对民营企业投资决策金融化程度的影响。研究发现，国有资本参股能显著降低民营企业投资决策的金融化程度，且在国有股东为地方国有企业、经济政策不确定性强的时期更加明显。国有资本通过治理机制、融资机制和投资替代机制有效地抑制了民营企业金融化。而且国有资本参股能够削弱金融化对民营企业研发支出等创新投资的"挤占"。总之，在抑制实体民营企业过度金融化这一问题上，混合所有制改革是卓有成效的。

本章的研究为混合所有股权结构改善民营企业资产配置的治理效应提供了经验证据，证实了国有资本参股在抑制民营企业投资决策过度金融化、防范系统性金融风险向微观层面蔓延等方面具有显著效力，验证了民营企业"反向混改"的前瞻性和科学性。作为巩固中国基本经济制度的重要途径，混合所有制改革不应仅限于将国有企业作为主体，国有资本参股民营企业进行"反向混改"同样举足轻重。基于上述研究结论，本章提出如下三点政策建议。

第一，全面贯彻落实民营企业参与混合所有制改革的各项举措，完善民营企业监督治理机制。鼓励国有资本通过产权融合、战略合作等形式充分发挥国有资本的监督治理效应。在民营企业为主体的混合所有股权结构中,应特别强调国有股权的治理参与,如委派国有董事、设置一票否决权等。与民营股东参股国有企业相比,国有股东参股民营企业可以凭借其资源优势对民营企业大股东的投资激进行为和内部利益输送形成有效的监督和约束,加强对中小股东权益的保护,缓解第二类代理问题,以此助推民营企业健康成长,专注于长远发展,同时发挥国有资本在经济转型和高质量增长中的战略效应。

第二,从融资和投资两方面增加民营企业的准入机会和获益渠道,真正发挥国有股权的资源效应。支持国有企业通过社会资本和市场声誉为民营企业提供完善的银行信贷融资担保体系和多层次资本市场直接融资机会,缓解其遭受的融资歧视困境,为民营企业发展"添薪加柴";国有股东应为民营企业提供更多的实业投资机会,积极引导民营企业参与技术研发创新、重大基础设施建设投资,使其有的放矢地"脱虚返实",不断减少替代性金融化投资,逐步释放积聚的金融风险,为企业平稳运营和有序发展保驾护航。综上,通过对投融资双向把握使得民营企业专注于实业发展,实现"1+1>2"的效率资源整合。

第三,加强对企业金融投资结构、期限及获利渠道的关注,建立健全企业金融化投资决策评价体系。具体来看,在金融资产配置期限上,短期持有的交易类金融资产往往发挥着类似持有现金的"蓄水池"效应,对企业整体资产配置效率影响不大。而难以转换和变现的投资性房地产、与主业相关度低的股权投资,以及近年来兴起的长期理财信托类金融资产才是吸收企业主业发展资金的主要金融资产类别。因此,要综合考虑企业金融资产投资多维度特征指标,完善企业金融化投资决策评价体系,实施分类管理,实现中央"稳金融""稳投资"的预期。

第九章　国有资本参股与民营企业资本市场定价效率

第一节　问题的提出

在当前全面深化改革的新形势下,混合所有制改革已成为中国经济体制改革在微观企业层面的具体体现,对中国宏观经济持续增长和微观企业做大做强具有深远影响。当前混合所有制改革既允许民营企业参股国有企业,即国有企业引入民营资本,也允许国有企业参股民营企业,即民营企业引入国有资本,最终实现国有资本和非国有资本交叉持股、相互融合的股权结构。混合所有股权结构能够将国有企业的实力和民营企业的活力有效整合,从而提升企业的整体竞争力,改善企业绩效,实现国有资本和民营资本"1+1>2"的改革效果(陈建林 2015;郝阳和龚六堂,2017)。

自从中共十八届三中全会以来,混合所有制改革得到学术界越来越多的关注。现有文献主要集中于研究国有企业引入民营资本进行混合所有制改革的经济后果。研究发现,非国有股东参股以及委派董事、监事、高管参与高层治理有助于促进国有企业创新研发(程承坪和陈志,2021),改善内部控制质量(刘运国等,2016;曹越等,2020)和会计信息质量(冯慧群和郭娜,2021),影响高管薪酬激励(蔡贵龙等,2018a)和内部薪酬差距(陈良银等,2021),优化人力资本结构(马新啸等,2020),增加国企纳税贡献(马新啸等,2021),降低国企超额雇员(易阳等,2021)等。但是,学术界对民营企业引入国有资本参股进行"反向混改"产生的经济后果尚缺乏足够关注。

股价同步性是指个股价格与市场价格波动的关联性(伊志宏等,2019)。当个股价格反映的公司基本面特质信息较少时,其受市场因素影响较大,与股市"同涨同跌",股价同步性较高;当个股价格很好地反映公司基本面信息时,股价同步性较低,有利于提高资本市场资源配置效率(王木之和李丹,2019)。股价同步性是衡量股票市场运行效率和股票定价效率的重要指标,如何降低公司股价同步性是财务学和金融学领域关注的热点问题。因此,本章从混合所有股权结构的视角研究如何降低民营上市公司的股价同步性,以及国有资本在不同情境中发挥降低股价同步性作用的边界条件,以期为提高我国混合所有制改革成效和资本市场定价效率提供有益参考。

本章可能的学术贡献主要体现在以下几个方面:

第一,以往国内关于民营企业引入国有资本参股进行"反向混改"的文献主要关注融资决策(宋增基等,2014;何德旭等,2022)、研发创新(陈建林,2015;罗宏和秦际栋,2019;韦浪和赵劲松,2021)、投资决策(赵璨等,2021;钱爱民等,2023),而本章从资本市场股价同步性的视角丰富了民营上市公司"反向混改"经济后果的研究。

第二,以往文献从公司内部治理环境视角研究股价同步性影响因素的文献较少,主要包括所有权结构(Gul等,2010)、公司治理质量(周林洁,2014)、机构投资者持股(侯宇和叶冬艳,2008),而本章从股权结构、股东性质异质性视角拓宽了股价同步性影响因素已有的研究成果。

第三,本章从上市公司关联交易和文本披露质量两方面验证了民营企业引入国有资本参股影响股价同步性的作用路径,为股价同步性"信息效率观"提供了增量证据支持(Morck,2000;黄俊和郭照蕊,2014)。

第二节 理论分析与研究假设

我国作为新兴市场经济国家,民营企业特别是家族企业股权集中度较高,并且很多家族企业的创始人、控股股东同时是家族企业的管理层,第二类代理问题尤其突出(Faccio和Lang,2002)。控股股东或管理层为了追求自身利益最大化会进行"隧道挖掘",掏空民营上市公司,严重损害中小股东利益,如以低于市场公允价值处置公司资产或产品、向外部投资者隐瞒公司真实经营状况等(周林洁,2014)。国有资本参股民营企业形成混合所有股权结构可以产生"治理效应"(赵璨等,2021)。那么,国有股东的"治理效应"如何影响民营上市公司行为,进而影响股价同步性呢?

首先,民营企业通过引入国有资本参股可以形成有效制衡的多元股权结构,进而缓解代理问题(蔡贵龙等,2018a)。国有股东为了避免自身利益受到损害,会对民营控股股东的关联交易、兼并收购等利益掏空行为进行有效的监督和约束。国有股东不仅是异质产权性质股东,而且是兼具政府属性的外部股东,因而,其在民营上市公司治理过程中拥有更多的话语权(钱爱民等,2023)。国有股东可以通过委派董事参与董事会决策,改善民营企业内部控制制度建设,完善治理机制(刘运国等,2016;蔡贵龙等,2018a),从根本上减少控股股东的利益掏空等损害公司价值和中小股东利益的行为,减少民营上市公司为掩盖侵占中小股东利益的行为进行的信息披露操纵,降低公司与外部信息使用者之间的信息不对称程度。

其次,国有资本参股民营企业形成混合股权结构,可以对民营企业的经营以及控股股东的信息披露行为造成影响,改善民营企业的信息环境。一方面,以往文献发现,公司治理质量越低,会计信息质量越低(Leuz等,2003)。民营上市公司引入国有股东发挥"治理效应",有助于提高公司治理质量,减少控股股东或管理层的财务舞弊、盈余操纵行为,提高信息披露的真实性。另一方面,在参股国有股东的监督制约下,民营上市公司文本信息披露质量也会得到相应提高。文本信息作为上市公司财务信息的有力补充和说明,可以为投资者提供决策增量信息(薛爽等,2010),降低公司资本成本,提高分析师预测的准确度以及审计师的审计质量(Dhaliwal等,2012)。可读性更高、信息含量更丰富的文本信息披露有助于会计信息使用者对公司特征信息的解读和释放,从而使股票价格更多地反映公司层面的信息。因此,在"信息效率观"下,国有资本参股的民营上市公司信息披露质量更高、透明度更高,进而股价同步性更低。而且国有股东参与民营企业的经营决策过程,对民营企业的融资活动、投资活动等行为产生实质影响,导致民营企业的投融资、经营行为发生转变,因而需要向外界披露更多的信息(陈冬华和姚振晔,2018),使得未来公司股票价格中包含更多的高质量公司特制信息(Leuz 等,2003),降低公司的股价同步性。

据此,本章提出以下假设:

假设 9-1:限定其他条件下,国有资本参股会降低民营企业股价同步性。

第三节 研究设计

一、数据来源与样本选取

本章以 2008—2019 年 A 股民营上市公司样本为基础,对初始样本数据进行了如下处理:①考虑到金融类企业所适用的会计准则的特殊性,本章剔除了所有金融行业的样本;②删除股价同步性、公司治理、财务数据缺失的样本;③删除存在不合理数据的样本,如资不抵债公司样本。最终得到 14 497 个观测值。上市公司资本市场表现、公司治理和财务数据主要来自国泰安(CSMAR)数据库和锐思数据库(RESSET)。本章使用的计量分析软件为 Stata14.0。

二、变量定义

被解释变量:股价同步性(SYN)。参考 Gul 等(2010)、王木之和李丹(2019)、伊志宏等(2019)的研究,使用模型(9-1)估计个股在年报披露后的股价回归拟合度 R_i^2,并对其进一步用公式(9-2)进行对数化处理,得到股价同步性指标(SYN)。其中,$R_{i,t}$ 是股票 i 在第 t 周考虑现金红利再投资的收益;$R_{m,t}$ 是 A 股所有股票在第 t 周经流通市值加权的平均收益率;$R_{m,t-1}$ 是 A 股所有股票在第 $t-1$ 周经流通市值加权的平均收益率；$R_{l,t}$ 是按照2012年中国证监会行业分类标准，以公司流通市值为权重，对 $R_{i,t}$ 加权平均得到的平均收益率；$R_{l,t-1}$ 指的是第 $t-1$ 周行业平均收益率。

$$R_{i,t} = \beta_0 + \beta_1 R_{m,t} + \beta_2 R_{m,t-1} + \beta_3 R_{l,t} + \beta_4 R_{l,t-1} + \varepsilon_{i,t} \quad (9-1)$$

$$SYN_i = \ln\left(\frac{R_i^2}{1-R_i^2}\right) \quad (9-2)$$

解释变量：国有资本参股。本章对国有资本参股分别设置虚拟变量($State1$)和连续变量($State2$)。参照郝阳和龚六堂(2016)、钱爱民等(2023)的研究，当某公司前十大股东中国有股东持股比例之和在10%以上时，其 $State1$ 取值为1，否则取值为0。连续变量($State2$)为前十大股东中国有股东持股比例之和。

本章进一步控制了其他可能影响股价同步性的因素，包括公司规模($Size$)、资产负债率(Lev)、盈利能力(ROA)、账市比(BM)、前十大会计师事务所审计($Big10$)、第一大股东持股比例($Topshare$)、独立董事比例($Indep$)、两职合一($Dual$)、公司上市时间(Age)。另外，模型控制了年份固定效应和行业固定效应。具体定义见表9.1。

表9.1 变量定义

变量类型	变量符号	变量定义
被解释变量	SYN	股价同步性
解释变量	State1	虚拟变量，若前十大股东中国有股东持股比例大于10%，取值为1，否则为0
	State2	连续变量，前十大股东中国有股东持股比例之和(%)
控制变量	Size	公司规模，即公司总资产的自然对数
	Lev	负债水平，即负债总额除以资产总额
	ROA	公司盈利能力，即净利润除以总资产
	BM	账面价值与市值的比
	Big10	虚拟变量，前十大会计师事务所审计，取值为1，否则为0

(续表)

变量类型	变量符号	变量定义
控制变量	Topshare	股权集中度,第一大股东持股比例
	Indep	独立董事占比,等于独立董事人数与董事会人数的比
	Dual	虚拟变量,董事长与总经理为同一人时取值为1,否则为0
	Age	公司上市年数加1的自然对数
	Industry	行业虚拟变量,按照中国证监会2012年行业分类标准设定
	Year	年度虚拟变量,2008年至2019年,设置11个年度虚拟变量

三、回归模型

本章采用模型(9-3)进行主回归检验,如果国有资本参股能够提高民营上市公司特有信息含量、降低股价同步性,则 β_1 回归系数显著为负。

$$SYN_{i,t} = \beta_0 + \beta_1 State_{i,t} + \beta_2 Size_{i,t} + \beta_3 Lev_{i,t} + \beta_4 ROA_{i,t} + \beta_5 BM_{i,t} + \beta_6 Big10_{i,t} + \beta_7 Topshare_{i,t} + \beta_8 Indep_{i,t} + \beta_9 Dual_{i,t} + \beta_{10} Age_{i,t} + Industry\ FE + Year\ FE + \varepsilon_{i,t}$$

(9-3)

第四节 实证结果分析

一、描述性统计分析

表9.2列示了主要变量的描述性统计结果。为了消除极端值对于研究结果稳健性的影响,本章对连续型变量小于1%和大于99%分位数的数据进行了缩尾处理。

表 9.2　主要变量描述性统计

variables	mean	min	p25	p50	p75	max	sd
SYN	−0.499	−3.490	−1.038	−0.414	0.148	1.341	0.930
State1	0.082	0.000	0.000	0.000	0.000	1.000	0.274
State2	0.027	0.000	0.000	0.000	0.026	0.306	0.055
Size	21.723	19.349	20.941	21.637	22.386	24.923	1.074
Lev	0.390	0.047	0.227	0.380	0.532	0.869	0.199
ROA	0.039	−0.341	0.016	0.041	0.072	0.205	0.071
BM	0.580	0.008	0.408	0.584	0.751	1.463	0.230
Big10	0.542	0.000	0.000	1.000	1.000	1.000	0.498
Topshare	0.321	0.084	0.216	0.300	0.407	0.696	0.136
Indep	0.376	0.333	0.333	0.333	0.429	0.571	0.052
Dual	0.357	0.000	0.000	0.000	1.000	1.000	0.479
Age	1.854	0.000	1.099	1.946	2.485	3.219	0.786

从表 9.2 可以看出，SYN 均值为 −0.499，这与以往的研究差别不大（王木之和李丹，2019）。SYN 最小值和最大值分别是 −3.490 和 1.341，这说明不同公司之间的股价同步性存在显著差异。国有股权变量 State1 的均值为 0.082，表明约有 8.2% 的民营上市公司前十大股东中国有资本参股比例达到 10% 以上，State2 的均值为 0.027，与郝阳和龚六堂（2016）、钱爱民等（2023）的研究结果基本一致。随着混合所有制改革的推进，国有资本参股民营企业进行"反向混改"的案例越来越多。其他控制变量描述性统计结果与以往文献基本一致。

二、回归结果分析

表 9.3 中的(1)和(2)列回归结果显示，State1 和 State2 的回归系数均显著为负，在分别在 1% 和 10% 水平上通过了显著性检验（$\beta_1 = -0.069, t = -2.88; \beta_1 = -0.222, t = -1.79$）。这说明国有资本参股可以降低民营上市公司的股价同步性，国有资本参股比例越高，股价同步性越低。随着国有股东的进入，民营上市公司信息披露行为日趋

规范,越来越多公司层面的信息得到披露并融入股票价格;并且异质股东的监督有助于抑制大股东掏空行为,提高公司透明度,降低股价同步性,提高股票定价效率。因此,本章的研究假说 9-1 得到验证。

表 9.3 国有资本参股与民营企业股价同步性

variables	SYN (1)	SYN (2)
$State1$	−0.069*** (−2.88)	——
$State2$	——	−0.222* (−1.79)
$Size$	0.039*** (3.97)	0.039*** (4.02)
Lev	−0.597*** (−13.30)	−0.598*** (−13.32)
ROA	0.147 (1.25)	0.144 (1.23)
BM	1.010*** (22.82)	1.010*** (22.82)
$Big10$	0.023* (1.65)	0.023* (1.65)
$Topshare$	−0.254*** (−4.81)	−0.251*** (−4.76)
$Indep$	−0.139 (−1.06)	−0.138 (−1.05)
$Dual$	0.015 (1.07)	0.016 (1.09)
Age	0.104*** (8.66)	0.104*** (8.63)
$Constant$	−0.917*** (−4.86)	−0.929*** (−4.92)

(续表)

variables	SYN (1)	SYN (2)
Year FE	Yes	Yes
Industry FE	Yes	Yes
N	14 497	14 497
Adj_R^2	0.271	0.271

注：① ***、**、* 分别表示在1%、5%、10%水平上显著；②下方括号内提供的 t 值经过异方差稳健修正。

三、稳健性检验

为了保证研究结论的稳健性，本章进行以下稳健性检验：

第一，替换关键变量度量。参考朱红军等（2007）的做法，使用模型（9-4）的拟合系数 R^2 衡量股票价格的同步性。回归结果如表9.4中的（1）列和（2）列所示，State1的回归系数在1%水平上显著为负（$\beta_1 = -0.057, t = -2.72$）；State2的回归系数在10%水平上显著为负（$\beta_1 = -0.202, t = -1.87$）。

$$R_{i,t} = \beta_0 + \beta_1 R_{m,t} + \beta_2 R_{m,t-1} + \varepsilon_{i,t} \quad (9\text{-}4)$$

第二，倾向得分匹配法（PSM）。本章以有国有资本参股的民营上市公司为处理组，选择公司规模（Size）、资产负债率（Lev）、盈利能力（ROA）、账市比（BM）、前十大会计师事务所审计（Big10）、第一大股东持股比例（Topshare）、独立董事比例（Indep）、两职合一（Dual）、公司上市时间（Age）、年份（Year）、行业（Industry）作为匹配变量，按照1∶1不放回配对的方式匹配对照组，对经过倾向得分匹配的样本再次进行回归检验，回归结果如表9.4中（3）列和（4）列所示，State1和State2的回归系数均在1%水平上显著为负，支持了本章的主回归检验结果。

表 9.4　稳健性检验

variables	SYN (1)	SYN (2)	SYN (3)	SYN (4)
$State1$	−0.057*** (−2.72)	——	−0.081*** (−3.37)	——
$State2$	——	−0.202* (−1.87)	——	−0.332*** (−2.63)
$Size$	0.021*** (2.58)	0.022*** (2.63)	0.030*** (2.92)	0.031*** (3.01)
Lev	−0.487*** (−12.86)	−0.488*** (−12.88)	−0.624*** (−13.47)	−0.626*** (−13.50)
ROA	0.079 (0.79)	0.076 (0.77)	0.148 (1.19)	0.144 (1.16)
BM	0.924*** (24.30)	0.924*** (24.30)	1.053*** (22.39)	1.054*** (22.40)
$Big10$	0.014 (1.16)	0.014 (1.16)	0.011 (0.81)	0.011 (0.78)
$Topshare$	−0.012 (−0.11)	−0.012 (−0.11)	−0.230*** (−4.26)	−0.229*** (−4.24)
$Indep$	−0.266*** (−5.85)	−0.264*** (−5.82)	−0.210 (−1.58)	−0.216 (−1.62)
$Dual$	0.005 (0.41)	0.005 (0.42)	0.023 (1.56)	0.023 (1.59)
Age	0.092*** (9.23)	0.092*** (9.22)	0.124*** (9.77)	0.124*** (9.78)
$Constant$	−0.454*** (−2.79)	−0.463*** (−2.84)	−0.784*** (−3.95)	−0.799*** (−4.02)
Year FE	Yes	Yes	Yes	Yes
Industry FE	Yes	Yes	Yes	Yes
N	14 497	14 497	13 466	13 466
Adj_R^2	0.302	0.302	0.276	0.276

注：①***、**、*分别表示在1％、5％、10％水平上显著；②下方括号内提供的 t 值经过异方差稳健修正。

第三,工具变量法。本章采用工具变量法进一步解决内生性问题,参考韦浪和赵劲松(2021)的研究,采用同年度同行业其他民营上市公司的国有股权均值($State\_mean$)作为工具变量进行两阶段回归。回归结果如表9.5所示,(1)列和(3)列回归结果显示,在第一阶段的回归结果中,年度行业国有股权均值与$State1$和$State2$均显著正相关;(2)列和(4)列回归结果显示,在第二阶段的回归结果中,$State1$和$State2$与股价同步性均在10%水平上显著负相关。与主回归结果一致。

表9.5 稳健性检验

variables	$State1$ (1)	SYN (2)	$State2$ (3)	SYN (4)
$State1$	——	−0.474* (−1.72)	——	——
$State2$	——	——	——	−2.191* (−1.72)
$State\_mean$	4.458*** (8.87)	——	0.964*** (9.31)	——
$Size$	−0.002 (−0.50)	0.038*** (3.83)	0.002** (2.36)	0.042*** (4.20)
Lev	0.014 (0.86)	−0.591*** (−13.02)	−0.001 (−0.08)	−0.598*** (−13.27)
ROA	0.058 (1.41)	0.169 (1.42)	0.004 (0.48)	0.151 (1.27)
BM	−0.001 (−0.01)	1.012*** (22.68)	0.008 (0.28)	1.014*** (22.74)
$Big10$	−0.009** (−2.02)	0.019 (1.36)	−0.003*** (−3.09)	0.017 (1.22)
$Topshare$	−0.121*** (−7.73)	−0.303*** (−4.83)	−0.026*** (−8.51)	−0.304*** (−4.83)

(续表)

variables	State1 (1)	SYN (2)	State2 (3)	SYN (4)
$Indep$	−0.239*** (−5.80)	−0.236 (−1.62)	−0.071*** (−8.47)	−0.278* (−1.76)
$Dual$	−0.005 (−1.06)	0.013 (0.92)	−0.001 (−0.28)	0.015 (1.04)
Age	0.025*** (5.68)	0.115*** (8.27)	0.007*** (8.09)	0.118*** (7.97)
$Constant$	0.066 (0.90)	−0.790*** (−3.80)	−0.010 (−0.65)	−0.842*** (−4.26)
$Year\ FE$	Yes	Yes	Yes	Yes
$Industry\ FE$	Yes	Yes	Yes	Yes
N	14 497	14 497	14 497	14 497
Adj_R^2	0.037	0.258	0.055	0.258

注：①***、**、*分别表示在1%、5%、10%水平上显著；②下方括号内提供的 t 值经过异方差稳健修正。

第五节　进一步分析

一、分组检验

（一）国有资本参股、机构投资者持股和股价同步性

机构投资者是资本市场重要的参与者，与个人投资者相比，机构投资者在监督治理、信息解读方面具有以下两方面优势：首先，不同于中小投资者散户，机构投资者凭借其持股规模效应征集投票代理权、提案权，或者采取"用脚投票"的方式，抛售股票以制约公司控股股东和管理层损害公司价值的行为（Grossman 和 Hart，1980）；其次，机构投资者拥有更多的资源优势和专业知识，具有更强的信息解读能力和盈余操纵识别能力（Utama 和 Cready，1997）。因而，机构投资者持股比例越高,公司股价同步性越低(侯宇和叶冬艳,2008),国有资本参股降低民营上市公司股价同步性的作用可能会越显著。

本章按照年度机构投资者持股比例的中位数将样本分为机构投资者持股较高组和机构投资者持股较低组,并分别进行回归检验。表9.6回归结果显示,当机构投资者持股比例较高时,$State1$和$state2$的回归系数分别在5%和10%水平上显著为负($\beta_1=-0.068, t=-2.34; \beta_1=-0.276, t=-1.85$);当机构投资者持股比例较低时,$State1$和$State2$的回归系数均不显著($\beta_1=-0.028, t=-0.64; \beta_1=0.172, t=0.74$)。这说明机构投资者可以改善民营上市公司信息环境,使得公司股价融入更多公司特质信息,提高资本市场定价效率。

表9.6 国有资本参股、机构投资者持股和股价同步性

variables	持股较高 (1)	持股较低 (2)	持股较高 (3)	持股较低 (4)
$State1$	−0.068** (−2.34)	−0.028 (−0.64)	——	——
$State2$	——	——	−0.276* (−1.85)	0.172 (0.74)
$Size$	0.063*** (4.77)	0.003 (0.18)	0.064*** (4.83)	0.002 (0.15)
Lev	−0.565*** (−8.43)	−0.578*** (−9.56)	−0.566*** (−8.45)	−0.578*** (−9.56)
ROA	0.253 (1.37)	0.201 (1.32)	0.246 (1.33)	0.205 (1.35)
BM	0.885*** (14.82)	1.208*** (17.38)	0.885*** (14.82)	1.208*** (17.39)
$Big10$	−0.004 (−0.19)	0.049*** (2.59)	−0.004 (−0.20)	0.049*** (2.61)
$Topshare$	−0.235*** (−2.99)	−0.180** (−2.20)	−0.229*** (−2.92)	−0.173** (−2.12)

(续表)

variables	持股较高 (1)	持股较低 (2)	持股较高 (3)	持股较低 (4)
$Indep$	0.086 (0.42)	−0.342** (−1.99)	0.085 (0.42)	−0.331* (−1.92)
$Dual$	0.001 (0.03)	0.018 (0.96)	0.001 (0.04)	0.019 (0.97)
Age	0.076*** (4.67)	0.155*** (8.40)	0.076*** (4.67)	0.154*** (8.39)
$Constant$	−1.295*** (−5.02)	−0.421 (−1.43)	−1.312*** (−5.09)	−0.428 (−1.45)
$Year\ FE$	Yes	Yes	Yes	Yes
$Industry\ FE$	Yes	Yes	Yes	Yes
N	7 015	7 482	7 015	7 482
Adj_R^2	0.281	0.277	0.281	0.277

注：①***、**、*分别表示在1%、5%、10%水平上显著；②下方括号内提供的 t 值经过异方差稳健修正。

(二) 国有资本参股、融资约束和股价同步性

由于融资平台有限、融资机制不健全,我国民营企业在经营发展过程中难以获得足够的信贷支持。民营企业经常因为资金不足,无法通过正规渠道筹集资金或者融资成本太高,丧失发展壮大的机会(Fazzari 等,1988)。与国有企业相比,民营企业更容易陷入融资约束的困境(李广子和刘力,2009)。面临融资难、融资约束高等情况的民营上市公司,在无法获得充足银行信贷支持的情况下,更加寄希望于资本市场融资途径,通过改善公司透明度以提高资本市场定价效率,降低股权融资成本。

本章参考 Hadlock 和 Pierce(2010)的研究,计算 SA 指数并取绝对值,并根据中位数将样本分为融资约束较高组和融资约束较低组,分别进行回归检验。表9.7回归结果显示,当民营上市公司融资约束程度较高时,$State1$ 和 $State2$ 的回归系数均在 1% 水平上显著为负

($\beta_1=-0.097,t=-2.70;\beta_1=-0.466,t=-2.62$);当民营上市公司融资约束程度较低时,$State1$ 和 $State2$ 的回归系数均不显著($\beta_1=-0.021,t=-0.66;\beta_1=0.161,t=0.94$)。这说明当民营上市公司面临的融资约束程度较高时,国有资本参股对降低公司股价同步性、提高定价效率的作用更加显著。

表9.7 国有资本参股、融资约束和股价同步性

variables	融资约束高 (1)	融资约束低 (2)	融资约束高 (3)	融资约束低 (4)
$State1$	−0.097*** (−2.70)	−0.021 (−0.66)	——	——
$State2$	——	——	−0.466*** (−2.62)	0.161 (0.94)
$Size$	0.010 (0.71)	0.043*** (3.08)	0.011 (0.77)	0.043*** (3.09)
Lev	−0.578*** (−8.73)	−0.606*** (−9.82)	−0.579*** (−8.76)	−0.604*** (−9.77)
ROA	0.260 (1.33)	0.231 (1.56)	0.252 (1.30)	0.228 (1.54)
BM	1.149*** (16.51)	1.044*** (17.58)	1.148*** (16.52)	1.044*** (17.57)
$Big10$	−0.002 (−0.11)	0.043** (2.16)	−0.002 (−0.13)	0.044** (2.20)
$Topshare$	−0.141** (−2.01)	−0.349*** (−4.42)	−0.141** (−2.01)	−0.345*** (−4.36)
$Indep$	−0.297* (−1.67)	−0.024 (−0.12)	−0.307* (−1.73)	−0.007 (−0.04)
$Dual$	0.027 (1.43)	0.010 (0.49)	0.028 (1.46)	0.011 (0.53)
Age	0.262*** (11.44)	−0.071*** (−2.83)	0.262*** (11.45)	−0.075*** (−2.98)

(续表)

variables	融资约束高 (1)	融资约束低 (2)	融资约束高 (3)	融资约束低 (4)
Constant	−0.689** (−2.45)	−0.573** (−2.00)	−0.697** (−2.48)	−0.589** (−2.05)
Year FE	Yes	Yes	Yes	Yes
Industry FE	Yes	Yes	Yes	Yes
N	7 252	7 245	7 252	7 245
Adj_R^2	0.301	0.263	0.301	0.264

注：① ***、**、* 分别表示在1%、5%、10%水平上显著；②下方括号内提供的 t 值经过异方差稳健修正。

(三) 国有资本参股、市场化进程和股价同步性

中国作为新兴市场经济国家，存在地区市场化发展不均衡的问题（樊纲等，2011），各地区的政府干预程度、混合所有制进程、资本市场监管水平等存在较大差异。市场化程度较高的地区，法律法规制度环境较为完善，高昂的违规处罚成本抑制了上市公司的财务舞弊行为，信息披露质量相较于市场化程度较低地区的上市公司普遍更优，进而其股票定价效率更高。

本章采用樊纲市场化总指数（王小鲁等，2017）衡量上市公司所在地区的市场化发展程度，并按照年度中位数将样本划分为市场化程度高和市场化程度低两组，分别进行回归检验。表9.8的回归结果显示，当民营上市公司所在地市场化程度较高时，$State1$ 和 $State2$ 的回归系数分别在1%和5%水平上显著为负（$\beta_1=-0.098, t=-2.64; \beta_1=-0.388, t=-1.97$）；当民营上市公司所在地市场化程度较低时，$State1$ 和 $State2$ 的回归系数均不显著（$\beta_1=-0.036, t=-1.14; \beta_1=-0.048, t=-0.30$）。这说明外部制度环境影响民营企业混合所有股权结构的治理效果。当民营上市公司所在地市场化程度较高时，国有资本参股对降低公司股价同步性的作用更加显著。

表9.8 国有资本参股、市场化进程和股价同步性

variables	市场化程度高 (1)	市场化程度低 (2)	市场化程度高 (3)	市场化程度低 (4)
$State1$	−0.098*** (−2.64)	−0.036 (−1.14)	——	——
$State2$	——	——	−0.388** (−1.97)	−0.048 (−0.30)
$Size$	0.026* (1.86)	0.047*** (3.30)	0.026* (1.90)	0.047*** (3.32)
Lev	−0.561*** (−8.84)	−0.606*** (−9.49)	−0.563*** (−8.89)	−0.606*** (−9.49)
ROA	0.158 (0.96)	0.199 (1.18)	0.155 (0.94)	0.197 (1.17)
BM	1.084*** (17.79)	0.949*** (14.67)	1.086*** (17.82)	0.949*** (14.66)
$Big10$	0.031* (1.70)	0.002 (0.10)	0.032* (1.73)	0.002 (0.07)
$Topshare$	−0.317*** (−4.52)	−0.187** (−2.33)	−0.314*** (−4.48)	−0.184** (−2.28)
$Indep$	−0.355** (−2.04)	0.245 (1.23)	−0.360** (−2.06)	0.248 (1.24)
$Dual$	0.041** (2.22)	−0.027 (−1.21)	0.042** (2.25)	−0.027 (−1.22)
Age	0.144*** (8.21)	0.065*** (3.87)	0.145*** (8.24)	0.065*** (3.83)
$Constant$	−0.850*** (−2.93)	−1.064*** (−3.91)	−0.864*** (−2.99)	−1.075*** (−3.95)
Year FE	Yes	Yes	Yes	Yes
Industry FE	Yes	Yes	Yes	Yes
N	8 231	6 266	8 231	6 266
Adj_R^2	0.267	0.286	0.267	0.286

注：① ***、**、*分别表示在1%、5%、10%水平上显著；②下方括号内提供的t值经过异方差稳健修正。

二、影响机制检验

本章的回归结果验证了国有资本参股对降低民营上市公司股价同步性的促进作用。在理论分析过程中,本章提出国有资本参股的"治理效应"一方面可以抑制民营上市公司控股股东和管理层的利益掏空行为,降低代理成本;另一方面可以规范民营上市公司信息披露行为,提高公司的信息透明度。为了验证上述观点,本章进一步检验以下可能的影响机制。

第一,国有资本参股降低代理成本。本章使用 CSMAR 数据库关联交易子数据库得到上市公司年度关联交易金额,参考魏志华等(2017)的研究,以年度关联交易金额除以年末总资产度量关联交易行为(RPT)。表 9.9 中的(1)列和(2)列报告了国有资本参股对民营上市公司关联交易的影响。回归结果显示,国有资本参股可以减少民营上市公司关联交易,$State1$ 的回归系数为 $-0.011(t=-1.51)$,$State2$ 的回归系数为 $-0.083(t=-2.42)$。这说明国有资本参股减少了民营企业的关联交易规模,有效地阻止了控股股东和管理层侵占中小股东利益的行为。

第二,国有资本参股提高信息披露质量。文本信息是上市公司信息披露的重要内容,是投资者重要的信息来源。本章参考 Li(2008)的研究,采用上市公司年度财务报告每句字数的均值对文本可读性进行度量($Read$)。该值越小,表示文本可读性越高。文本可读性越高,信息披露质量越高,越有利于外部信息使用者对公司信息的解读和判断。表 9.9 中的(3)列和(4)列报告了国有资本参股对民营上市公司信息披露质量的影响。回归结果显示,国有资本参股可以提高民营上市公司信息披露文本的可读性,$State1$ 的回归系数为 $-2.585(t=-3.90)$,$State2$ 的回归系数为 $-12.537(t=-3.70)$。这说明国有资本参股提高了民营上市公司的文本信息的可读性,降低了投资者和中介机构信息处理的时间和成本,进而提高了股票定价效率。

表 9.9　影响机制检验

variables	RPT	RPT	Read	Read
	(1)	(2)	(3)	(4)
State1	−0.011 (−1.51)	——	−2.585*** (−3.90)	——
State2	——	−0.083** (−2.42)	——	−12.537*** (−3.70)
Size	−0.025*** (−8.84)	−0.025*** (−8.79)	−0.008 (−0.03)	0.016 (0.06)
Lev	0.439*** (30.47)	0.439*** (30.48)	0.403 (0.34)	0.365 (0.31)
ROA	−0.046 (−1.31)	−0.046 (−1.32)	−11.203*** (−2.85)	−11.294*** (−2.88)
BM	0.026** (2.28)	0.026** (2.29)	1.131 (0.89)	1.136 (0.89)
Big10	−0.007* (−1.85)	−0.007* (−1.88)	0.730** (1.99)	0.720** (1.96)
Topshare	0.164*** (10.77)	0.163*** (10.71)	−1.380 (−0.99)	−1.393 (−1.00)
Indep	−0.030 (−0.82)	−0.033 (−0.91)	5.433 (1.52)	5.168 (1.45)
Dual	−0.004 (−1.03)	−0.004 (−1.02)	1.078*** (2.79)	1.087*** (2.82)
Age	0.029*** (8.00)	0.030*** (8.08)	−0.654** (−2.15)	−0.633** (−2.08)
Constant	0.432*** (7.40)	0.432*** (7.41)	59.377*** (10.97)	59.103*** (10.92)
Year FE	Yes	Yes	Yes	Yes
Industry FE	Yes	Yes	Yes	Yes
N	14 497	14 497	14 399	14 399
Adj_R^2	0.190	0.190	0.752	0.752

注：①＊＊＊、＊＊、＊分别表示在1%、5%、10%水平上显著；②下方括号内提供的 t 值经过异方差稳健修正。

第六节 本章小结

在当前混合所有制改革背景下,民营企业引入国有资本参股进行"反向混改"能否提高上市公司信息披露质量、提高我国资本市场资源配置效率是理论界和实务界普遍关心的重要问题。本章以2008—2019年A股民营上市公司为样本,通过实证检验发现,国有资本参股可以降低民营上市公司股价同步性,提高股票定价效率。并且在机构投资者持股较多、融资约束程度较高以及公司所在地市场化程度更高的样本中结果更加显著。进一步分析发现,国有资本参股可以减少民营上市公司关联交易,提高信息披露质量,进而增加个股价格中的公司特质信息,降低股价同步性。

基于以上研究结论,本章提出以下三点政策建议。

第一,民营经济一直是社会主义市场经济的重要组成部分,为改革开放四十多年来中国经济高速增长贡献了重要力量。在当前深化国有企业改革、发展混合所有制经济的背景下,应鼓励民营企业通过引入国有资本参与混合所有制改革,促进国有企业和民营企业协同发展。

第二,本章的研究结论为降低我国证券市场股票价格"同涨同跌"、提高股票价格引导资源配置的效率提供了一种切实可行的解决思路。民营企业引入国有资本参股有利于降低股价同步性,说明上市公司混合股权结构的治理模式有助于改善上市公司的信息环境。

第三,作为新兴市场经济国家,我国应进一步推进和完善上市公司外部制度环境,充分发挥资本市场中介机构的监督和信息传递作用,增加公司特质信息的挖掘、解读和传播,提高资本市场的信息传递效率,以更好地发挥资本市场资源配置的功能。

第十章　研究结论与政策建议，创新、不足与展望

第一节　研究结论与政策建议

一、研究结论

中共十八届三中全会提出"国有资本、集体资本、非公有资本等交叉持股、相互融合的混合所有制经济,是基本经济制度的重要实现形式",新一轮混合所有制改革不仅成为深化国有企业改革的重要举措,也成为民营企业打破行业壁垒、获取公平市场竞争机会的重要途径。国有资本具有稀缺资源、资金和人才技术方面的优势,民营资本拥有市场经营活力、高效激励机制和企业家精神方面的优势,国有资本与民营资本相互融合有助于取长补短、共同发展,在完善我国企业创新体制和提高国际竞争力方面产生聚合效应。本书以当前混合所有制改革为制度背景,主要探讨民营企业引入国有资本参股进行"反向混改"对民营企业行为的影响及其作用机理。本书的主要研究结论如下。

第一,国有资本参股与民营企业信息披露及时性方面,本书研究发现民营企业引入国有资本参股提高了信息披露及时性。具体而言,国有资本参股民营上市公司与年度财务报告披露时滞显著负相关,即民营上市公司引入国有资本参股以后,财务报告披露及时性显著提高,年度财务报告披露时滞缩短。在党组织参与治理和机构投资者持股比例较多的民营上市公司,信息披露及时性的改善效果更加显著,

这说明党组织和机构投资者的外部治理对上市公司信息披露行为起到约束和规范作用,使民营上市公司引入国有资本参股对信息披露及时性的影响更加显著。在进一步分析中,本书发现,民营上市公司引入国有资本参股以后,财务报告文本更加简洁,财务报告编制阶段时滞缩短;审计师面临的审计风险降低,可以减少实施相应的审计程序,审计报告编制阶段时滞缩短,进而提高年度财务报告披露的及时性。

第二,国有资本参股与民营企业信息披露特征方面,本书发现国有资本参股民营上市公司导致财务报告与上期相比文本相似度显著提高,并且,当2013年混合所有制改革政策正式推出以后,民营上市公司引入国有资本参股对信息披露文本相似度的影响更加显著。进一步分析发现,国有资本参股民营上市公司显著提高了公司的信贷资源获取能力,长期负债金额、银行贷款金额、长期负债比率都显著增加,缓解了民营上市公司面临的融资约束;国有资本参股民营上市公司也显著提高了公司的政策资源获取能力,政府补助金额显著增加。资源获取能力的提高降低了民营上市公司信息披露的动机,导致财务报告文本相似度上升。最后,本研究将年度财务报告内容按照章节细分,发现国有资本参股导致"公司治理""财务报表附注"和"MD&A回顾部分"文本相似度显著上升,而对文本信息含量丰富的"MD&A展望部分"无显著影响。

第三,国有资本参股与民营企业会计信息质量方面,本书发现国有资本参股对民营上市公司的应计盈余管理和真实盈余管理有显著的抑制效果。进一步检验民营上市公司引入国有资本参股降低盈余管理的作用机制,本书发现,民营上市公司引入国有资本以后,特别是当国有股东委派人员进入公司董事会、监事会和高管层时,异质股东的制衡监督减少了内部人进行会计信息操纵的机会;同时,引入国有资本使得公司经营业绩显著改善,降低了民营上市公司进行盈余管理的动机。最后,本书进一步考察外部市场化进程和2013年中共十八届三中全会的影响。上市公司所在地区市场化程度较高时,2013年中共十八届三中全会正式提出混合所有制改革以后,民营上市公司引入国有资本参股对降低盈余管理的作用更加显著。

第四,国有资本参股与民营企业金融化方面,本书发现,国有资本参股显著降低了民营企业金融化投资水平,且上述结果在国有股东为地方国有企业时、经济政策不确定性强的时期更加显著。进一步的分析指出,国有资本通过降低代理成本、扩大银行信贷融资以及促进固定资产投资三条路径有效抑制了金融化投资水平,并且国有资本参股显著弱化了民营企业金融化投资对创新研发支出的"挤占"效应。这些发现探讨了民营企业混合所有制影响金融化投资的情境与机制,不仅有助于全面认识民营企业"反向混改"的微观经济后果,而且为促进实体经济"脱虚返实"、实现经济高质量发展提供了新的研究视角和经验证据。

第五,国有资本参股与民营企业资本市场定价效率方面,本书发现,国有资本参股显著降低了民营上市公司的股价同步性,且上述结果在上市公司信息环境好、融资约束大以及所在地区市场化程度高的样本中更加显著。这一效果主要通过两种机制实现:①国有资本参股可以抑制民营上市公司关联交易,减少控股股东损害公司价值的行为;②提高民营上市公司信息披露含量,进而增加高质量公司特质信息,降低股价同步性。本章的研究结论进一步丰富了民营企业"反向混改"经济后果的相关研究成果,为提高我国资本市场定价效率提供了政策启示。

二、政策建议

结合上述研究结论,本书提出以下政策建议:

第一,重视民营企业在混合所有制改革中的作用。民营经济在我国国民经济体系中一直占据重要地位。据统计,民营经济贡献了全国50%以上的税收、60%以上的GDP、70%以上的技术创新、80%以上的城镇劳动就业和90%以上的新增就业[①]。目前,实务界和理论界主要

---

① 尹双红.为民营企业解难题、办实事[N].人民日报.2023-02-04(8).

关注国有企业混合所有制改革过程中的相关问题,而对民营企业在经营发展中遇到的难题、在参与混合所有制改革过程中存在的担忧给予的关注尚显不足。不过,令人欣喜的是,2018年以来,党和国家领导人多次表示支持和鼓励民营企业发展的决心,给民营企业吃下了"定心丸",这势必有利于当前混合所有制改革的顺利推进。

第二,他山之石,可以攻玉。混合所有制经济不是中国特有的,西方发达国家对混合所有制经济发展、国有企业改革已经积累了较为丰富的经验,如新加坡的淡马锡模式,可以供我们学习和借鉴。淡马锡模式坚持国有控股地位、坚持董事会治理为核心以及市场化运营机制,对我国混合所有制改革具有重要参考意义。英国在国有企业私有化改革过程中采取"靓女先嫁"策略,先从竞争性、盈利好的企业开始,然后是垄断性、业绩差的企业,这一做法亦值得我们借鉴。但是,我国与西方国家国情有别,社会制度存在根本不同。在借鉴西方国家混合所有制发展经验的同时,我们应该注意把握制度边界,避免盲目地全盘接受。

第三,进一步完善企业法人治理结构。混合所有制改革意味着打破企业原有的较为单一的所有制股权结构,引入异质资本股东,在股权较为集中、家族控制特征显著的民营企业,国有股东的加入更能起到股权制衡作用。无论国有股东是作为控股股东还是参股股东,都将推动企业决策机制和激励机制作出相应调整,抑制其他股东利用控制权谋取私利最大化的行为。在混合所有制改革过程中,要同时注意异质股东与控股股东激烈争夺控制权以及异质大股东与控股股东合谋的行为。应通过股东派驻董事、监事、高管以及两职分离等措施,进一步强化高层的监督和决策职能,提高企业的决策效率。

第四,做好混合所有制改革的统筹安排。起初面对混合所有制改革历史性机遇,很多企业持担忧和观望的态度。民营企业担心自身话语权小、合作方缺乏契约精神;国有企业担心国有资产流失等。混合所有制改革需要一系列制度安排:首先是顶层制度设计,国家对于企业混合所有制改革遵循的程序和制度,应给出一个明确方向指引;其次是应建立相应的配套法律和制度,进一步明晰企业产权,在现代市场经济体制下正确处理好政府与企业的关系,完善改革过程中税收、资产评估、信息披露等配套政策。

第二节　研究创新与不足

一、研究创新

第一,本书拓展了混合所有制改革经济后果的研究。现有研究主要关注国有企业混合所有制改革,对民营企业引入国有资本参股进行反向混合所有制改革的关注较少。本书以民营企业引入国有资本参股为研究对象,不仅丰富了混合所有制改革的相关研究成果,而且有助于我们全面认识当前混合所有制改革对公司决策行为的影响。

第二,国外公司的股权结构基本处于相对静止稳定的状态,无法考察动态股权结构调整对公司行为决策的影响。本书基于中国特有的制度背景,动态地考察国有股东参股民营上市公司形成混合股权结构对信息披露、金融化投资决策、资本市场定价效率的影响及作用机制,从混合股权结构视角对信息披露、金融化投资决策、资本市场定价效率影响因素的文献进行了补充。

第三,本书探讨了国有资本参股影响民营企业信息披露、金融化投资、资本市场定价效率的作用机制和约束条件。具体而言,本书证实国有资本参股的"治理效应"和"资源效应"是影响民营企业行为决策的两条重要途径。另外,本书考察了公司外部机构投资者持股、股东委派董事比例,以及在中国政治制度背景下党组织是否参与治理等因素如何影响国有资本参股与民营企业行为决策之间的关系,弥补了以往文献在该领域的研究空白。

二、研究不足

本书初步探讨了国有资本参股对民营企业信息披露、金融化投资

决策、资本市场定价效率的影响。但是,由于笔者研究水平和时间精力有限,本书尚存在以下不足之处:

第一,研究内容的局限性。新一轮混合所有制改革强调国有资本、集体资本和非公有资本交叉持股、相互融合。非公有资本包括民营资本、外资资本和社会资本等。本书考察了国有资本参股民营企业这种混合所有制改革形式,即民营企业股权结构中的国有资本从无到有"质"的变化和持股比例多少对民营企业行为的影响。但是,本书并没有研究讨论其他异质股东如外资企业股东、金融类股东等参股对民营企业行为的影响。

第二,研究数据的局限性。首先,由于中国上市公司年报只具体披露前十大股东名称、持股比例和股权性质,本书的国有股东参股比例仅是上市公司前十大股东中国有股东持股比例之和,而不是实际上公司全部的国有股东持股比例之和。其次,上市公司前十大股东中的法人股东大部分不是上市公司,因此其特征的相关数据很难获得,需要进一步收集整理数据。

第三,研究设计的局限性。本书的研究内容是微观企业层面的问题,不可避免地存在内生性问题。虽然本书在实证分析中以国有资本参股从无到有这一"准自然实验"采用双重差分法进行检验,并在稳健性检验中采用了倾向得分匹配、Heckman两阶段模型等多种方法,但是仍然不可能彻底排除内生性问题。因此,后续研究中如能发现更好的外生冲击事件,则可以更好地解决此类问题,进一步增强民营企业"反向混改"相关研究成果的可靠性。

第三节 后续研究展望

根据本书已有研究结论和研究中存在的不足,本书认为,未来研究可以从以下几个方面进行延伸和扩展。

第一,已有研究将国有股权视为一个同质化的研究整体,聚焦于国有股权比例的"有和无""多和少"。进一步研究可基于国有股东数据的可获得性进一步考察国有股东的混改深度(控制权转移)、治理特征(是否委派董事、监事、高管)、地域特征(是否与民营企业同源地)、行业特征(是否与民营企业同行业)等,细化民营企业参与混合所有制改革方式的研究,突破已有研究困境。

第二,从不同视角考察民营企业引入国有资本参股进行"反向混改"的经济后果。未来研究可基于"数字经济""碳达峰、碳中和""人才强国"等国家战略,寻找研究切入点,对民营企业引入国有资本参股进行"反向混改"的经济后果展开更进一步的探索,尝试通过访谈、实地调研等多种研究方法,继续补充和完善国有资本参股影响民营企业行为决策和混改绩效的作用路径分析。

第三,在"动因—行为—结果"逻辑框架下,构建民营企业引入国有资本的动因及对企业行为、混改绩效影响的完整理论分析框架。现有文献对混合所有制改革动因的研究尚显不足,并且对动因和经济后果的研究大多是割裂的。未来可以更多关注民营企业"反向混改"的动因、方式和路径,以便更好地理解混合所有制改革的效果。

第四,现有混合所有制改革相关研究主要聚焦作为经营主体的企业通过股权投资实现混合所有制和"国民共进"。后续研究可以从股权混合进一步拓展至国有企业、民营企业之间的产业链融合和创新研发合作。

主要参考文献

[1] 薄仙慧,吴联生.国有控股与机构投资者的治理效应：盈余管理视角[J].经济研究,2009,44(2)：81-91.

[2] 蔡贵龙,柳建华,马新啸.非国有股东治理与国企高管薪酬激励[J].管理世界,2018a,34(5)：137-149.

[3] 蔡贵龙,郑国坚,马新啸,等.国有企业的政府放权意愿与混合所有制改革[J].经济研究,2018b,53(9)：99-115.

[4] 曹春方,傅超.官员任期与地方国企捐赠：官员会追求"慈善"吗？[J].财经研究,2015,41(4)：122-133.

[5] 陈冬华,姚振晔.政府行为必然会提高股价同步性吗？：基于我国产业政策的实证研究[J].经济研究,2018,53(12)：112-128.

[6] 陈高才,周鲜华.年度报告及时性的经验研究评述和未来研究[J].会计研究,2008(11)：48-54+97.

[7] 陈汉文,邓顺永.盈余报告的及时性：来自中国股票市场的经验证据[J].当代财经,2004(4)：103-108.

[8] 陈航,李东红,陈东.资源还是负担？国有资本参股对跨境并购的影响分析[J].南方经济,2021(5)：14-33.

[9] 陈晖丽,刘峰.融资融券的治理效应研究：基于公司盈余管理的视角[J].会计研究,2014(9)：45-52.

[10] 陈建林.家族所有权与非控股国有股权对企业绩效的交互效应研究：互补效应还是替代效应[J].中国工业经济,2015(12)：99-114.

[11] 陈良银,黄俊,陈信元.混合所有制改革提高了国有企业内部薪酬差距吗[J].南开管理评论,2021,24(5)：150-162.

[12] 陈良银,黄俊,陈信元.混合所有制改革与会计师事务所选择：来自国有上市公

司的经验证据[J]. 会计研究,2021(7):153-165.

[13] 陈林. 自然垄断与混合所有制改革:基于自然实验与成本函数的分析[J]. 经济研究,2018(1):81-96.

[14] 陈仕华,卢昌崇. 国有企业党组织的治理参与能够有效抑制并购中的"国有资产流失"吗?[J]. 管理世界,2014(5):106-120.

[15] 陈仕华,卢昌崇. 国有企业高管跨体制联结与混合所有制改革:基于"国有企业向私营企业转让股权"的经验证据[J]. 管理世界,2017(5):107-118+169+188.

[16] 程博,宣扬,潘飞. 国有企业党组织治理的信号传递效应:基于审计师选择的分析[J]. 财经研究,2017,43(3):69-80.

[17] 程承坪,陈志. 非国有资本能否促进国有企业技术创新研究[J]. 中国软科学,2021(2):125-132.

[18] 底璐璐,罗勇根,江伟,等. 客户年报语调具有供应链传染效应吗?:企业现金持有的视角[J]. 管理世界,2020,36(8):148-163.

[19] 董艳,刘佩忠. 国有注资对民营企业绩效的影响:基于中国工业企业的研究[J]. 经济学(季刊),2021,21(6):1925-1948.

[20] 窦笑晨,汪玉兰,刘芝一. 混合所有制改革降低了国企审计报告时滞吗?[J]. 审计研究,2022(6):94-104.

[21] 杜勇,张欢,陈建英. 金融化对实体企业未来主业发展的影响:促进还是抑制[J]. 中国工业经济,2017(12):113-131.

[22] 樊纲,王小鲁,马光荣. 中国市场化进程对经济增长的贡献经济研究[J]. 2011,46(9):4-16.

[23] 范经华,张雅曼,刘启亮. 内部控制、审计师行业专长、应计与真实盈余管理[J]. 会计研究,2013(4):81-88+96.

[24] 方军雄. 所有制、制度环境与信贷资金配置[J]. 经济研究,2007(12):82-92.

[25] 方明月,孙鲲鹏. 国企混合所有制能治疗僵尸企业吗?:一个混合所有制类啄序逻辑[J]. 金融研究,2019(1):91-110.

[26] 冯慧群,郭娜. 非国有股东超额委派董事能否提高会计信息质量?:基于国企混改背景[J]. 会计研究,2021(5):15-31.

[27] 冯璐,张泠然,段志明. 混合所有制改革下的非国有股东治理与国企创新[J]. 中国软科学,2021(3):124-140.

[28] 高杰,余渡,逯东. 从"混"到"改":国有股参与民营企业治理的技术创新效应[J].

财经科学,2022(10):122-136.

[29] 高敬忠,周晓苏.管理层持股能减轻自愿性披露中的代理冲突吗?:以我国A股上市公司业绩预告数据为例[J].财经研究,2013,39(11):123-133.

[30] 高雷,张杰.公司治理、机构投资者与盈余管理[J].会计研究,2008(9):64-72+96.

[31] 郝项超,苏之翔.重大风险提示可以降低IPO抑价吗?:基于文本分析法的经验证据[J].财经研究,2014,40(5):42-53.

[32] 郝阳,龚六堂.国有、民营混合参股与公司绩效改进[J].经济研究,2017,52(3):122-135.

[33] 何德旭,曾敏,张硕楠.国有资本参股如何影响民营企业?:基于债务融资视角的研究[J].管理世界,2022,38(11):189-207.

[34] 贺勇,李世辉.异质资本的多维嵌入与价值共生:国企混改的组织生态学[J].会计研究,2022(7):46-57.

[35] 侯宇,叶冬艳.机构投资者、知情人交易和市场效率:来自中国资本市场的实证证据[J].金融研究,2008(4):131-145.

[36] 胡楠,薛付婧,王昊楠.管理者短视主义影响企业长期投资吗?:基于文本分析和机器学习[J].管理世界,2021,37(5):139-156+11+19-21.

[37] 胡奕明,王雪婷,张瑾.金融资产配置动机:"蓄水池"或"替代"?:来自中国上市公司的证据[J].经济研究,2017,52(1):181-194.

[38] 黄俊,郭照蕊.新闻媒体报道与资本市场定价效率:基于股价同步性的分析[J].管理世界,2014(5):121-130.

[39] 黄群慧.混合所有制改革要"上下结合"[N].人民日报,2014-04-08.

[40] 黄速建.中国国有企业混合所有制改革研究[J].经济管理,2014(7):1-10.

[41] 黄贤环,王瑶.集团内部资本市场与企业金融资产配置:"推波助澜"还是"激浊扬清"[J].财经研究,2019,45(12):124-137.

[42] 姜付秀,王运通,田园,等.多个大股东与企业融资约束:基于文本分析的经验证据[J].管理世界,2017(12):61-74.

[43] 孔祥贞,张华,田佳禾.国有企业混合所有制改革的出口效应研究[J].世界经济研究,2021(5):116-133+136.

[44] 雷光勇,刘慧龙.大股东控制、融资规模与盈余操纵程度[J].管理世界,2006(1):129-136.

[45] 李常青,幸伟.控股股东股权质押与上市公司信息披露[J].统计研究,2017,34

(12)：75-86.

[46] 李丹,宋衍蘅.及时披露的年报信息可靠吗？[J].管理世界,2010(9)：129-137＋188.

[47] 李广子,刘力.债务融资成本与民营信贷歧视[J].金融研究,2009(12)：137-150.

[48] 李青原,吴立扬,蔡贵龙.非控股国有股权与民营企业税收负担[J].管理科学,2022,35(4)：99-111.

[49] 李姝,谢晓嫣.民营企业的社会责任、政治关联与债务融资：来自中国资本市场的经验证据[J].南开管理评论,2014,17(6)：30-40＋95.

[50] 李文贵,余明桂.产权保护与民营企业国有化[J].经济学(季刊),2017,16(4)：1341-1366.

[51] 李晓溪,杨国超,饶品贵.交易所问询函有监管作用吗?：基于并购重组报告书的文本分析[J].经济研究,2019,54(5)：181-198.

[52] 李岩琼,姚颐.研发文本信息：真的多说无益吗?：基于分析师预测的文本分析[J].会计研究,2020,388(2)：26-42.

[53] 李延喜,陈克兢,姚宏,等.基于地区差异视角的外部治理环境与盈余管理关系研究——公司治理的替代保护作用[J].南开管理评论,2012,15(4)：89-100.

[54] 李增福,黄家惠,连玉君.非国有资本参股与国企技术创新[J].统计研究,2021,38(1)：119-131.

[55] 林乐,谢德仁.分析师荐股更新利用管理层语调吗?：基于业绩说明会的文本分析[J].管理世界,2017(11)：125-145.

[56] 林永坚,王志强,李茂良.高管变更与盈余管理：基于应计项目操控与真实活动操控的实证研究[J].南开管理评论,2013,16(1)：4-14.

[57] 刘贯春,段玉柱,刘媛媛.经济政策不确定性、资产可逆性与固定资产投资[J].经济研究,2019,54(8)：53-70.

[58] 刘贯春,刘媛媛,张军.经济政策不确定性与中国上市公司的资产组合配置：兼论实体企业的"金融化"趋势[J].经济学(季刊),2020,20(5)：65-86.

[59] 刘贯春,张军,刘媛媛.金融资产配置、宏观经济环境与企业杠杆率[J].世界经济,2018,41(1)：148-173.

[60] 刘惠好,焦文妞.国有股权参股与民营企业投资不足：基于资源效应与治理效应的双重视角[J].经济管理,2022,44(8)：76-94.

[61] 刘金星,宋理升.内部人交易信息披露及时性的实证研究[J].山西财经大学学

报,2015,37(1):70-80.

[62] 刘运国,刘梦宁.雾霾影响了重污染企业的盈余管理吗?：基于政治成本假说的考察[J].会计研究,2015(3):26-33+94.

[63] 刘运国,郑巧,蔡贵龙.非国有股东提高了国有企业的内部控制质量吗?：来自国有上市公司的经验证据[J].会计研究,2016(11):61-68+96.

[64] 柳永明,罗云峰.外部盈利压力、多元化股权投资与企业的金融化[J].财经研究,2019,45(3):73-85.

[65] 卢太平,张东旭.融资需求、融资约束与盈余管理[J].会计研究,2014(1):35-41+94.

[66] 逯东,黄丹,杨丹.国有企业非实际控制人的董事会权力与并购效率[J].管理世界,2019,35(6):119-141.

[67] 逯东,余渡,杨丹.财务报告可读性、投资者实地调研与对冲策略[J].会计研究,2019(10):34-41.

[68] 罗党论,甄丽明.民营控制、政治关系与企业融资约束：基于中国民营上市公司的经验证据[J].金融研究,2008(12):164-178.

[69] 罗宏,秦际栋.国有股权参股对家族企业创新投入的影响[J].中国工业经济,2019(7):174-192.

[70] 罗进辉."国进民退"：好消息还是坏消息消息[J].金融研究,2013(5):99-113.

[71] 马连福,王元芳,沈小秀.国有企业党组织治理、冗余雇员与高管薪酬契约[J].管理世界,2013(5):100-115+130.

[72] 马新啸,汤泰劼,郑国坚.国有企业混合所有制改革与人力资本结构调整：基于高层次人才配置的视角[J].财贸经济,2020(12):101-116.

[73] 马新啸,汤泰劼,郑国坚.非国有股东治理与国有资本金融稳定：基于股价崩盘风险的视角[J].财经研究,2021,47(3):35-49.

[74] 马新啸,汤泰劼,郑国坚.非国有股东治理与国有企业的税收规避和纳税贡献：基于混合所有制改革的视角[J].管理世界,2021,37(6):128-141+8.

[75] 马新啸,汤泰劼,郑国坚.非国有股东治理与国有企业雇员激励：基于混合所有制改革的视角[J].管理科学学报,2022,25(12):51-76.

[76] 马勇,王满,马影.非国有股东参与治理能提升国企并购绩效吗?[J].管理评论,2022,34(7):57-70.

[77] 孟庆斌,杨俊华,鲁冰.管理层讨论与分析披露的信息含量与股价崩盘风险：基于文本向量化方法的研究[J].中国工业经济,2017(12):132-150.

[78] 牟涛,向杨,杨雪.制度环境、公司治理与上市公司年报披露及时性[J].宏观经济研究,2012(10):38-46.

[79] 倪宣明,贺英洁,彭方平,等.混合所有制改革对国有企业盈利水平影响及作用路径研究[J].管理评论,2022,34(2):33-45.

[80] 聂辉华,阮睿,沈吉.企业不确定性感知、投资决策和金融资产配置[J].世界经济,2020,43(6):77-98.

[81] 潘健平,潘越,马奕涵.以"合"为贵?合作文化与企业创新[J].金融研究,2019(1):148-167.

[82] 潘越,戴亦一,李财喜.政治关联与财务困境公司的政府补助:来自中国ST公司的经验证据[J].南开管理评论,2009,12(5):6-17.

[83] 彭飞,王玲,吴华清.私营企业缘何参与国有企业混合所有制改革?:来自出口市场的证据[J].世界经济研究,2023(2):105-118+136.

[84] 彭红枫,林川.言之有物:网络借贷中语言有用吗?:来自人人贷借款描述的经验证据[J].金融研究,2018(11):133-152.

[85] 彭红枫,赵海燕,周洋.借款陈述会影响借款成本和借款成功率吗?:基于网络借贷陈述的文本分析[J].金融研究,2016(4):158-173.

[86] 綦好东,郭骏超,朱炜.国有企业混合所有制改革:动力、阻力与实现路径[J].管理世界,2017(10):8-19.

[87] 钱爱民,吴春天,朱大鹏.民营企业混合所有制能促进实体经济"脱虚返实"吗?[J].南开管理评论,2023,26(1):134-145.

[88] 钱爱民,朱大鹏.财务报告文本相似度与违规处罚:基于文本分析的经验证据[J].会计研究,2020(9):44-58.

[89] 丘心颖,郑小翠,邓可斌.分析师能有效发挥专业解读信息的作用吗?:基于汉字年报复杂性指标的研究[J].经济学(季刊),2016,15(4):1483-1505.

[90] 任广乾,冯瑞瑞,田野.混合所有制、非效率投资抑制与国有企业价值[J].中国软科学,2020(4):174-183.

[91] 任宏达,王琨.社会关系与企业信息披露质量:基于中国上市公司年报的文本分析[J].南开管理评论,2018(5):128-138.

[92] 任宏达,王琨.产品市场竞争与信息披露质量:基于上市公司年报文本分析的新证据[J].会计研究,2019(3):32-39.

[93] 阮睿,孙宇辰,唐悦,等.资本市场开放能否提高企业信息披露质量?:基于"沪港通"和年报文本挖掘的分析[J].金融研究,2021(2):188-206.

[94] 宋军,陆旸.非货币金融资产和经营收益率的U形关系:来自我国上市非金融公司的金融化证据[J].金融研究,2015(6):111-127.

[95] 宋献中,胡珺,李四海.社会责任信息披露与股价崩盘风险:基于信息效应与声誉保险效应的路径分析[J].金融研究,2017(4):161-175.

[96] 宋增基,冯莉茗,谭兴民.国有股权、民营企业家参政与企业融资便利性:来自中国民营控股上市公司的经验证据[J].金融研究,2014(12):133-147.

[97] 孙博文,张政.国有企业混合所有制改革的碳减排效应及其机制分析:基于中国工业企业污染数据库的微观证据[J].改革,2021(7):75-90.

[98] 孙亮,刘春.民营企业因何引入国有股东?:来自向下调整盈余的证据[J].财经研究,2021,47(8):109-122.

[99] 孙铮,李增泉,王景斌.所有权性质、会计信息与债务契约:来自我国上市公司的经验证据[J].管理世界,2006(10):100-107+149.

[100] 谭伟强.我国股市盈余公告的"周历效应"与"集中公告效应"研究[J].金融研究,2008(2):152-167.

[101] 谭小芬,张文婧.经济政策不确定性影响企业投资的渠道分析[J].世界经济,2017,40(12):3-26.

[102] 汤泰劼,吴金妍,马新啸,等.非国有股东治理与审计收费:基于国有企业混合所有制改革的经验证据[J].审计研究,2020(1):68-77.

[103] 唐松莲,孙经纬,李丹蒙.国有股参股家族企业可抑制股价崩盘风险吗?[J].上海财经大学学报,2021,23(6):3-19.

[104] 唐跃军,薛红志.企业业绩组合业绩差异与季报披露的时间选择:管理层信息披露的组合动机与信息操作[J].会计研究,2005(10):48-54.

[105] 汪圣国,高岭,黄永颖.国有股东持股能提高民营企业的社保遵从度吗?[J].经济管理,2022,44(7):42-58.

[106] 王斌.股东资源与公司财务理论[J].北京工商大学学报(社会科学版),2020,35(2):9-21.

[107] 王红建,曹瑜强,杨庆,等.实体企业金融化促进还是抑制了企业创新:基于中国制造业上市公司的经验研究[J].南开管理评论,2017,20(1):155-166.

[108] 王华杰,王克敏.应计操纵与年报文本信息语气操纵研究[J].会计研究,2018(4):45-51.

[109] 王化成,王芃芃,孙昌玲,等.中国上市公司核心竞争力信息披露:现状、问题与改进建议[J].会计研究,2022(8):14-29.

[110] 王克敏,王华杰,李栋栋,等.年报文本信息复杂性与管理者自利：来自中国上市公司的证据[J].管理世界,2018,34(12)：120-132+194.

[111] 王克敏,王志超.高管控制权、报酬与盈余管理：基于中国上市公司的实证研究[J].管理世界,2007(7)：111-119.

[112] 王木之,李丹.新审计报告和股价同步性[J].会计研究,2019(1)：86-92.

[113] 王小鲁,樊纲,余静文.中国分省份市场化指数报告(2016)[M].北京：经济科学出版社,2017.

[114] 王雄元,李岩琼,肖忞.年报风险信息披露有助于提高分析师预测准确度吗?[J].会计研究,2017(10)：37-43.

[115] 王艳艳,于李胜.股权结构与择时披露[J].南开管理评论,2011,14(5)：118-128.

[116] 王艺明,赵焱.混合所有制改革对国有企业劳动生产率的影响研究[J].财政研究,2021(10)：27-43.

[117] 韦浪,赵劲松.非控股国有股权对民营企业创新水平的影响研究[J].财政研究,2021(10)：114-129.

[118] 魏志华,赵悦如,吴育辉."双刃剑"的哪一面：关联交易如何影响公司价值[J].世界经济,2017,40(1)：142-167.

[119] 温素彬,张金泉,焦然.智能制造、市场化程度与企业运营效率：基于A股制造业上市公司年报的文本分析[J].会计研究,2022(11)：102-117.

[120] 温忠麟,张雷,侯杰泰,等.中介效应检验程序及其应用[J].心理学报,2004(5)：614-620.

[121] 巫升柱,王建玲,乔旭东.中国上市公司年度报告披露及时性实证研究[J].会计研究,2006(2)：19-24.

[122] 吴秋生,独正元.非国有董事治理积极性与国企资产保值增值：来自董事会投票的经验证据[J].南开管理评论,2022,25(3)：129-138+181+139-140.

[123] 吴璇,田高良,李玥婷,等.经营信息披露与股票收益联动：基于财务报告文本附注的分析[J].南开管理评论,2019,22(3)：173-186+224.

[124] 伍利娜,束晓晖.审计师更换时机对年报及时性和审计质量的影响[J].会计研究,2006(11)：37-44.

[125] 肖淑芳,刘颖,刘洋.股票期权实施中经理人盈余管理行为研究：行权业绩考核指标设置角度[J].会计研究,2013(12)：40-46.

[126] 肖正,翟胜宝,张静.引入国有资本能够化解民营企业僵尸化风险吗?：来自中

国上市公司的经验证据[J]. 经济管理,2022,44(2):36-56.

[127] 谢德仁. 会计准则、资本市场监管规则与盈余管理之遏制:来自上市公司债务重组的经验证据[J]. 会计研究,2011(3):19-26.

[128] 谢德仁,崔宸瑜,汤晓燕. 业绩型股权激励下的业绩达标动机和真实盈余管理[J]. 南开管理评论,2018,21(1):159-171.

[129] 谢德仁,林乐. 管理层语调能预示公司未来业绩吗?:基于我国上市公司年度业绩说明会的文本分析[J]. 会计研究,2015(2):20-27+93.

[130] 修宗峰. 所有权结构与年报披露的及时性[J]. 审计与经济研究,2009,24(5):99-105.

[131] 徐高彦,曹俊颖,徐汇丰,等. 上市公司盈余预告择时披露策略及市场反应研究:基于股票市场波动的视角[J]. 会计研究,2017(2):35-41.

[132] 徐焱军. 中期审计会影响会计信息披露及时性吗:来自中国上市公司的经验证据[J]. 经济问题,2010(4):113-117.

[133] 许言,邓玉婷,陈钦源,等. 高管任期与公司坏消息的隐藏[J]. 金融研究,2017(12):174-190.

[134] 胥朝阳,刘睿智. 提高会计信息可比性能抑制盈余管理吗?[J]. 会计研究,2014(7):50-57+97.

[135] 薛爽,肖泽忠,潘妙丽. 管理层讨论与分析是否提供了有用信息?:基于亏损上市公司的实证探索[J]. 管理世界,2010(5):130-140.

[136] 闫伟宸,肖星. 政府目标、国企分类与高管继任[J]. 南开管理评论,2019,22(5):130-141.

[137] 杨兴全,任小毅,杨征. 国企混改优化了多元化经营行为吗?[J]. 会计研究,2020(4):58-75.

[138] 杨兴全,尹兴强. 国企混改如何影响公司现金持有?[J]. 管理世界,2018,34(11):93-107.

[139] 杨志强,石水平,石本仁,等. 混合所有制、股权激励与融资决策中的防御行为:基于动态权衡理论的证据[J]. 财经研究,2016,42(8):108-120.

[140] 杨志强,王华. 公司内部薪酬差距、股权集中度与盈余管理行为:基于高管团队内和高管与员工之间薪酬的比较分析[J]. 会计研究,2014(6):57-65.

[141] 叶康涛,刘行. 税收征管、所得税成本与盈余管理[J]. 管理世界,2011(5):140-148.

[142] 叶永卫,李增福. 国企"混改"与企业金融资产配置[J]. 金融研究,2021(3):

114-131.

[143] 叶永卫,张磊.混合所有制改革有助于稳就业?:基于国有资本进入与民营企业就业吸纳能力的讨论[J].产业经济研究,2022(02):57-70.

[144] 易阳,蒋岫,刘庄,等.政府放权意愿、混合所有制改革与企业雇员效率[J].世界经济,2021,44(5):130-153.

[145] 伊志宏,杨圣之,陈钦源.分析师能降低股价同步性吗:基于研究报告文本分析的实证研究[J].中国工业经济,2019(1):156-173.

[146] 余汉,杨中仑,宋增基.国有股权、政治关联与公司绩效:基于中国民营控股上市公司的实证研究[J].管理评论,2017,29(4):196-212.

[147] 余明桂,回雅甫,潘红波.政治联系、寻租与地方政府财政补贴有效性[J].经济研究,2010,45(3):65-77.

[148] 于苏,王竹泉,张龑.地理距离是否影响辖区内的政企互动?:来自国有股权参股民营企业的证据[J].产业经济研究,2022(5):101-114+128.

[149] 于瑶,祁怀锦.混合所有制与民营经济健康发展:基于企业违规视角的研究[J].财经研究,2022,48(3):33-47.

[150] 于瑶,祁怀锦,李若琳.国有股东参股与民营企业审计定价[J].审计研究,2022(6):105-116.

[151] 于忠泊,田高良,齐保垒,等.媒体关注的公司治理机制:基于盈余管理视角的考察[J].管理世界,2011(9):127-140.

[152] 臧跃茹,刘泉红,曾铮.促进混合所有制经济发展研究[M].北京:社会科学文献出版社,2018.

[153] 曾敏,李常青,李宇坤.国有资本参股何以影响民营企业现金持有?:基于合作优势和竞争制衡的双重视角[J].经济管理,2022,44(4):134-152.

[154] 曾庆生,周波,张程,等.年报语调与内部人交易:"表里如一"还是"口是心非"?[J].管理世界,2018,34(9):143-160.

[155] 张成思,张步昙.中国实业投资率下降之谜:经济金融化视角[J].经济研究,2016,51(12):32-46.

[156] 张海平,吕长江.上市公司股权激励与会计政策选择:基于资产减值会计的分析[J].财经研究,2011(7):60-70.

[157] 张维迎.企业的企业家:契约理论[M].上海:上海人民出版社,1995.

[158] 张伟,于良春.混合所有制企业最优产权结构的选择[J].中国工业经济,2017(4):34-53.

[159] 张晓山.改革开放四十年与农业农村经济发展：从"大包干"到城乡融合发展[J].学习与探索,2018(12)：1-7.

[160] 张馨艺,张海燕,夏冬林.高管持股、择时披露与市场反应[J].会计研究,2012(6)：54-60+93.

[161] 张叶青,陆瑶,李乐芸.大数据应用对中国企业市场价值的影响：来自中国上市公司年报文本分析的证据[J].经济研究,2021,56(12)：42-59.

[162] 张宗新,吴钊颖.媒体情绪传染与分析师乐观偏差：基于机器学习文本分析方法的经验证据[J].管理世界,2021,37(1)：170-185+11+20-22.

[163] 章卫东.定向增发新股与盈余管理：来自中国证券市场的经验证据[J].管理世界,2010(1)：54-63.

[164] 赵璨,宿莉莎,曹伟.混合所有制改革：治理效应还是资源效应？：基于不同产权性质下企业投资效率的研究[J].上海财经大学学报,2021,23(1)：75-90.

[165] 赵子夜,杨庆,杨楠.言多必失？管理层报告的样板化及其经济后果[J].管理科学学报,2019,22(3)：53-70.

[166] 钟昀珈,张晨宇,陈德球.国企民营化与企业创新效率：促进还是抑制？[J].财经研究,2016,42(7)：4-15.

[167] 周丽莎.混合所有制改革政策演变和实践发展[J].开发性金融研究,2018(4)：55-65.

[168] 周丽莎.混合所有制改革实操与案例研究[M].北京：中国经济出版社,2020.

[169] 周林洁.公司治理、机构持股与股价同步性[J].金融研究,2014(8)：146-161.

[170] 朱大鹏.混合所有制改革与信息披露行为研究：来自中国民营上市公司的经验证据[D].北京：对外经济贸易大学,2019.

[171] 朱星文,廖义刚,谢盛纹.高级管理人员变更、股权特征与盈余管理：来自中国上市公司的经验证据[J].南开管理评论,2010,13(2)：23-29.

[172] 庄莹,买生.国企混改对企业社会责任的影响研究[J].科研管理,2021,42(11)：118-128.

[173] ACHSANTA A F, LEPETIT L, TARAZI A. Government ownership of banks: Implications for minority shareholders[J]. Economic Modelling, 2022, 112: 105842.

[174] AHARONY J, LIN C J, LOEB M. Initial public offerings, accounting choices, and earnings management[J]. Contemporary Accounting Research, 1993, 10(1): 61-81.

[175] AKERLOF G A. The market for 'lemons': Quality uncertainty and the market mechanism[J]. The Quarterly Journal of Economic, 1970, 84(3): 488-500.

[176] ALCHIAN A, ARMEN H. Production, information, costs, and economic organizing[J]. American Economic Review, 1972, 62(5): 777-795.

[177] ALI A, ZHANG W. CEO tenure and earnings management[J]. Journal of Accounting and Economics, 2015, 59(1): 60-79.

[178] ANGELA K D, GE W, MATSUMOTO D, ZHANG J L. The effect of manager specific optimism on the tone of earnings conference calls[J]. Review of Accounting Studies, 2015, 20(2): 639-673.

[179] ATANASSOV J. Do hostile takeovers stifle innovation? Evidence from anti-takeover legislation and corporate patenting[J]. The Journal of Finance, 2013, 68(3): 1097-1131.

[180] ATTIG N, EL GHOUL S, GUEDHAMI O. Do multiple large shareholders play a corporate governance role? Evidence from East Asia[J]. Journal of Financial Research, 2009, 32(4): 395-422.

[181] ATTIG N, GUEDHAMI O, MISHRA D. Multiple large shareholders, control contests, and implied cost of equity[J]. Journal of Corporate Finance, 2008, 14(5): 721-737.

[182] BAO Y, DATTA A. Simultaneously discovering and quantifying risk types from textual risk disclosures[J]. Management Science, 2014, 60(6): 1371-1391.

[183] BARTH M E, LANDSMAN W R, LANG M. International accounting standards and accounting quality[J]. Journal of Accounting Research, 2008, 46(3): 467-498.

[184] BARTH M E, LANDSMAN W R, LANG M, WILLIAMS C. Are IFRS-based and US GAAP-based accounting amounts comparable?[J]. Journal of Accounting and Economics, 2012, 54(1): 68-93.

[185] BEN-NASR H, BOUBAKRI N, COSSET J C. The political determinants of the cost of equity: Evidence from newly privatized firms[J]. Journal of Accounting Research, 2012, 50(3): 605-646.

[186] BEN-NASR H, BOUBAKRI N, COSSET J C. Earnings quality in privatized firms: The role of state and foreign owners[J]. Journal of Accounting Public

Policy, 2015, 34(4): 392-416.

[187] BERGSTRESSER D, PHILIPPON T. CEO incentives and earnings management[J]. Journal of Financial Economics, 2006, 80(3): 511-529.

[188] BEUSELINCK C, CAO L H, DELOOF M, XIA X P. The value of government ownership during the global financial crisis[J]. Journal of Corporate Finance, 2017, 42: 481-493.

[189] BJORVATN K, CONIGLIO D N. Big push or big failure? On the effectiveness of industrialization policies for economic development[J]. Journal of the Japanese and International Economies, 2012, 26(1): 129-141.

[190] BOATENG A, HUANG W. Multiple large shareholders, excess leverage and tunneling: Evidence from an emerging market[J]. Corporate Governance: An International Review, 2017, 25(1), 58-74.

[191] BORISOVA G, BROCKMAN P, SALAS J M, ZAGORCHEV A. Government ownership and corporate governance: Evidence from the EU[J]. Journal of Banking & Finance, 2012, 36(11): 2917-2934.

[192] BORISOVA G, FOTAK V, HOLLAND K, MEGGINSON W L. Government ownership and the cost of debt: Evidence from government investments in publicly traded firms[J]. Journal of Financial Economics, 2015, 118(1): 168-191.

[193] BORISOVA G, MEGGINSON W L. Does government ownership affect the cost of debt? Evidence from privatization[J]. The Review of Financial Studies, 2011, 24(8): 2693-2737.

[194] BORISOVA G, YADAV P K. Government ownership, informed trading, and private information[J]. Journal of Corporate Finance, 2015, 33: 196-211.

[195] BOTOSAN C A. Disclosure level and the cost of equity capital[J]. The Accounting Review, 1997, 72(3): 323-349.

[196] BOUBAKRI N, CHEN R Y, EL GHOUL S, GUEDHAMI O, NASH R. State ownership and stock liquidity: Evidence from privatization[J]. Journal of Corporate Finance, 2020, 65: 101763.

[197] BOUBAKRI N, COSSET J C, SAFFAR W. The role of state and foreign owners in corporate risk-taking: Evidence from privatization[J]. Journal of Financial Economics, 2013, 108(3): 641-658.

[198] BOUBAKER S, SAMI H. Multiple large shareholders and earnings informativeness[J]. Review of Accounting and Finance, 2011, 10(3): 246-266.

[199] BOZANIC Z, THEVENOT M. Qualitative disclosure and changes in Sell-Side financial analysts' information environment[J]. Contemporary Accounting Research, 2015, 32(4): 1595-1616.

[200] BRANDT L, LI H B. Bank discrimination in transition economies: ideology, information, or incentives? [J]. Journal of Comparative Economics, 2003, 31(3): 387-413.

[201] BROWN D J, EARLE J S, TELEGDY A. Where does privatization work? Understanding the heterogeneity in estimated firm performance effects[J]. Journal of Corporate Finance, 2016, 41: 329-362.

[202] BROWN S V, TUCKER J W. Large-sample evidence on firms' year-over-year MD&A modifications[J]. Journal of Accounting Research, 2011, 49(2): 309-346.

[203] BURGSTAHLER D C, EAMES M J. Earnings management to avoid losses and earnings decreases: Are analysts fooled? [J]. Contemporary Accounting Research, 2010, 20(2): 253-294.

[204] CHAMBERS A E, PENMAN S H. Timeliness of reporting and the stock price reaction to earnings announcements[J]. Journal of Accounting Research, 1984, 22(1): 21-47.

[205] CHEN G M, FIRTH M, GAO D N, RUI O M. Ownership structure, corporate governance, and fraud: Evidence from China[J]. Journal of Corporate Finance, 2006, 12(3): 424-448.

[206] CHEN L, GAO F, GUO T, HUANG X. Mixed ownership reform and the short-term debt for long-term investment of non-state-owned enterprises: Evidence from China[J]. International Review of Financial Analysis, 2023, 90: 102861.

[207] CHEN R Y R, EL GHOUL S, GUEDHAMI O, NASH R. State ownership and corporate cash holdings[J]. Journal of Financial and Quantitative Analysis, 2018, 53(5): 2293-2334.

[208] COHEN D A, ZAROWIN P. Accrual-based and real earnings management

activities around seasoned equity offering[J]. Journal of Accounting and Economics, 2010, 50(1): 2-19.

[209] CROTTY J. The neoliberal paradox: The impact of destructive product market competition and impatient finance on nonfinancial corporations in the neoliberal-era[J]. Review of Radical Political Economics, 2003, 35(3): 271-279.

[210] CUERVO A, VILLALONGA B. Explaining the variance in the performance effects of privatization[J]. Academy of Management Review, 2000, 25(3): 581-590.

[211] DALE E, CHALL J S. A formula for predicting readability[J]. Education Research Bulletin, 1948, 27(1): 37-54.

[212] DAVISON A, KANTOR R N. On the failure of readability formulas to define readable texts: A case study from adaptations[J]. Reading Research Quarterly, 1982, 17(2): 187-209.

[213] DEHAAN E, SHEVLIN T, THORNOCK J. Market (in)attention and the strategic scheduling and timing of earnings announcements[J]. Journal of Accounting and Economics, 2015, 60(1): 36-55.

[214] DELLA V S, POLLET J. Investor inattention and Friday earnings announcements[J]. The Journal of Finance, 2009, 64(2): 709-749.

[215] DEMIR F. Financial liberalization, private investment and portfolio choice: Financialization of real sectors in emerging markets[J]. Journal of Development Economics, 2009, 88(2): 314-324.

[216] DENT J F. Accounting and organizational cultures: A field study of the emergence of a new organizational reality[J]. Accounting, Organizations and Society, 1991, 16(8): 705-732.

[217] DHALIWAL D S, RADHAKRISHNAN S, TSANG A, YANG Y G. Nonfinancial disclosure and analyst forecast accuracy: International evidence on corporate social responsibility disclosure[J]. The Accounting Review, 2012, 87 (3): 723-759.

[218] DOYLE J T, MAGIKE M J. The timing of earnings announcements: An examination of the strategic disclosure hypothesis[J]. The Accounting Review, 2009, 84(1): 157-182.

[219] DUBAY W H. The principles of readability[M]. CA, US: Impact

Information, 2004.

[220] DYCK I J A. Privatization in Eastern Germany: Management selection and economic transition[J]. The American Economic Review, 1997, 87(4): 565-597.

[221] ECKEL C C, VERMAELEN T. Internal regulation: The effects of government ownership on the value of the firm[J]. Journal of Law and Economics, 1986, 29(2): 381-403.

[222] EINHORN E, LANGBERG N, VERSANO T. Cross-firm real earnings management[J]. Journal of Accounting Research, 2018, 56(3): 883-911.

[223] FACCIO M, LANG L. The ultimate ownership of western European corporations[J]. Journal of Financial Economics, 2002, 65(3): 365-395.

[224] FACCIO M, MASULIS R W, MCCONNELL J J. Political connections and corporate bailouts[J]. The Journal of Finance, 2006, 61(6): 2597-2635.

[225] FAN J P H, WONG T J, ZHANG T Y. Politically connected CEOs, corporate governance, and post-IPO performance of China's newly partially privatized firms[J]. Journal of Financial Economics, 2007, 84(2): 330-357.

[226] FAZZARI S, HUBBARD R G, PETERSEN B C. Financing constraints and corporate investment[J]. Brookings Papers on Economic Activity, 1988, 19(1): 141-206.

[227] FELDMAN R, GOVINDARAJ S, LIVNAT J, SEGAL B. Management's tone change, post earnings announcement drift and accruals[J]. Review of Accounting Studies, 2010, 15(4): 915-953.

[228] GEIGER M, NORTH D. Does hiring a new CFO change things? An investigation of changes in discretionary accruals[J]. The Accounting Review, 2006, 81(4): 781-809.

[229] GHAZALI A, KHAW K L H, ZAINIR F B. Development vs. political views of government ownership: How does it affect investment efficiency? [J]. Finance Research Letters, 2022(48): 103034.

[230] GILVOLY D, PALMON D. Timeliness of annual earnings announcements: Some empirical evidence[J]. The Accounting Review, 1982, 57(3): 486-508.

[231] GODSELL D, WELKER M, ZHANG N. Earnings management during anti-dumping investigations in Europe: Sample-wide and cross-sectional evidence [J]. Journal of Accounting Research, 2017, 55(2): 407-457.

[232] GOPALAN R, JAYARAMAN S. Private control benefits and earnings management: Evidence from insider controlled firms[J]. Journal of Accounting Research, 2012, 50(1): 117-157.

[233] GROSMAN A, OKHMATOVSKIY I, WRIGHT M. State control and corporate governance in transition economies: 25 years on from 1989[J]. Corporate Governance: An International Review, 2016, 24(3): 200-221.

[234] GROSSMAN S J, HART O D. Takeover bids, the free-rider problem, and the theory of the corporation[J]. The Bell Journal of Economics, 1980, 11(1): 42-64.

[235] GUAN J, GAO Z M, TAN J, SUN W Z, SHI F. Does the mixed ownership reform work? Influence of board chair on performance of state-owned enterprises[J]. Journal of Business Research, 2021, 122: 51-59.

[236] GUEDHAMI O, PITTMAN J A, SAFFAR W. Auditor choice in privatized firms: Empirical evidence on the role of state and foreign owners[J]. Journal of Accounting and Economics, 2009, 48(2-3): 151-171.

[237] GUL F A, KIM J B, QIU A A. Ownership concentration, foreign shareholding, audit quality, and stock price synchronicity: Evidence from China [J]. Journal of Financial Economics, 2010, 95(3): 425-442.

[238] GULEN H, ION M. Policy uncertainty and corporate investment[J]. The Review of Financial Studies, 2016, 29(3): 523-564.

[239] HADLOCK C J, PIERCE J R. New evidence on measuring financial constraints: Moving beyond the KZ index[J]. The Review of Financial Studies, 2010, 23(5): 1909-1940.

[240] HAM C, LANG M, SEYBERT N, WANG S. CFO narcissism and financial reporting quality[J]. Journal of Accounting Research, 2017, 55(5): 1089-1135.

[241] HANLEY K W, HOBERG G. The information content of IPO prospectuses [J]. The Review of Financial Studies, 2010, 23(7): 2821-2864.

[242] HARJOTO M A, JO H. Legal vs. normative CSR: Differential impact on analyst dispersion, stock return volatility, cost of capital, and firm value[J]. Journal of Business Ethics, 2015, 128(1): 1-20.

[243] HAW I, HO S, LI Y. Corporate governance and earnings management by classification shifting[J]. Contemporary Accounting Research, 2011, 28(2):

517-553.

[244] HEALY P M, WAHLEN J M. A review of the earnings management literature and its implications for standards setting[J]. Accounting Horizons, 1999, 13(4): 365-383.

[245] HOBERG G, MAKSIMOVIC V. Redefining financial constraints: A text-based analysis[J]. The Review of Financial Studies, 2015, 28(5): 1312-1352.

[246] HOBERG G, PHILLIPS G. Product market synergies and competition in mergers and acquisitions: A text-based analysis[J]. The Review of Financial Studies, 2010, 23(10): 3773-3811.

[247] HOBERG G, PHILLIPS G, Text-based network industry classifications and endogenous product differentiation[J]. Journal of Political Economy, 2016, 124(5): 1423-1465.

[248] HOBERG G, PHILLIPS G. Conglomerate industry choice and product language [J]. Management Science, 2017, 64(8): 1-21.

[249] HOBERG G, PHILLIPS G, PRABHALA N. Product market threats, payouts, and financial flexibility[J]. The Journal of Finance, 2014, 69(1): 293-324.

[250] HONG H, KACPERCZYK M. Competition and bias[J]. The Quarterly Journal of Economics, 2010, 125(4): 1683-1725.

[251] HOU Q, JIN Q, YANG R, YUAN H, ZHANG G. Performance commitments of controlling shareholders and earnings management [J]. Contemporary Accounting Research, 2015, 32(3): 1099-1127.

[252] HUANG Y, LUK P. Measuring economic policy uncertainty in China[J]. China Economic Review, 2018, 12: 1-28.

[253] HUANG X, TEOH S H, ZHANG Y. Tone management[J]. The Accounting Review, 2014, 89(3): 1083-1113.

[254] JEFFERSON G H, SU J. Privatization and restructuring in China: Evidence from shareholding ownership, 1995-2001[J]. Journal of Comparative Economics, 2006, 34(1): 146-166.

[255] JEGADEESH N, WU D. Word power: A new approach for content analysis [J]. Journal of Financial Economics, 2013, 110(3): 712-729.

[256] JENSEN M C, MECKLING W H. Theory of the firm management behavior, agency cost and ownership structure[J]. Journal of Financial Economics, 1976,

3(4): 305-360.

[257] JODICE D A. Sources of change in third world regimes for foreign direct investment: 1968-1976[J]. International Organization, 1980, 34(2): 177-206.

[258] JOHNSON S, MCMILLAN J, WOODRUFF C. Property rights and finance [J]. American Economic Review, 2002, 92(5): 1335-1356.

[259] KE B, WANG L F. Mixed ownership and firm performance: Evidence from the Chinese venture capital industry [J]. Emerging Markets Review, 2021, 49: 100759.

[260] KLARE G R. The measurement of readability [M]. Iowa: Iowa State University Press, 1963.

[261] KOTHARI S P, SHU S, WYSOCKI P D. Do managers withhold bad news [J]. Journal of Accounting Research, 2009, 47(1): 241-276.

[262] KRAVET T, MUSLU V. Textual risk disclosures and investors' risk perceptions[J]. Review of Accounting Studies, 2013, 18(4): 1088-1122.

[263] KRIPPNER G R. The financialization of the American economy[J]. Socio-Economic Review, 2005, 3(2): 173-208.

[264] LARCKER D F, ZAKOLYUKINA A A. Detecting deceptive discussions in conference calls[J]. Journal of Accounting Research, 2012, 50(2): 495-540.

[265] LAW K F, MILLS L. Taxes and financial constraints: Evidence from linguistic-cues[J]. Journal of Accounting Research, 2015, 53(4): 777-819.

[266] LAWRENCE A. Individual investors and financial disclosure[J]. Journal of Accounting and Economics, 2013, 56(1): 130-147.

[267] LEUZ C, NANDA D, WYSOCKI P D. Earnings management and investor protection: An international comparison[J]. Journal of Financial Economics, 2003, 69(3): 505-527.

[268] LEUZ C, OBERHOLZER-GEE F. Political relationships, global financing, and corporate transparency: Evidence from Indonesia[J]. Journal of Financial Economics, 2006, 81(2): 411-439.

[269] LI B, PAN A L, XU L, LIU X, QIN S Q. Imprinting and peer effects in acquiring state ownership: Evidence from private firms in China[J]. Pacific-Basin Finance Journal, 2020, 61: 101337.

[270] LI F. Annual report readability, current earnings, and earnings persistence[J]. Journal of Accounting and Economics, 2008, 45(2-3): 221-247.

[271] LI F. The information content of forward-looking statements in corporate filings-A naive Bayesian machine learning approach[J]. Journal of Accounting Research, 2010, 48(5): 1049-1102.

[272] LIU L, SUBRAMANIAM N. Government ownership, audit firm size and audit pricing: Evidence from China[J]. Journal of Accounting Public Policy, 2013, 32: 161-175.

[273] LO D, GAO L, LIN Y C. State ownership and innovations: Lessons from the mixed-ownership reforms of China's listed companies[J]. Structural Change and Economic Dynamics, 2022, 60: 302-314.

[274] LO K, RAMOS F, ROGO R. Earnings management and annual report readability[J]. Journal of Accounting and Economics, 2017, 63(1): 1-25.

[275] LOUGHRAN T, MCDONALD B. When is a liability not a liability? Textual analysis, dictionaries, and10-ks[J]. The Journal of Finance, 2011, 66(1): 35-65.

[276] LOUGHRAN T, MCDONALD B. Measuring readability in financial disclosures [J]. The Journal of Finance, 2014, 69(4): 1643-1671.

[277] LOUIS H, SUN A. Investor in attention and the market reaction to merger announcements[J]. Management Science, 2010, 56(10): 1781-1793.

[278] LUONG H, MOSHIRIAN F, NGUYEN L, TIAN X, ZHANG B H. How do foreign institutional investors enhance firm innovation? [J]. Journal of Financial and Quantitative Analysis, 2017, 52(4): 1449-1490.

[279] MEGGINSON W L, NASH R C, RANDENBORGH M V. The financial and operating performance of newly privatized firms: An international empirical analysis[J]. The Journal of Finance, 1994, 49(2):403-452.

[280] MEGGINSON W L, NETTER J M. From state to market: A survey of empirical studies on privatization[J]. Journal of Economic Literature, 2001, 39(2):321-389.

[281] MICHAELY R, RUBIN A, VEDRASHKO A. Further evidence on the strategic timing of earnings news: Joint analysis of weekdays and times of day [J]. Journal of Accounting and Economics, 2016, 62(1): 24-45.

[282] MILLER B P. The effects of reporting complexity on small and large investor trading[J]. The Accounting Review, 2010, 85(6): 2107-2143.

[283] MORCK R, YEUNG B, YU W. The The information content of stock

markets: Why do emerging markets have synchronous stock price movements? [J]. Journal of Financial Economics, 2000, 58(1-2): 215-260.

[284] OPLER T, PINKOWITZ L, STULZ R, WILLIAMSON R. The determinants and implications of corporate cash holdings[J]. Journal of Financial Economics, 1999, 52(1): 3-46.

[285] ORHANGAZI Ö. Financialisation and capital accumulation in the non-financial corporate sector: A theoretical and empirical investigation on the US economy: 1973-2003[J]. Cambridge Journal of Economics, 2008, 32(6): 863-886.

[286] PATELL J M, WOLFSON M. Good news, bad news, the indra-day timing of corporate disclosures[J]. The Accounting Review, 1982, 57(3): 509-564.

[287] POURCIAU S. Earnings management and non-routine manager turnovers[J]. Journal of Accounting and Economics, 1993, 16(1-3): 317-336.

[288] PURDA L, SKILLCORN D. Accounting variables, deception, and a bag of words: Assessing the tools of fraud detection[J]. Contemporary Accounting Research, 2015, 32(3): 1193-1223.

[289] RALF E, ALFRED W. Effects of increasing enforcement on financial reporting quality and audit quality[J]. Journal of Accounting Research, 2019, 57(1): 121-168.

[290] RANGAN S. Earnings management and the performance of seasoned equity offerings[J]. Journal of Financial Economics, 1998, 50(1): 101-122.

[291] RENNEKAMP K. Processing fluency and investors' reactions to disclosure readability[J]. Journal of Accounting Research, 2012, 50(5): 1319-1354.

[292] ROLL R. R2[J]. The Journal of Finance, 1988, 43: 541-566.

[293] ROTHSCHILD M, STIGLITZ J. Equilibrium in competitive insurance markets: An essay on the economics of imperfect information[J]. The Quarterly Journal of Economics, 1976, 90(4): 629-650.

[294] ROYCHOWDHURY S. Earnings management through real activities manipulation[J]. Journal of Accounting and Economics, 2006, 42 (3): 335-370.

[295] SAGER T. Neo-liberal urban planning policies: A literature survey 1990-2010 [J]. Progress in Planning, 2011, 76(4): 147-199.

[296] SAHAY R, CIHAK M, N'DIAYE P, BARAJAS A. Rethinking financial deepening: Stability and growth in emerging markets[J]. Revista de Economia

Institucional, 2015, 17(33): 73-107.

[297] SCHWARTZ K B, SOO B S. The association between auditor changes and reporting lags[J]. Contemporary Accounting Research, 1996, 13(1): 353-370.

[298] SEGAL B, SEGAL D. Are managers strategic in reporting non-earnings news? Evidence on timing and news bundling[J]. Review of Accounting Studies, 2016, 21(4): 1203-1244.

[299] SKINNER D J. Why firms voluntarily disclose bad news[J]. Journal of Accounting Research, 1994, 32(1): 38-60.

[300] SHLEIFER A, VISHNY R W. Politicians and firms[J]. The Quarterly Journal of Economics, 1994, 109(4): 995-1025.

[301] SPENCE M. Job market signaling[J]. The Quarterly Journal of Economics, 1973, 87(3): 355-374.

[302] SUN Q, TONG W H S, TONG J. How does government ownership affect firm performance? Evidence from China's privatization experience[J]. Journal of Business Finance and Accounting, 2002, 29(1-2): 1-27.

[303] TAN J. The pitfalls of water privatization: Failure and reform in Malaysia[J]. World Development, 2012, 40(12): 2552-2563.

[304] TEKFI C. Readability formulas: An overview[J]. Journal of Documentation, 1987, 43(3): 257-269.

[305] TETLOCK P C. All the news that's fit to reprint: Do investors react to stale information?[J]. The Review of Financial Studies, 2011, 24(5): 1481-1512.

[306] TORI D, ONARAN O. The effects of fictionalization and financial development on investment: Evidence from firm-level data in Europe[J]. Greenwich Papers in Political Economy, 2017, 44: 1-65.

[307] TRUEMAN B. Theories of earnings announcement timing[J]. Journal of Accounting and Economics, 1990, 13(3): 285-301.

[308] TU G Q, LIN B X, LIU F. Political connections and privatization: Evidence from China[J]. Journal of Accounting and Public Policy, 2013, 32(2): 114-135.

[309] UTAMA S, CREADY W M. Institutional ownership, differential predisclosure precision and trading volume at announcement dates[J]. Journal of Accounting and Economics, 1997, 24(2): 129-150.

[310] WANG H, WANG W, ALHALEH S E A. Mixed ownership and financial investment: Evidence from Chinese state-owned enterprises[J]. Economic Analysis and Policy, 2021, 70: 159-171.

[311] WANG W, CHENG S J, NAHAR S, ALHALEH S E A, WANG H. Does mixed-ownership reform restrain stock price synchronicity? Evidence from China[J]. Economic Analysis and Policy, 2022, 73: 390-404.

[312] WANG W, WANG H, WU J G. Mixed ownership reform and corporate tax avoidance: Evidence of Chinese listed firms[J]. Pacific-Basin Finance Journal, 2021, 69: 101648.

[313] WATTS R L, ZIMMERMAN J L. Towards a positive theory of the determination of accounting standards[J]. The Accounting Review, 1978, 53: 112-134.

[314] WHITTRED G P. The timeliness of the Australian annual report: 1972-1977 [J]. Journal of Accounting Research, 1980, 18(2): 623-628.

[315] XU J, ZHANG H, WU W. One novel mixed ownership reform and green innovation in private firms: Evidence from China[J]. Emerging Markets Review, 2023,57:101076.

[316] YOU H, ZHANG X. Financial reporting complexity and investor underreaction to 10-k information[J]. Review of Accounting Studies, 2009, 14(4): 559-586.

[317] ZHANG X Q, YU M Q, CHEN G Q. Does mixed-ownership reform improve SOEs' innovation? Evidence from state ownership[J]. China Economic Review, 2020,61:101450.

[318] ZHAO Y, MAO J. Mixed ownership reforms and the transparency of nonstate-owned enterprises: Evidence from China[J]. Managerial and Decision Economics, 2023,44(1): 271-284.

[319] ZHOU B, GUO J, HUA J, DOUKAS A J. Does state ownership drive M&A performance? Evidence from China[J]. European Financial Management, 2015, 21(1): 79-105.

[320] ZHOU K Z, GAO G Y, ZHAO H. State ownership and firm innovation in China: An integrated view of institutional and efficiency logics[J]. Administrative Science Quarterly, 2017, 62(2): 375-404.